古典文獻研究輯刊

二一編

潘美月・杜潔祥 主編

第 9 冊

宋元以來詞集叢刻研究

孫 赫 男 著

國家圖書館出版品預行編目資料

宋元以來詞集叢刻研究／孫赫男　著 -- 初版 -- 新北市：花木蘭
文化出版社，2015〔民 104〕
目 2+198 面；19×26 公分
（古典文獻研究輯刊 二一編；第 9 冊）
ISBN 978-986-404-347-7（精裝）
1. 宋詞 2. 詞論
011.08   104014544

ISBN- 978-986-404-347-7

古典文獻研究輯刊
二一編　第九冊　　　　　　　ISBN：978-986-404-347-7

宋元以來詞集叢刻研究

作　　者　孫赫男
主　　編　潘美月　杜潔祥
總 編 輯　杜潔祥
副總編輯　楊嘉樂
編　　輯　許郁翎
企劃出版　北京大學文化資源研究中心
出　　版　花木蘭文化出版社
社　　長　高小娟
聯絡地址　235 新北市中和區中安街七二號十三樓
　　　　　電話：02-2923-1455／傳眞：02-2923-1452
網　　址　http://www.huamulan.tw 信箱 hml 810518@gmail.com
印　　刷　普羅文化出版廣告事業
初　　版　2015 年 7 月
全書字數　170983 字
定　　價　二一編 16 冊（精裝）新台幣 30,000 元

宋元以來詞集叢刻研究

孫赫男　著

作者簡介

孫赫男，女，黑龍江哈爾濱人，1972 年生。吉林大學歷史學博士，中國社會科學院博士後，現爲吉林大學古籍研究所教授，博士生導師，主要從事文獻學研究。近年來在《北京大學學報》等刊物發表學術論文數十篇，出版學術專著 1 種。主持完成教育部人文社會科學研究項目 1 項、高校古委會項目 1 項、吉林省社科基金項目 1 項、吉林大學人文社科項目 2 項。

提　　要

　　本書以宋元以來詞集叢刻作爲研究對象，分上下兩編，上編著重於文獻清理，主要分兩章，考述宋元以來以迄民國時期詞集叢書的編刻情況。首章考述宋元明時期的詞集叢刻，次章爲清代、民國的主要詞集作敘錄。本書的下編則著重於對宋元以來歷代詞集叢刻的理論探討，分爲三個部分加以研察。第一部分，詞集叢刻的發端與宋元明時期的詞壇生態。以對宋元明時期詞集叢刻的鉤沉與全面觀照爲線索，並結合宋元時期詞的傳播與詞學思潮的演變等問題，展現宋元明時期詞壇生態狀況，對宋元明時期詞壇衍生遞變的規律作以深入解剖。第二部分，詞集叢刻與清代詞學流派之遞嬗。清代詞集叢刻還與清人詞學觀念以及清代詞派之消長有著非常直接的關係，有些詞集叢刻甚至直接可以視爲是某一詞派開宗立派的大纛，爲詞派的形成起到了導夫先路的作用，如龔翔麟所刻《浙西六家詞》之於浙西詞派之形成、王昶的《琴畫樓詞鈔》與浙派中期、吳中詞派的詞集編刻與吳中詞派的形成以及《同聲集》與常州詞派等。本章重點對此數家詞集叢刻與詞派之關係作了深入的探討。第三部分，主要探討清代詞集叢刻的文獻學意義。以清代的詞集叢刻爲觀照點，分爲兩個階段，即清代中前期和晚清，分別探討其時詞集叢刻的類型及其在詞學文獻學上的價值與貢獻。

教育部 2010 年度人文社會科學研究青年基金項目
「宋元以來詞集叢刻研究」（10YJC751075）成果
吉林大學「985 工程」項目成果

緒　論 ………………………………………………… 1

一、研究狀況與研究意義 …………………………… 1

二、本書研究的主要內容 …………………………… 3

三、本書的創新之處與研究的思路、方法 ………… 5

目

次

上　編

第一章　宋元明時期的詞集叢刻考述 ……………… 19

第一節　宋元時期詞集叢刻考述 …………………… 19

第二節　明代詞集叢刻考述 ………………………… 39

第二章　清代、民國詞集叢刻敘錄 ………………… 49

第一節　清代詞集叢刻敘錄 ………………………… 49

第二節　民國時期詞集叢刻敘錄 …………………… 78

下　編

第三章　詞集叢刻的發端與宋元明時期的詞壇
　　　　生態 …………………………………………… 99

第一節　宋代的詞集叢刻與南宋時期的詞壇生態 … 99

第二節　明代中後期詞集的編刻與詞壇生態 ……… 110

第四章　詞集叢刻與清代詞學流派之遞嬗 ………… 121

第一節　《浙西六家詞》之刊刻與浙西詞派 ……… 121

第二節　王昶的《琴畫樓詞鈔》與浙派中期的詞
　　　　集編刻 …………………………………………… 127

第三節　吳中詞派的詞集編刻與吳中詞派 ………… 137

第四節　《同聲集》與常州詞派 …………………… 149

第五章　清代詞集叢刻與詞學文獻學 ……………… 159

第一節　清代中前期詞集叢刻的文獻價值與詞學
　　　　貢獻 …………………………………………… 159

第二節　晚清詞集叢刻的匯輯類型與詞史意義 …… 164

參考書目 ……………………………………………… 175

附錄一：《詞學季刊》與新舊詞學的轉型 ………… 179

附錄二：清代中期論詞絕句的詞學批評特徵平議 · 187

緒　論

　　在詞集文獻的傳播過程中，以叢編的形式刊刻而成的詞集叢刻發揮著重要作用。「單縑另帙，最易消磨，有大力者，彙聚而傳刻之，昔人曾以拾冢中之白骨，收路棄之嬰兒爲比，則叢書之爲功大矣。」〔註1〕「從詞集傳播的歷史狀況來看，詞集的傳播實多賴於叢編。尤其是明清兩代，唐宋人詞集的單行本不多，主要是通過叢編的形式來傳播的。」〔註2〕吳熊和先生說：「詞集的命運，散刻則易佚，匯刻則易存，因此詞集匯刻，就保存文獻而言，歷來受到重視。」〔註3〕自南宋中期長沙書坊《百家詞》刊刻以來，以迄明清民國各世，詞集叢刻代不乏人。「明季毛晉以後，叢刻漸興，讀者稱便。諸如《宋六十家詞》、《四印齋所刻詞》、《靈鶼閣刻詞》（引者按，即江標所輯刻之《靈鶼閣刻宋元名家詞》）、《雙照樓影刊宋元本詞》、《彊村叢書》，號稱五大叢刻。搜採既廣，辨審多精，至今賴之。」〔註4〕以目今所見各目錄書著錄情況而言，留存至今的詞集叢刻有逾百種之多（其基本情況見附表：《中國叢書綜錄》等目錄書著錄詞集叢刻一覽表）。

一、研究狀況與研究意義

　　儘管宋元以來所存詞集叢刻數量甚眾，不少詞集叢刻規模甚爲巨大，如民國六年（1917）朱祖謀《彊村叢書》所輯刻唐五代宋金元詞總集、別集總

〔註1〕繆荃孫：《藝風堂文漫存·辛壬稿》卷二，適園叢書序，民國初年刻本。

〔註2〕王兆鵬：《詞學史料學》，北京：中華書局，2004年，第101頁。

〔註3〕吳熊和：《吳熊和詞學論集》，杭州：杭州大學出版社，1999年，第404頁。

〔註4〕夏承燾：《天風閣叢書序》，朱彝尊：《曝書亭詞》，吳肅森編校，廣州：廣東人民出版社，1987年，第1頁。

數凡 170 餘種，260 卷，卷帙甚爲宏富，然歷來對詞集叢刻的總結和研究者甚少，研究成果亦甚爲寥寥。在對宋代以來詞集叢刻的著錄方面，王兆鵬的《詞學史料學》多有關注，該書獨闢一章曰：「詞集研究的史料之二：叢編」，其中詞集叢刻即爲叢編之重要組成部分。但所收宋明清三世詞集叢刻並不全面，民國時期的詞集叢刻近 30 種多數沒有著錄。不僅如此，囿於該書體例之關係，該書只是對於某些時代的較爲顯見的詞集叢刻作了簡單的著錄。祝尚書的《宋人總集敘錄》一書中對於宋人詞集叢刻《百家詞》等三種有所考證，然收錄亦不全；且考證中亦有疏失或可商榷之處。

在詞集叢刻的研究方面，目前所見的只是一些對詞史之上影響較大的詞集叢刻如《彊村叢書》等的個案觀照，如吳熊和的《〈彊村叢書〉與詞籍校勘》一文即專門從校勘方面深入探討了《彊村叢書》在詞籍校勘的重要成就和地位。〔註5〕巨傳友的《〈四印齋所刻詞〉的詞學文獻價值》一文也從校勘等幾個方面論證了王鵬運《四印齋所刻詞》的在詞學文獻學方面的價值所在。〔註6〕

總結歷年來有關詞集叢刻的研究，可以發現，除了少數的個案研究外，詞集叢刻研究的成果甚爲稀少，即使是在對詞集叢刻的個案研究中，論者亦大多集中於或校勘或文獻等某一方面的問題，沒有對於某一詞集叢刻的全面研究與探討，更沒有對斷代的乃至通代的詞集叢刻歷史的全面考察與梳理。從這個意義上講，全面梳理宋元以來詞集叢刻的發生發展史，並深入探討其與詞學發展史關係，是一項對詞學文獻整理及詞學研究都十分有意義的工作，從研究的空間看，十分富足。

詞籍文獻的整理和研究是詞學研究的一個重要組成部分，對於推動詞學研究的整體進程，起著十分重要的基礎性的作用。詞集叢刻對於詞籍文獻的保存之功學者多有認識，前引吳熊和先生所謂「詞集的命運，散刻則易佚，匯刻則易存，因此詞集匯刻，就保存文獻而言，歷來受到重視」，以及王兆鵬先生所說的「從詞集傳播的歷史狀況來看，詞集的傳播實多賴於叢編。尤其是明清兩代，唐宋人詞集的單行本不多，主要是通過叢編的形式來傳播的」即是方家對詞集叢刻保存詞集文獻重要性的經典認識。

不僅如此，詞集叢刻其實不單單蘊含著詞集版本、目錄、校勘等文獻學

〔註5〕可詳參《吳熊和詞學論集》，第 143～157 頁。
〔註6〕《古籍整理研究學刊》，2009 年第 5 期。

方面的內容，詞集叢刻活動除了需要關注詞集叢刻這一現象本身之外，同時它所繫連的內容十分豐富。以詞集的刊刻為觀照對象，可以發現，詞集叢刻的出現不僅與一個時代的經濟、技術等有著直接的關聯，更為主要的是，詞集叢刻與詞學思潮的消長、詞體觀念的遞變，以及詞壇創作風尚的更替、詞壇流派與風格的形成、詞學接受史等都有著十分緊密的聯繫。由此，我們認為，詞集叢刻是一個兼具文獻學和詞學研究雙重意義的重要命題，而窺一斑而見全豹，通過對宋元以來詞集叢刻的全面考察，重點梳理每一個時代詞集叢刻的編撰主體、編寫體例與標準、收錄內容等，期以考見其與歷代詞學觀念與詞壇風尚的衍生遞變軌跡的種種關係，釐清其與詞學發生史的種種問題，便成為我們研究中國古代詞學發生、發展史的一條重要途徑。這即是本書的研究價值與意義所在。

二、本書研究的主要內容

　　本書擬以宋元以來詞集叢刻作為研究對象，分上下兩編，上編主要考述宋元以來以迄民國時期詞集叢書的編刻情況。主要分兩章，首章考述宋元明時期的詞集叢刻，次章為清代、民國的主要詞集作敘錄。詞集叢書的編刻肇始於南宋時期，從陳振孫《直齋書錄解題》所載南宋長沙劉氏書坊所刻《百家詞》，到民國時期薛志澤所輯刻之《清季四家詞》，詞集叢書的編刻代不乏人。對歷代詞集叢書的編刻情況作全面的文獻廓清，是本書首先需要解決的問題，同時也是本書的研究基礎與起點之所在。故在本書的上編，對各詞集叢刻的輯刻時間、作者、所輯詞集及主要特色、優缺點等作了較為詳細的清理。宋元時期詞集叢書的編刻數量雖不謂多，且未有存留至今者，但其詞史的意義和對後世詞集叢書輯錄與刊刻卻有著重要的影響，如《百家詞》對於明代吳訥所編《唐宋名賢百家詞集》與毛晉所刻《宋六十名家詞》的影響等。故此通過對歷代文獻著錄情況的耙梳，考證、整理宋元詞集叢書的主要內容與編刻情況，以期還原其時詞集叢刻的真實面目，是對宋元時期詞集叢刻文獻考述的主要目的所在。明代詞學中衰，詞集叢書的編刻亦不甚發達，然明代後期，毛晉《宋六十名家詞》與《詞苑英華》等的編撰以及雲間詞派《幽蘭草》與《倡和詩餘》等的輯刻，亦在詞史上佔有著重要的地位，對後世詞壇產生了深遠的影響，對《宋六十名家詞》等叢刻基本信息的梳理與呈現亦有學理上的意義。時至清代、民國，詞集叢書的編刻大放異彩，不但數量遠

超前代，且在編撰體例、內容等諸多方面頗具特色，故對近 40 種主要的詞集叢刻進行細緻的清理，並撮以成文，以爲敘錄。

　　本書的下編則著重於對宋元以來歷代詞集叢刻的理論探討，分爲三個部分加以研察。第一部分，詞集叢刻的發端與宋元明時期的詞壇生態。詞集叢刻肇始於南宋後期，然宋元時期的詞集叢刻後世罕有著錄者，儘管如此，若仔細搜檢現存宋元時期的史籍筆記等資料，依然可以發現宋元時期詞集叢刻的蛛絲馬蹟。僅就目前掌握的情況看，就有《百家詞》、《典雅詞》、《琴趣外篇》、《六十家詞》等數種，如陳振孫《直齋書錄解題》即有《百家詞》之著錄。《百家詞》等的輯刻，開啟了詞集叢刻之先河，從傳播學的角度看，其與當時詞壇之發展，及與後世詞集叢刻均不無重要關係。於此數種詞集叢刻，祝尚書《宋人總集敘錄》及王兆鵬《詞學史料學》等均有所著錄，然由於二書體例之關係，對於宋元時期的詞集叢刻研究，仍然難以進行全面觀照，由此，以對宋元時期詞集叢刻的鉤沉與全面觀照爲線索，並結合宋元時期詞的傳播與詞學思潮的演變等問題，便可清晰展現宋元時期詞壇生態狀況，爲宋元時期詞壇衍生遞變的規律作以深入解剖。

　　詞至明代，詞壇亦呈現出不同於前代的新特徵，2 萬餘首的存詞以及 40 餘種的詞選編刻表明，在中國古代詞史這一鏈條之上，明詞的發展，並非乏善可陳。以詞集叢刻而論，明代前期吳訥的《百家詞》以及明代後期毛晉的《宋六十名家詞》和《詞苑英華》，堪稱是有明一代詞集叢刻的代表。前二書僅從書名的設定上即可看出其在編刻意圖上明顯有承襲宋人之意，而吳氏《百家詞》之輯刻更在詞集的輯錄選刻上同南宋後期長沙《百家詞》有著無可否認的因承關係，毛氏的《宋六十名家詞》也在詞集刊刻和接受的歷史上佔有著至爲重要的地位，具有重要的影響，因而其詞集的叢刻在編刻範式、收錄詞集內容等方面，二書都多有值得探討之處。更爲值得注意的是，相距 200 餘年的兩部大型詞集叢刻，在對後世詞集的編刻與詞壇風尚的變遷亦有深遠影響，因而值得予以重點關注。

　　第二部分，詞集叢刻與清代詞學流派之遞嬗。有清近 300 年號爲詞學之中興，詞人及詞作數量之眾即爲一顯見明證。有清一代十個皇帝，僅順康二朝的詞人詞作，2002 年出版的《全清詞》「順康卷」就有 20 冊 850 萬字，收錄詞人 2105 人，詞作 53400 餘篇。而 2008 年出版的「順康卷補編」亦有 4 冊，總字數達 200 餘萬，補得詞人 455 家，詞作計 10000 餘首。與此相一致

的是，各種選集、叢編亦大盛於此時，不可勝數。以詞集叢刻而論，據統計，清人詞集叢刻僅目前所見即有逾 50 種。數量之眾，堪稱歷代之最。不僅如此，清代詞集叢刻還與清人詞學觀念以及清代詞派之消長有著非常直接的關係，有些詞集叢刻甚至直接可以視爲是某一詞派開宗立派的大纛，爲詞派的形成起到了導夫先路的作用，如龔翔麟所刻《浙西六家詞》之於浙西詞派之形成、王昶的《琴畫樓詞鈔》與浙派中期、吳中詞派的詞集編刻與吳中詞派的形成以及《同聲集》與常州詞派等。本章重點對此數家詞集叢刻與詞派之關係作了深入的探討。

第三部分，主要探討清代詞集叢刻的文獻學意義。清代詞集叢刻不僅數量眾多，而且特點突出。清人逾 50 種詞集叢書，規模大小，各具特色，有收羅至上百種的大型叢刻，如聶先、曾王孫輯錄的《百名家詞鈔》，有僅錄三二家的小型叢刻，如袁通輯錄的《三家詞》，有以地域爲遴選範圍的詞集叢刻，如龔翔麟輯錄的《浙西六家詞》，有以專錄女性或布衣詞人爲旨歸的詞集叢刻，如瘦鶴山人輯錄的《三閨媛詞合集》、周暟輯錄的《布衣詞合稿》，有專錄宋元人詞集的叢刻如江標輯錄的《宋元名家詞》，有以專收清代詞集的叢刻如孫默輯錄的《國朝名家詩餘》，如此等等，不一而足。本部分即以清代的詞集叢刻爲觀照點，分爲兩個階段，即清代中前期和晚清，分別探討其時詞集叢刻的類型及其在詞學文獻學上的價值與貢獻。

三、本書的創新之處與研究的思路、方法

（一）創新之處

1. 對宋元以來詞集叢刻作爲一個整體進行全面梳理與總結。自南宋後期以迄民國時期，詞集叢刻代不乏人。現存的詞集叢刻逾 100 種，尤其是清代與民國時期，所存詞集叢刻數量之多，規模之大，尤具特色。然多年以來，對於詞集叢刻這一獨特的文化現象，研究者多有忽視，除個別詞集史料方面的著作有簡單介紹之外，大多數詞集叢刻尚沒有進入研究者的研究視野，遑論把宋元以來詞集叢刻作爲一個整體進行全面觀照。

2. 以詞集叢刻的編撰主體、方式、內容，傳播介質、影響途徑等爲著眼點，深入探討詞集叢刻所涉及的詞學流派、詞學觀念、詞學接受諸多相關問題，從而廓清詞集叢刻之於歷代詞史的關係，爲詞文學的研究提供有效的可靠的途徑和思路。

3. 外部研究與內部研究相結合，區別於傳統的文學研究中僅僅關注文本的思想內容、藝術特色以及文獻整理中僅僅注重的版本目錄校勘等方面的單一性分析思路，本書將內部與外部結合起來，全方位探討詞集叢刻之於詞史的意義和價值。

（二）研究的思路方法

首先，在具體的研究方法上，本論題以文獻學與文學相結合的方法展開研究。堅持從目錄入手，以文獻為根本。通過對基本文獻的梳理與總結，探討詞集叢刻在文獻學上的意義及其對詞文學的影響。具體而言，文獻學上的意義，主要體現在對古代詞集保存、傳播之功。而對於詞文學的影響，則更多地體現在詞體觀念、詞學思潮、詞壇風尚以及詞學史的演進變革等方面。

其次，文獻研究與文化研究相結合亦是本書擬採用的重要方法。從歷史和社會文化背景入手，通過對唐宋以來詞集叢刻的演進及其特點、不同時代社會文化環境的考察，總結各個時代詞集叢刻產生的根本原因。

再次，本書本著總體與個案相結合的分析方式，既從宏觀上對於詞集叢刻史作一全面清理，總結出詞集叢刻的歷史流變特徵，又從微觀上對於詞史上影響較大的一些詞集叢刻進行重點、深入探析，注重挖掘詞集叢刻的共性與特性。

附表：《中國叢書綜錄》等目錄書著錄詞集叢刻一覽表

叢刻書名	輯刻者	所 收 詞 集	刊刻時間	著錄情況〔註7〕
典雅詞	佚　名	阮閱《戶部詞》等共20餘種	南宋	
六十家詞	佚　名	秦觀、高觀、姜夔、史達祖、吳文英等人詞集	南宋	
百家詞	佚　名	自《南唐二主詞》至郭應祥《笑笑詞》共92種	南宋	
琴趣外篇		歐陽修《醉翁琴趣外篇》、晏幾道《小山琴趣外篇》、黃庭堅《山谷琴趣外篇》、秦觀《淮海琴趣》、晁端禮《閒齋琴趣外篇》、晁補之《晁氏琴趣外篇》、葉夢得《琴趣外篇》、趙彥端《介庵琴趣外篇》、真德秀《真西山琴趣》	南宋	

〔註7〕著錄情況主要指各詞集叢刻收錄於《中國叢書綜錄》、《中國叢書綜錄續編》、《中國叢書綜錄補正》、《中國叢書廣錄》（分別簡稱《綜錄》、《續編》、《補正》、《廣錄》）等主要的叢書目錄書的情況。

三英集		周邦彥《清眞詞》、方千里、楊澤民《和清眞詞》	南宋	
宋名公樂府		收黃庭堅、賀鑄、陳師道等人詞集	金元	
唐宋名賢百家詞集	吳　訥	收錄自唐《花間集》至明王達《耐軒詞》，共87種	明代	綜錄
詞壇合璧	朱之蕃	《草堂詩餘》五卷、《花間集》四卷、《詞的》四卷、《四家宮詞》三卷	明代	廣錄
宋六十名家詞	毛　晉	六集。自晏殊《珠玉詞》至盧炳《閩堂詞》，共61家	1630	綜錄、續編、補正
詞苑英華	毛　晉	《花庵絕妙詞選》十卷、《中興絕妙詞選》十卷，《草堂詩餘》四卷、《花間集》十卷、《尊前集》二卷、《詞林萬選》四卷、《詩餘圖譜》三卷	1635	綜錄、續編
幽蘭草	宋徵輿	卷上李雯詞42首，卷中陳子龍詞55首，卷下宋徵輿詞48首	1637前後	
倡和詩餘		陳子龍《湘眞閣存稿》、宋徵輿《海侶倡和香詞》、宋存標《秋士香詞》、宋徵璧《歇浦倡和香詞》、錢穀《倡和香詞》、宋思玉《棣萼軒詞》	1650或以後	續編
國朝名家詩餘（一名《十五家詞》）	孫　默	吳偉業《梅村詞》二卷、梁清標《棠村詞》三卷、宋琬《二鄉亭詞》二卷、曹爾堪《南溪詞》二卷、王士祿《炊聞詞》二卷、尤侗《百末詞》二卷、陳世祥《合影詞》二卷、黃永《溪南詞》二卷、陸求可《月湄詞》四卷、鄒祗謨《麗農詞》二卷、彭孫遹《延露詞》三卷、王士禎《衍波詞》二卷、董以寧《蓉渡詞》三卷、陳維崧《烏絲詞》四卷、董俞《玉鳧詞》二卷	1664～1668	綜錄、續編、廣錄
徐電發刻三家詞		龔鼎孳《香嚴齋詞》、梁清標《棠村詞初二刻》、汪懋麟《錦瑟詞》	康熙間	黃裳《來燕榭讀書記》
梁溪詞選	侯　晰	秦松齡《微雲堂詞》、嚴繩孫《秋水軒詞》、顧貞觀《彈指詞》、張夏《袖拂詞》、朱襄《織字軒詞》、華侗《春水詞》、鄒溶《香眉亭詞》、錢肅潤《十峰草堂詞》、湯煦《棲綺詞》、顧岱《澹雪詞》、唐芑《漫遊詞》、侯文耀《鶴閒詞》與《中秋倡和詞引》、鄒祥蘭《問石詞》、華長髮《語花詞》、張振《香葉詞》、王仁灝《我靜軒詞》、杜詔《浣花詞》、馬學調《轉蓬詞》、宏倫《泥絮詞》、侯晰《惜軒詞》，各一卷	康熙間	廣錄
浙西六家詞	龔翔麟	朱彝尊《江湖載酒集》三卷、李良年《秋錦山房詞》一卷、沈皞日《柘西精舍詞》一卷、李符《耒邊詞》二卷、沈岸登《黑蝶齋詞》一卷、龔翔麟《紅藕莊詞》三卷	1679	綜錄、補正

百名家詞鈔	聶先、曾王孫	以清初詞家爲搜羅對象，共輯得吳偉業、宋琬、曹爾堪、王士禛、尤侗、彭孫遹、朱彝尊、顧貞觀、陳維崧、納蘭性德、曹貞吉、蔣景祁等百餘人，人各一集	1686	綜錄、廣錄、補正
十名家詞集	侯文燦	南唐李璟、李煜《南唐二主詞》一卷、馮延巳《陽春集》一卷、宋張先《子野詞》一卷、賀鑄《東山詞》一卷、葛郯《信齋詞》一卷、吳儆《竹洲詞》一卷、趙以夫《虛齋樂府》一卷、元趙孟頫《松雪齋詞》一卷、薩都刺《天錫詞》一卷、張埜《古山樂府》一卷	1689	綜錄
棣華樂府	盛熙祚	盛楓《梨雨選聲》二卷、盛禾《稼村塡詞》二卷、盛本枏《滴露堂小品》二卷	1737	綜錄
宋元人小詞	不 詳	劉弇《龍雲先生樂府》一卷、晁端禮《閒齋琴趣外篇》一卷、姚述堯《簫臺公餘詞》一卷、陳亮《龍川詞補》一卷、陳允平《日湖漁唱》一卷、陳允平《西麓繼周集》一卷、周密《草窗詞》一卷、倪偁《綺川詞》一卷、丘崈《文定公詞》、黃裳《演山先生詞》一卷、陳深《寧極齋樂府》一卷、吳澄《文正公詞》一卷、許有壬《圭塘長短句》一卷	1760	續編
四家詞選	宮國苞	俞大鼎《選夢詞》、俞圻《剪春詞》、汪龍光《掃紅詞》、繆祖培《修月詞》，各一卷	1763	廣錄
琴畫樓詞鈔	王 昶	張梁《澹吟樓詞》、厲鶚《樊榭山房詞》、陸培《白蕉詞》、張四科《響山詞》、陳章《竹香詞》、朱方藹《小長蘆漁唱》、王又曾《丁辛老屋詞》、吳烺《杉亭詞》、汪士通《延青閣詞》、吳泰來《曇香閣琴趣》、江昱《梅鶴詞》、儲秘書《花嶼詞》、趙文哲《妍雅堂詞》、張熙純《曇華閣詞》、陸文蔚《採薲詞》、過春山《湘雲遺稿》、朱昂《綠陰槐夏閣詞》、江立《夜船吹笛詞》、朱澤生《鷗邊漁唱》、吳元潤《香溪瑤翠詞》、王初桐《杯湖欸乃》、宋維藩《滇遊詞》、吳錫麒《有正味齋詞》、吳蔚光《小湖田樂府》、楊芳燦《吟翠軒初稿》，各一卷	1778	綜錄
布衣詞合稿（一名《黃山二布衣詞稿》）	周 暟	方成培《味經堂詞稿》（含《橫枝詞》一卷、《芳影詞》二卷、《後岩簫雅》一卷、《寒山樂府》一卷、續稿一卷、周暟《瀟湘聽雨詞》五卷、《芳草詞》一卷、《香草題詞》一卷	1791	綜錄
七家詞鈔	汪世泰	劉嗣綰《箏船詞》一卷、袁通《捧月樓詞》二卷、顧翰《綠秋草堂詞》一卷、汪度《玉山堂詞》一卷、汪全德《崇睦山房詞》一卷、楊夔生《過雲精舍詞》二卷、汪世泰《碧梧山館詞》二卷	1796	吳世昌：《清人詞目錄》

詞學叢書	秦恩復	曾慥《樂府雅詞》三卷拾遺二卷、趙聞禮《陽春白雪》八卷外一卷、張炎《詞源》二卷、陳允平《日湖漁唱》一卷補遺一卷續補遺一卷、鳳林書院《精選名儒草堂詩餘》三卷、□□《詞林韻釋》一卷	嘉慶道光間	綜錄
練川五家詞	王　昶	王丕烈《杯湖欸乃》、《羹天閣琴趣》、《雲藍詞》三種一卷，諸廷槐《蝶庵詞》、《吹蘭卮語》二種一卷，王元勳《樵玉山房詞》、《涉江詞》、《幻花別集》三種一卷，汪景龍《月香綺業》、《美人香草詞》、《碧雲詞》三種一卷，錢塘《響山閣詞》、《玉葉詞》二種一卷	嘉慶中	綜錄
燕市聯吟集，討春合唱一卷	袁通、陳文述	袁通輯《燕市聯吟集》四卷，陳文述輯《討春合唱》一卷	1804	《販書偶記續編》卷二十
北湖三家詞鈔	吳　康	徐石麒《坦庵詞》三卷、羅煜《霞汀詞》一卷、范荃《石湖詞》五卷，附徐元瑞《詩餘繡閒集》一卷	1810	廣錄
八家詞鈔	袁　通	納蘭性德《飲水詞鈔》二卷、劉嗣綰《箏船詞》一卷、袁通《捧月樓詞》二卷、顧翰《綠秋草堂詞》一卷、汪庋《玉山堂詞》一卷、汪全德《崇睦山房詞》一卷、楊夑生《過雲精舍詞》二卷、汪世泰《碧梧山館詞》二卷	1819	廣錄
吳中七家詞	王嘉祿	戈載《翠薇雅詞》、沈彥曾《蘭素詞》、朱綬《湘弦別譜》、陳彬華《瑤碧詞》、吳嘉淦《秋綠詞》、沈傳桂《二白詞》、王嘉祿《桐月修簫譜》	1822	
吳儲合稿	儲夢熊	吳會《竹所詞》、儲夢熊《餘樓書屋詞稿》	1825	綜錄入通代類，誤
三家詞	袁　通	高文照《蕡香詞選》一卷、錢枚《微波亭詞選》一卷、黃景仁《悔存詞選》一卷	1831	綜錄
天籟軒五種	葉申薌	《閩詞鈔》四卷、《本事詞》二卷、《小庚詞存》四卷、《天籟軒詞選》六卷、《天籟軒詞譜》六卷	1834	綜錄、廣錄
楚四家詞	唐樹義	劉淳《雲中集》一卷、張其英《角山集》一卷、王柏心《子壽集》一卷、蔡俻《黃樓集》三卷	1835	廣錄
同人詞選	孫瀜	陸豫《東虷草堂詞》、丁瀛《倚竹齋詞草》、胡威臨《炙硯詞》、孫瀜《辟月樓詞稿》、李曾裕《枝安山房詞草》、王慶勳《沿波舫詞》	1853	綜錄
十家詞匯	金繩武	湯貽汾《畫梅樓詞》、趙慶憙《香銷酒醒詞》、金泰《怡雲詞》、許謹身《虛竹軒詞》、楊尚觀《曲池小圃詞》、魏謙升《翠浮閣詞》、吳承動《影疊館詞》、蔣坦《百合詞》、吳藻《香南雪北詞》、陸倩《倩影樓詞》		廣錄，沈乾一《叢書書目彙編》

評花仙館詞	金繩武	金繩武《泡影詞》、汪淑娟《疊花集》	1853	綜錄、補正
太倉三家詞		楊敬傳《眉影詞》一卷、錢恩榮《䌓雲詞》一卷、汪承慶《蘭笑詞》一卷	1857	廣錄
同聲集	王鵠（《綜錄》作張曜孫輯）	王曦《鹿門詞》、吳廷鉁《塔影樓詞》、潘曾瑋《玉泫詞》、汪士進《聽雨齋詞》、王憲成《桐華仙館詞》、于胡魯承齡《冰蠶詞》、劉耀椿《海南歸棹詞》、龔自珍《無著詞》、莊士彥《梅笙詞》	1864	綜錄、補正
綠竹詞	□　□	張鴻卓《綠雲館詞鈔》一卷、朱和義《萬竹樓詞選》一卷	同治中	綜錄
花萼聯詠集	曹毓英	曹毓秀《桐華館詞》、曹毓英《鋤梅館詞》、曹景芝《壽研山房詞》，各一卷	1863	
淮海秋笳集	李肇增	張安保《晚翠軒詞》、范淩霜《冷灰詞》、吳熙載《匏瓜室詞》、汪鋆《梅邊吹笛詞》、李肇增《冰持庵詞》、王茇《受辛詞》、張丙炎《冰甌館詞》、黃溵祥《豆蔻詞》、郭夔《印山堂詞》、馬汝楫《雲笙詞》、黃錫禧《棲雲山館詞》、姚正鏞《江上維舟詞》各一卷。附錄《白桐生詞》一卷。	1860	綜錄
明湖四客詞鈔	趙國華	嚴廷中《霽塵詞》、李鈞和《紅豆詞》、王蔭昌《尺壺詞》、徐宗襄《絮月詞》，各一卷	1874	綜錄
影事詞存初稿	曾　淞	劉荃《茗尹詞》一卷、劉與冏《緘齋詞》一卷、黃宗憲《映庵詞》一卷、曾淞《紉茶詞》、黃桑《夢潭詞》一卷、劉大受《樊香詞》一卷	1883	廣錄
眉綠樓詞	顧文彬	顧文彬《靈巖樵唱》一卷、《今雨吟》一卷、《小橫吹剩譜》一卷、《鶯花醉吟》一卷、《蝶板新聲》一卷、《蟭巢碎語》一卷、《百衲琴言》一卷、《跨鶴吹笙譜》一卷	1884	續編
宋七家詞選	戈　載	周邦彥《片玉集》、史達祖《梅溪詞》、姜夔《白石道人歌曲》、吳文英《甲乙丙丁稿》、周密《蘋洲漁笛譜》、王沂孫《花外集》、張炎《山中白雲詞》	1885	
侯鯖詞	吳唐林	鄧嘉純《空一切盦詞》一卷、俞廷瑛《瓊華室詞》一卷、宗山《窺生鐵齋詞》一卷、邊保樞《劍虹盦詞》一卷，吳唐林《橫山草堂詞》一卷	1885	綜錄
西泠詞萃	丁　丙	姚述堯《簫臺公餘詞》一卷、周邦彥《片玉詞》二卷、朱淑眞《斷腸詞》一卷、仇遠《無弦琴譜》一卷、張雨《貞居詞》一卷、淩雲翰《柘軒詞》一卷	光緒中	綜錄

宋六十一家詞選	馮　煦	自晏殊《珠玉詞》至盧炳《閑堂詞》，共六十一家，共十二卷	1887	廣錄
四印齋所刻詞	王鵬運	收錄宋蘇軾、辛棄疾以迄金代蔡松年等詞集及詞話等共 24 種	1888	綜錄、續編
詩餘偶鈔（又名《六家詞鈔》）	王先謙	孫鼎臣《蒼茛詞鈔》一卷、周壽昌《思益堂詞鈔》一卷、李洽《搗塵集詞鈔》一卷、王闓運《湘綺樓詞鈔》、張祖同《湘雨樓詞鈔》一卷、杜貴墀《桐花閣詞鈔》一卷	1890	廣錄
薇省同聲集	彭　鑾	端木埰《碧瀣詞》二卷、許玉瑑《獨弦詞》一卷、王鵬運《袖墨詞》一卷、況周頤《新鶯詞》一卷	1890	綜錄、續編
三李詞	楊文斌輯 馬懋勳校	《李白詞》一卷、《李煜詞》一卷、《李清照詞》一卷	1890	廣錄
四印齋匯刻宋元三十一家詞	王鵬運	收錄自宋潘閬《逍遙詞》至元李孝光《五峰詞》，各一卷	1893	續編
粵東三家詞鈔	葉衍蘭	沈世良《楞華室詞》一卷、汪瑔《隨山館詞》一卷、葉衍蘭《秋夢龕詞》一卷	1895	綜錄入郡邑類
張氏詞鈔	張兆蘭	張集馨《時晴齋詞鈔》一卷、張兆蘭《醉經齋詞鈔》一卷	1895	廣錄
小檀欒室匯刻閨秀詞	徐乃昌	所輯女性詞人凡一百家，詞集一百種，十種爲一集	1895～1896	綜錄、補正
宋元名家詞	江　標	葛郯《信齋詞》一卷、向滈《樂齋詞》一卷、朱熹《晦庵詞》一卷、吳儆《竹洲詞》一卷、趙以夫《虛齋樂府》一卷、楊澤民《和清眞詞》一卷、林正大《風雅遺音》二卷、文天祥《文山樂府》一卷、趙孟頫《松雪齋詞》一卷、程鉅夫《雪樓樂府》一卷、薩都剌《雁門集》一卷、張埜《古山樂府》、倪瓚《雲林詞》一卷、黃裳《演山詞》二卷、姚勉《雪坡詞》一卷	1895	綜錄
題襟集	翁之潤	黃彝凱《鐵笛詞》一卷、張百寬《酒痕詞》一卷、曹元忠《雲瓿詞》一卷、張鴻《長毋相忘詞》一卷、王景沂《瀣碧詞》一卷、楊朝慶《玉龍詞》一卷、章華《盆山舊館詞》一卷、翁之潤《桃花春水詞》一卷	1898	綜錄入總集通代類，誤
黎氏三家詩詞	黎庶昌	黎兆勳《葑煙亭詞》四卷、黎庶燾《琴洲詞》二卷、黎庶蕃《雪鴻詞》二卷	1898～1899	續編
蒙香室叢書	馮　煦	成肇麟編《唐五代詞選》三卷、戈載輯《宋七家詞選》七卷、馮煦編《宋六十一家詞選》十二卷	光緒中	綜錄

南唐二主詞		李璟、李煜詞	光緒中	
吳氏石蓮庵刻山左人詞	吳重憙	柳永《樂章集》一卷、李之儀《姑溪詞》三卷、晁補之《琴趣外篇》六卷、王千秋《審齋詞》一卷、侯寘《嬾窟詞》一卷、趙磻老《拙庵詞》一卷、辛棄疾《稼軒詞》十二卷、周密《草窗詞》二卷補二卷、李清照《漱玉詞》一卷補遺一卷附錄一卷、王士祿《炊聞詞》二卷、王士禛《衍波詞》二卷附一卷、宋琬《二鄉亭詞》三卷、楊通俌《竹西詞》一卷、唐夢賚《志壑堂詞》一卷、曹貞吉《珂雪詞》二卷補遺一卷、趙執信《飴山詩餘》一卷、田同之《晚香詞》三卷附田同之《西圃詞說》一卷	1901	綜錄、續編
二家詞鈔	樊增祥	李慈銘《霞川花隱詞》二卷、樊增祥《五十麝齋詞賡》三卷	1902	綜錄
徐氏一家詞	徐 琪	徐鴻謨《蒼葍花館詞》一卷、鄭蘭孫《蓮因室詞》一卷、徐琪《廣小圃詠》一卷、《玉可盦詞存》一卷、《詞補》一卷	1908	綜錄
彊村所刻詞	朱祖謀	分甲乙丙三編，收宋人陳與義、辛棄疾、蘇軾等詞集 23 種	1911	廣錄
景汲古閣鈔宋金詞七種	陶 湘	陳三聘《和石湖詞》一卷、段成己《菊軒樂府》一卷、韓玉《東浦詞》一卷、呂勝己《渭川居士詞》一卷、王安中《初僚詞》一卷、洪瑹《空同詞》一卷、黃公度《知稼翁詞》一卷	1911	綜錄、續編、補正
南州二王詞		王易《鏤塵詞》一卷、王浩《倚柱詞》一卷	1912	廣錄
蜀十五家詞	吳 虞	收錄蘇軾、李白等十五家詞人詞集	1912	綜錄
毗陵三少年詞	錢振鍠	謝仁《青山草堂詞鈔》一卷、謝泳《瓶軒詞鈔》一卷、藥伽《留我相庵詞》一卷	1913	綜錄
彊村所刊詞甲乙編	朱祖謀	甲編：辛棄疾《稼軒詞補遺》一卷、范成大《石湖詞》一卷、盧祖皐《蒲江詞》一卷、陳與義《無住詞》一卷、王安石《臨川先生歌曲》一卷補遺一卷、蘇軾《東坡樂府》三卷、劉克莊《後村長短句》五卷　乙編：吳文英《夢窗詞集》一卷補遺一卷、周南瑞編《天下同文》一卷補遺一卷、汪莘《方壺詞一卷》、汪元量《水雲詞》一卷、元好問《遺山樂府》三卷、姜夔《白石道人歌曲》六卷別集一卷	1913	
仁和吳氏雙照樓景刊宋元本詞	吳昌綬	收錄宋金元歐陽修等人詞別集與總集等 17 種	1913～1914	續編
景刊宋金元明本詞四十種	吳昌綬輯陶湘續輯	收錄宋金元明詞人別集、總集 40 種	1911～1923	綜錄、補正

滄江樂府	錢溯耆	程庭鷺《以恬養智齋詞錄》一卷、朱燾《簫材琴德廬詞稿》一卷、楊敬傅《春水船詞鈔》一卷、沈穆孫《碧梧秋館詞鈔》一卷、汪承慶《墨壽閣詞鈔》一卷、陳升《尺雲樓詞鈔》一卷、錢恩棨《紫芳心館詞》一卷	1916	補正
武進陶氏涉園續刊景宋金元明本詞	陶　湘	收錄宋金元明詞23種	1917	續編
州山吳氏先集(一名《山陰吳氏詞鈔》)	吳　隱	吳興祚《留村詞》、吳秉鈞《課鵝詞》、吳秉仁《攝閒詞》、吳棠楨《鳳車詞》	1918	廣錄
二香詞	陳　柱	王策《香雪詞鈔》二卷、王時翔《小山詩餘》五卷、王沼《分秀閣集句詩餘》一卷	1918	廣錄
鴛音集	孫德謙	朱祖謀《彊村樂府》一卷、況周頤《蕙風琴趣》一卷	1918	綜錄
三家詞錄	趙少芬	趙植庭《倚樓詞》一卷、呂俊孫《曼香書屋詞》一卷、方愷《句婁詞》一卷	1921	綜錄
彊村叢書	朱祖謀	收錄唐五代宋金元詞總集、別集共170餘種	1922	綜錄、補正
青箱書屋兩世詞稿	王守義	所輯爲王守義曾祖父王留福《青箱書屋詞》(附南北曲兩套)與祖父王東寅《青箱書屋餘韻詞存》詞集二種	1923	綜錄(氏族類)
惜陰堂匯刻明詞(又名《惜陰堂明詞叢書》)	趙尊嶽	輯錄明詞268種	1924〜1926	綜錄
又滿樓所刻詞	趙詒琛	唐祖命《瓕花詞》、張思孝《鴛邊詞》、沈鋆《留漚吟館詞存》、江標《紅蕉詞》	1925	綜錄
唐五代宋遼金元名家詞集六十種輯	劉毓盤	輯錄唐五代宋遼金元名家詞60種，並附郭麘《詞品》一種	1925	廣錄
三程詞鈔	程頌萬	程霖壽《湖天曉角詞》二卷、程頌芬《牧莊詞》三卷、程頌萬《鹿川詞》三卷	1929	綜錄
校輯宋金元人詞	趙萬里	校輯宋金元人別集、總集、詞話凡70種，附《宋金元名家詞補遺》一卷	1931	綜錄
唐五代二十一家詞輯	王國維	收錄唐五代詞人二十一家，二十卷	1932	

安徽清代名家詞：第 1集	安徽叢書編印處輯	馬日琯《嶰谷詞》一卷、馬日璐《南齋詞》二卷、方成培《聽弈軒小稿》三卷、江昉《練溪漁唱》二卷《山中白雲詞句》一卷、戴延介《銀藤花館詞》四卷、《達園鉏荣叟《百蕚紅詞》二卷、金泰《佩蘅詞》一卷補遺一卷、金式玉《竹鄰遺稿》一卷、孫承勳《讀雪軒》一卷、胡承珙《求是堂詩餘》一卷、王效成《伊蒿室詩餘》一卷	1932～1936	綜錄
彊村遺書	朱祖謀	《雲謠集雜曲子》一卷附校記一卷、《詞荊》一卷、吳文英《夢窗詞集》一卷、《滄海遺音集》十三卷、《彊村語業》三卷、《彊村棄稿》一卷，外編《彊村詞剩稿》二卷《集外詞》一卷附《彊村校詞圖題詠》一卷	1933	綜錄
北宋三家詞	易 孺	舒亶《信道詞》一卷、曹組《曹元寵詞》一卷、蘇庠《後湖詞》一卷	1933	綜錄
二晏詞	巴 龍	晏殊《珠玉詞》、晏幾道《小山詞》	1933	廣錄
滄海遺音集	朱祖謀	沈曾植《曼陀羅䌍詞》一卷、裴維侒《香草亭詞》一卷、李岳瑞《郢雲詞》一卷、曾習經《蟄庵詞》一卷、夏孫桐《悔龕詞》一卷、曹元忠《淩波詞》一卷、張爾田《遯盦樂詩》一卷、王國維《觀堂長短句》一卷、陳洵《海綃詞》二卷、馮玕《回風堂詞》一卷、陳曾壽《舊月簃詞》一卷、梁鼎芬《紅廔詞》一卷	1934	廣錄
詞學小叢書	胡雲翼	謝秋萍輯《唐五代詞選》一卷，胡雲翼輯《宋名家詞選》二卷、《清代詞選》一卷、《女性詞選》一卷、《李後主詞》一卷、《李清照詞》一卷、《辛棄疾詞》一卷，羅芳洲《納蘭性德詞》一卷，謝秋萍輯《吳藻詞》一卷，羅芳洲《詞學研究》一卷	1934	綜錄、補正
粵西詞四種	陳 柱	蘇汝謙《雪波詞》一卷、彭昱堯《彭子穆先生詞集》一卷、龍繼棟《槐廬詞學》一卷、王鵬運《校夢龕集》一卷	1934	綜錄入郡邑類
海寧三家詞	陳乃乾	卷上錄潘廷章詞 35 首，卷中錄陸嘉淑詞 96 首，卷下錄查容詞 106 首	1936	
清十一家詞鈔	王 煜	納蘭性德《飲水詞鈔》、陳維崧《迦陵詞鈔》、朱彝尊《曝書亭詞鈔》、厲鶚《樊榭山房詞鈔》、張惠言《茗柯詞鈔》、項鴻祚《憶雲詞鈔》、蔣春霖《水雲樓詞鈔》、文廷式《雲起軒詞鈔》、王鵬運《半塘詞鈔》、鄭文焯《樵風詞鈔》、朱祖謀《彊村詞鈔》	1936	廣錄
唐宋金元詞鉤沉	周泳先	收詞籍文獻 37 種，包括宋人詞 27 種，金人詞 4 種，宋元人詞總集 4 種，詞話 1 種，補遺 1 種	1937	

清名家詞	陳乃乾	收自清初李雯、吳偉業至清末王國維等共 100 家，人各一集	1937	綜錄、補正
梅影屋詞集	吳湖帆	吳湖帆《佞宋集》一卷、潘靜淑《綠草集》一卷	1939	廣錄
廣川詞錄	董　康	董元愷《蒼梧詞》十二卷、董俞《玉鳧詞》二卷、董以寧《蓉渡詞》三卷、董潮《漱花詞》一卷、董基誠《玉椒詞》一卷、董祐誠《蘭石詞》一卷、董士錫《齊物論齋詞》一卷、董毅《蛻學齋詞》二卷、董受祺《碧雲詞》一卷、董康《課花庵詞》一卷	1940	綜錄
壽香社詞鈔	林心恪	王德愔《琴寄室詞》、劉蘅《蕙愔閣詞》、何曦《晴賞樓詞》、薛念娟《小嬾眞室詞》、張蘇錚《浣桐書室詞》、施秉莊《延暉樓詞》、葉可羲《竹韻軒詞》、王眞《道眞室詞》	1942	
四種詞	胡延等	姜夔《白石道人歌曲》、陳允平《日湖漁唱》、周密《蘋洲漁笛譜》、王沂孫《花外集》	1942	廣錄
雍園詞鈔	楊公庶	葉麐《輕夢詞》一卷、吳白匋《靈瑣詞》一卷、喬大壯《波外樂章》三卷、沈祖棻《涉江詞》一卷、汪東《寄庵詞》、唐圭璋《南雲小稿》、沈尹默《念遠詞》、《松壑詞》、陳匪石《倦鶴近體樂府》，並附陳匪石《舊時月色齋詩》	1946	
清季四家詞	薛志澤	王鵬運《半塘定稿》一卷、鄭文焯《樵風樂府》二卷、況周頤《蕙風詞》二卷、朱祖謀《彊村語業》三卷	1949	綜錄、補正

上　編

第一章　宋元明時期的詞集叢刻考述

第一節　宋元時期詞集叢刻考述

　　雕版印刷肇始於唐代，葉夢得《石林燕語》卷八謂：「世言雕板印書始馮道，此不然，但監本五經板，道爲之耳。《柳玭家訓序》，言其在蜀時，嘗閱書肆，云『字書小學，率雕板印紙』，則唐固有之矣，但恐不如今之工。」〔註1〕近人葉德輝《書林清話》亦謂：「書有刻本，世皆以爲始於五代馮道。其實唐僖宗中和年間已有之。據唐柳玭《家訓序》云：『中和三年癸卯夏，鑾輿在蜀之三年也。余爲中書舍人。旬休，閱書於重城之東南。其書多陰陽雜記、占夢相宅、九宮五緯之流，又有字書小學。率雕板印紙，浸染不可曉。』是爲書有刻板之始。」〔註2〕王國維《觀堂集林》卷二十也說：「夫刻石亦可云摹勒，而作書鬻賣，自非雕板不可，則唐之中葉吾浙亦已有刊板矣。」〔註3〕然雕版印刷的廣泛應用尚未出現在唐代，沈括《夢溪筆談》卷十八「技藝」謂：「板印書籍，唐人尚未盛爲之。自馮瀛王始印五經，已後典籍，皆爲板本。慶曆中，有布衣畢昇，又爲活板。」〔註4〕據沈氏所記，自五代馮道始印五經起，典籍版印尚始發達。葉德輝亦謂：「雕板肇祖於唐，而盛行於五代。」〔註5〕而以雕版之術廣印經史子集，則在宋人立國之後。葉夢得

〔註1〕葉夢得：《石林燕語》，中華書局，1984年版，第116頁。
〔註2〕葉德輝：《書林清話》卷一，中華書局，1957年版，第19頁。
〔註3〕王國維：《觀堂集林》卷二十一，中華書局，1959年版，第1045頁。
〔註4〕胡道靜：《夢溪筆談校正》，上海出版公司，1956年版，第597頁。
〔註5〕葉德輝：《書林清話》卷一，第21頁。

《石林燕語》云：「唐以前，凡書籍皆寫本，未有模印之法，人以藏書爲貴，人不多有，而藏者精於讎對，故往往皆有善本；學者以傳錄之艱，故其誦讀也精詳。五代馮道始奏請官鏤《六經》版印行，國朝淳化中，復以《史記》、前、後《漢》付有司摹印，自是書籍刊鏤者益多，士大夫不復以藏書爲意，學者易於得書，其誦讀亦因滅裂。然板本初不是正，不無訛誤，世既一以板本爲正，而藏本日亡，其訛謬者遂不可正，甚可惜也。」〔註6〕儘管在葉氏看來，雕印對於圖書的收藏與閱讀帶來相當負面的影響，但無可否認的是，雕版印刷技術的發明與廣泛應用，推動了書籍的快速傳播，推動了圖書事業的極大發展，促動了文化的快速傳播與發展，從而使天水一朝的文化發展了登峰造極的地步。〔註7〕

在眾多的版刻書籍中，以叢書的形式刊刻而成的叢刻肇始於北宋初年，成書於北宋開寶至太平興國八年的《開寶藏》，凡五千零四十八卷，是目前所知的最早的版刻叢書。〔註8〕而以叢書的形式刻印詞集，則是南渡以後才漸趨出現和興盛的。〔註9〕今可考見的宋元時期詞集叢刻僅有數種，其中《百家詞》當爲見於史籍的最早的詞集叢刻。

一、《百家詞》

《百家詞》之名首見於宋人陳振孫《直齋書錄解題》，《解題》卷二十一所著錄郭應祥《笑笑詞集》下有注曰：「自《南唐二主詞》而下，皆長沙書坊所刻，號《百家詞》。其前數十家皆名公之作，其末亦多有濫吹者。市人射利，欲富其部帙，不暇擇也。」〔註10〕

據陳氏所言「自《南唐二主詞》而下，皆長沙書坊所刻，號《百家詞》」之語，則在陳振孫著錄《直齋書錄解題》當世，《百家詞》叢刻應當全部刊刻完畢，「其最末一家爲郭應祥」之《笑笑詞集》〔註11〕。又，據滕仲因嘉定元

〔註6〕葉夢得：《石林燕語》，中華書局，1984年版，第116頁。

〔註7〕陳寅恪先生說：「華夏民族之文化，歷數千載之演進，而造極於趙宋之世。」（《鄧廣銘宋史職官志考證序》）

〔註8〕詳盧中嶽《我國叢書刊刻始於佛藏辨》，載《文獻》1982年第4期。

〔註9〕王兆鵬即認爲：「詞集叢刊，始於南宋。」（《詞學史料學》，中華書局，2004年，第101頁）

〔註10〕陳振孫：《直齋書錄解題》卷二十一，中華書局，1985年版，第596頁。

〔註11〕永瑢等：《四庫全書總目》卷二百「《闚堂詞》提要」，中華書局，1965年版，第1830頁。

年（1208）《笑笑詞跋》所謂「長沙劉氏書坊，既以二公（按，指張孝祥、吳
鎰）之詞鋟諸木，而遯齋《笑笑詞》杜家塾有本，一日，予叩遯齋，願並刊
之。庶幾來者知其氣脈，且以成湘中一段奇事」，以及詹傅「嘉定三祀（1210）
仲春既望」所作的序，可知《笑笑詞》嘉定元年即有交付長沙劉氏書坊刻印
之意，然至嘉定三年二月，仍未刊刻完成，則《笑笑詞》刊刻成書當是嘉定
三年二月以後之事，由此《百家詞》全部刊畢的時間也當在嘉定三年二月以
後。而據此亦可知，《百家詞》的刊刻應當經歷了一個長期的過程，並非短期
內所完成的。故祝尚書《宋人總集敘錄》謂「嘉定三年既是《笑笑詞》刊竣
之時，而《笑笑詞》列於《百家詞》之末，故也是《百家詞》刊畢之時」；王
兆鵬參照吳熊和《唐宋詞通論》謂《百家詞》「成書於嘉定三年前後」，這些
結論還可進一步確定謂嘉定三年二月十六日。

　　關於《百家詞》的刊刻者，研究者多據上引滕仲因序及陳振孫《直齋書
錄解題》，定爲長沙劉氏，然清人沈曾植《菌閣瑣談》「長沙書坊刻詞」條稱：
「《錄鬼簿》：『胡正臣，杭州人，能歌董解元西廂，至於古之樂府慢詞李霜崖
賺令，無不週知。其子存善，能繼其志。小山樂府、仁卿金縷樂府、瑞卿詩
酒餘音，至於群玉叢珠，裒集諸公所作，編次有倫。及將古本□□，直取潭
州易氏印行元文，□讀無訛，盡於書坊刊行。亦士林之翹楚也。』愚按古本
下闕二字，今疑是樂府字。潭州易氏印行元文，疑即《直齋書錄解題》所錄
長沙書坊刻《百家詞》也。」〔註12〕在沈氏看來，《直齋書錄解題》所錄長沙
書坊刻《百家詞》的刻印者疑爲潭州易氏，而非劉氏。按，上引滕仲因《笑
笑詞跋》既有張孝祥、吳鎰及郭應祥三人之詞刻於長沙劉氏書坊之語，陳振
孫《直齋書錄解題》亦有三人詞之版本爲長沙書坊所刻之著錄，則刊刻《百
家詞》之長沙書坊主人應爲劉氏無疑。

　　《百家詞》叢刻雖名曰「百家」，然從今天所見《直齋書錄解題》所著錄
詞集數量看，總數實爲 92 種。祝尚書《宋人總集敘錄》作 99 種，祝氏統計
有誤。王兆鵬《詞學史料學》作詞人 97 家，實則未可如是說，陳振孫《直齋
書錄解題》所載 92 種詞集中，雖《南唐二主詞》爲父子二人合集，《李氏花
萼集》爲廬陵李氏兄弟五人：李洪、漳、泳、淪、測五人合集，而《家宴
集》則爲唐五代時人詞的一部選集，陳氏在《家宴集》下有解題云：「序稱子
起，失其姓氏。雍熙丙戌歲也。所集皆唐末五代人樂府。視《花間》不及

〔註12〕沈曾植：《菌閣瑣談》，《詞話叢編》，中華書局，1986 年版，第 3622 頁。

也。末有《清和樂》十八章，爲其可以侑觴，故名『家宴』也。」〔註13〕《詞綜發凡》謂：「古詞選本若《家宴集》、《謫仙集》、《蘭畹集》、《復雅歌詞》、《類分樂章》、《群公詩餘後編》、《五十大曲》、《萬曲類編》及《草窗周氏選》皆軼不傳。」〔註14〕從陳氏所注看，《家宴集》當爲北宋初年，宋太宗雍熙三年（丙戌，986）年所編撰的一個詞的選本。因此「所集皆唐末五代人樂府」，並非一人之作，故言97家不當。是《百家詞》在其刊刻的當世只有92種，還是陳氏《直齋書錄解題》在後世傳抄、重輯的過程中有所遺漏？〔註15〕或者《百家詞》之定名，並非確指，只是取其整數，言所收錄詞人之多，今已不得而知。

　　《百家詞》在後世的傳播過程中，多有散佚。如上所言之《家宴集》這個詞集本子在南宋後期《百家詞》刊刻之時尚有存世，元人脫脫等所編《宋史·藝文志》尚有《家宴集》之著錄，而到了明代前期，吳訥所編《百家詞》已無《家宴集》之著錄。若同明人吳訥所輯《百家詞》收錄的詞集作一比較，可以發現，「宋刻《百家詞》有35種爲吳氏所輯《百家詞》所未收」〔註16〕。朱彝尊編選《詞綜》，選錄詞人詞作160餘家，然尚有晁沖之《具茨集》等數十家詞集散佚，未能闌入《詞綜》，其《詞綜發凡》謂：「藏書家編目錄，詞集多不見收。惟莆田陳氏《書錄解題》論其大略，鄱陽馬氏採入《通考》志中所載，晁沖之《具茨集》、王觀《冠柳集》、趙令畤《聊復集》、蘇庠《後湖集》、万俟雅言《大聲集》、陳克《赤城詞》、康與之《順庵樂府》、趙鼎《得全居士集》、劉光祖《鶴林詞》、左譽《筠庵長短句》、姚寬《西溪居士樂府》、蘇洞《泠然閣集》、嚴仁《清江欸乃詞》、孫惟信《花翁詞》、《魏子敬詞》、《王武子詞》、《李洪兄弟花萼集》、吳激《東山集》、蔡松年《蕭閒公集》。舊本散失，未經寓目，或詩集雖在，而詞則闕如，僅於選本中錄其一二。至於汪元量《水雲詞》、蔡楠《浩歌集》、黃人傑《可軒曲林》、黃定《鳳城詞》、曹冠《燕喜集》、馬寧祖《退圃詞》、吳鎰《敬齋詞》、《袁去華詞》、侯延慶《退齋詞》、黃談《澗壑詞》、林淳《定齋詩餘》、鄧元《漫堂集》、王大受《近情集》、張孝忠《野適堂詞》、劉德秀《默軒詞》、鍾將之《岫雲詞》、徐得之《西園鼓

〔註13〕陳振孫：《直齋書錄解題》卷二十一，第582頁。
〔註14〕朱彝尊：《詞綜·詞綜發凡》，上海古籍出版社，1978年版，第11頁。
〔註15〕陳振孫：《直齋書錄解題》原書久佚，四庫館臣從《永樂大典》中輯錄而出，詳加校訂，定爲二十二卷，即爲今天所見之通行本。
〔註16〕王兆鵬：《詞學史料學》，中華書局，2004年版，第106頁。

吹》、李叔獻《東老詞》、方信儒《好庵遊戲》、陳從古《洮湖詞》、韓子耕《蕭閒詞》，隻字未見。此外軼者尚多，海內收藏之家，或有存本，倘許借觀，願仿曾氏《雅詞》之例，別爲拾遺，附於卷末。」〔註17〕朱氏所列此38家已散佚宋人詞集，其中 27 種見於宋刻《百家詞》，至近人趙萬里《校輯宋金元人詞》所輯宋人詞集 56 種，其中 12 種同於宋刻《百家詞》（見附表二），如此可見，《百家詞》在後世傳播過程中的散佚之甚。

　　因爲《百家詞》帶有很強的「市人射利」的商業色彩，其中所收詞集亦非盡善盡美，並非完帙，陳振孫《直齋書錄解題》中亦時有指謫，如《陽春錄》下注云：「南唐馮延巳撰。高郵崔公度伯易題其後，稱其家所藏最爲詳確，而《尊前》《花間》諸集往往謬其姓氏。近傳歐陽永叔詞亦多有之，皆失其眞也。世言『風乍起』爲延巳所作，或云成幼文也。今此集無有，當是幼文作也。長沙本以寘此集中，殆非也。」〔註18〕《稼軒詞》下注謂：「寶謨閣待制濟南辛棄疾幼安撰。信州本十二卷，卷視長沙爲多。」〔註19〕儘管如此，《百家詞》的刊刻，在唐宋詞傳播史上所起的作用不言而喻，其在宋代當世即成爲陳振孫著錄書目的一個重要版本來源，陳氏所著錄「歌詞類」圖書凡一百二十種，其中九十二種即源於《百家詞》。

附表一：朱彝尊《詞綜》未見宋人詞集與《百家詞》比較

序號	詞　集　名　稱	見於《百家詞》者（帶△者）	備註
1	晁沖之《具茨集》	△	
2	王觀《冠柳集》	△	
3	趙令畤《聊復集》	△	
4	蘇庠《後湖集》	△	
5	万俟雅言《大聲集》		
6	陳克《赤城詞》	△	
7	康與之《順庵樂府》	△	
8	趙鼎《得全居士集》	△	

〔註17〕朱彝尊：《詞綜·詞綜發凡》，上海古籍出版社 1978 年版，第 10 頁。
〔註18〕陳振孫：《直齋書錄解題》卷二十一，第 581 頁。
〔註19〕同上，第 589 頁。

9	劉光祖《鶴林詞》	△	
10	左譽《筠庵長短句》		
11	姚寬《西溪居士樂府》		
12	蘇泂《泠然閣集》		
13	嚴仁《清江欸乃詞》		
14	孫惟信《花翁詞》		
15	《魏子敬詞》	△	
16	《王武子詞》	△	
17	李洪兄弟《花萼集》	△	
18	汪元量《水雲詞》		
19	蔡栯《浩歌集》	△	
20	黃人傑《可軒曲林》	△	
21	黃定《鳳城詞》	△	
22	曹冠《燕喜集》		
23	馬寧祖《退圃詞》	△	
24	吳鎰《敬齋詞》	△	
25	袁去華《袁去華詞》	△	
26	侯延慶《退齋詞》	△	
27	黃談《澗壑詞》	△	
28	林淳《定齋詩餘》	△	
29	鄧元《漫堂集》	△	
30	王大受《近情集》	△	
31	張孝忠《野適堂詞》	△	
32	劉德秀《默軒詞》	△	
33	鍾將之《岫雲詞》	△	
34	徐得之《西園鼓吹》		
35	李叔獻《東老詞》	△	
36	方信儒《好庵遊戲》	△	
37	陳從古《洮湖詞》		
38	韓子耕《蕭閒詞》		

附表二：趙萬里《校輯宋金元人詞》所收宋人詞集與《百家詞》比較

序號	詞　集　名　稱	見於《百家詞》者（帶△者）	備註
	第一冊		
1	宋祁《宋景文公長短句》一卷		
2	張耒《柯山詩餘》一卷		
3	李元膺《李元膺詞》一卷		
4	舒亶《舒學士詞》一卷		
5	王詵《王晉卿詞》一卷		
6	趙令畤《聊復集》一卷	△	
7	晁沖之《晁叔用詞》一卷	△	
8	王觀《冠柳集》一卷	△	
9	釋仲殊《寶月集》一卷		
10	田爲《洋嘔集》一卷		
11	万俟詠《大聲集》一卷		
12	曹組《箕穎詞》一卷		
13	蔡楠《浩歌集》一卷	△	
14	陳克《赤城詞》一卷	△	
	第二冊		
15	沈會宗《沈文伯詞》一卷		
16	陳瓘《了齋詞》一卷		
17	趙君舉《趙子發詞》一卷		
18	王庭珪《校明鈔本盧溪詞》一卷	△	
19	呂本中《紫微詞》一卷		
20	李清照《漱玉詞》一卷	△	
21	孫道絢《沖虛詞》一卷		
22	康與之《順庵樂府》一卷	△	
23	辛棄疾《稼軒詞丁集》一卷	△	
24	劉仙倫《招山樂章》一卷		
25	謝懋《靜寄居士樂章》一卷		

26	劉鎮《隨如百詠》一卷		
27	吳禮之《順受老人詞》一卷		
28	劉光祖《鶴林詞》一卷	△	
29	馬子嚴《古洲詞》一卷		
	第三冊		
30	李洪等《李氏花萼集》一卷	△	
31	鄭域《松窗詞》一卷		
32	潘牥《紫巖詞》一卷		
33	陳造《江湖長翁詞》一卷		
34	李廷忠《橘山樂府》一卷		
35	宋自遜《漁樵笛譜》一卷		
36	劉子寰《篁嶔詞》一卷		
37	王邁《臞軒詩餘》一卷		
38	張侃《拙軒詞》一卷		
39	黃人傑《可軒曲林》一卷	△	
40	孫惟信《花翁詞》一卷		
41	韓淲《蕭閒詞》一卷		
42	万俟紹之《郢莊詞》一卷		
43	馬廷鸞《碧梧玩芳詩餘》一卷		
44	翁孟寅《五峰詞》一卷		
45	趙汝茪《退齋詞》一卷		
46	李肩吾《蠙洲詞》一卷		
47	翁元龍《處靜詞》一卷		
48	譚宣子《在庵詞》一卷		
49	奚㴱《秋崖詞》一卷		
50	利登《碧澗詞》一卷		
51	張矩《梅淵詞》一卷		
52	周端臣《葵窗詞稿》一卷		
53	曹邍《松山詞》一卷		
54	趙聞禮《釣月詞》一卷		

55	袁易《靜春詞》一卷		
56	鄧剡《中齋詞》一卷		
	第四冊		
57	吳激《東山樂府》一卷		
58	耶律履《耶律文獻公詞》一卷		
59	趙文《青山詩餘》一卷		
60	楊弘道《小亨詩餘》一卷補遺一卷		
61	魏初《青崖詞》一卷		
62	張之翰《西岩詞》一卷補遺一卷		
63	劉敏中《中庵樂府》一卷補遺一卷		
64	盧摯《疏齋詞》一卷		
65	洪希文《去華山人詞》一卷		
	第五冊		
66	黃大輿《群賢梅苑》一卷		
67	闕名《天機餘錦》一卷		
68	楊繪《時賢本事曲子集》一卷		
69	楊湜《古今詞話》一卷		
70	鮦陽居士《復雅歌詞》一卷		
71	趙萬里《校輯宋金元人詞補遺》		

二、《典雅詞》

　　《典雅詞》亦是屢見於前人記載的宋人詞集叢刻，只是未見陳振孫《直齋書錄解題》等目錄書之著錄。《宋史・藝文志》亦無《典雅詞》之著錄。清人倪燦所作之《宋史藝文志補》補有《典雅詞》三卷，且列於黃大輿《梅苑》與黃昇《花庵詞選》之後，則《典雅詞》當爲宋人之總集。清人朱彝尊《跋典雅詞》云：「《典雅詞》，不知凡幾十冊，予未通籍時得一冊於慈仁寺，集箋皆羅紋，惟書法潦草，蓋宋時胥吏所鈔。南渡以後諸公詞也。後予分纂《一統志》，崑山徐尚書請於朝，權發明文淵閣書，用資考證。大學士令中書舍人六員編所存書目，中亦有《典雅詞》一冊。予亟借鈔其副，以原書還庫。始知是編爲中秘所儲也。既而工部郎靈壽傅君以家藏鈔本詞一冊貽予，

則尺度題籤與予曩所購無異。考正統中《文淵閣書目》，止著諸家詞三十九冊（案《文淵閣書目》卷十作「諸家燕宴詞，一部三十冊」），而無《典雅》之名。疑即是書，著錄者未之詳耳。予所得不及十之二。合離聚散之故，可以感已。」〔註20〕朱氏推斷《典雅詞》爲南宋人鈔本，並懷疑《文淵閣書目》中所著錄的《諸家燕宴詞》可能就是南宋人所編的《典雅詞》。繆荃孫《藝風藏書續記》卷七著錄，《典雅詞》五冊十四家詞，謂「傳鈔汲古閣本，首冊：陳允平《西麓繼周集》；二冊：曹冠《燕喜詞》，趙磻老《拙庵詞》，李好古《碎錦詞》；三冊：馮取洽《雙溪詞》，袁去華《宣卿詞》，程大昌《文簡公詞》；四冊：胡銓《澹庵長短句》，（原文闕）《章華詞》，劉子寰《篁嶙詞》，阮閱《戶部詞》；五冊：黃公度《知稼翁詞》，陳亮《龍川詞》，侯寘《孏窟詞》。」〔註21〕

　　近人趙萬里在朱彝尊《典雅詞》跋文的基礎上進一步推斷：「以江陰繆氏藏本行款推之，半葉十行，行十八字，與汲古閣影宋陳氏書棚趙以夫《虛齋樂府》、許棐《梅屋詩餘》、戴復古《石屏長短句》均合，平闕之式亦有同者，與毛氏影宋本《知稼翁詞》、《和石湖詞》、《辛稼軒詞》，亦無不合，殆均爲陳氏書棚所刻，其性質初與《群賢小集》無異。此雖屬假設之詞，然於事實必不相遠。考宋人樂章，輒以雅相尚，傳世有張安國《紫微雅詞》、趙彥端《寶文雅詞》、曾慥《樂府雅詞》，《宋史藝文志》有《書舟雅詞》，《歲時廣記》引《復雅歌詞》，此書以《典雅》名，亦足覘南渡後風尚矣。」〔註22〕趙萬里認爲《典雅詞》即是南宋時陳氏書坊的刻本，這一觀點也爲當代的一些學者所認可和接受，如吳熊和的《唐宋詞通論》和祝尚書的《宋人總集敍錄》都接受了這一觀點。

　　吳熊和《唐宋詞通論》謂：「錢塘陳氏書棚刊行。明文淵閣藏一部，三十冊，後散失。清朱彝尊始訪得六冊，並考其爲南渡後諸家詞的叢集。」〔註23〕其主要的文獻根據即爲上引朱彝尊的《典雅詞跋》與趙萬里的《校輯宋金元人詞自序》等。祝尚書《宋人總集敍錄》襲用了趙萬里、吳熊和等人的觀點，認爲，「以版式與陳氏書棚本其他詞集合，遂類推《典雅詞》亦時書棚

〔註20〕朱彝尊：《曝書亭集》卷四十三，國學整理社，1937年版，第521頁。
〔註21〕繆荃孫：《藝風藏書續記》，中華書局，1993年版，第345頁。
〔註22〕趙萬里：《校輯宋金元人詞自序》，施蟄存主編：《詞籍序跋萃編》，中國社會科學出版社，1994年版，第742頁。
〔註23〕吳熊和：《唐宋詞通論》，浙江古籍出版社，1985年版，第325頁。

本，雖直接的文獻依據尙嫌不足，但有一定的說服力，故當代詞學研究者多從其說（如吳熊和《唐宋詞通論》）本書姑從之。」〔註24〕祝氏由此在從眾的基礎上進一步把《典雅詞》定爲「陳起編」。按，《典雅詞》所收詞人最晚者當爲宋元間人陳允平，其《西麓繼周集》120餘首全爲和周邦彥《清眞集》之詞作，當爲陳允平早年的詞集。又，陳允平有詩一卷爲陳起《江湖小集》所收錄刻印，則由此可以輔證其詞集《西麓繼周集》亦有爲陳氏書棚刊刻之可能。

　　《典雅詞》所收詞集究竟有多少，今已不得而知。明人楊士奇《文淵閣書目》著錄「《諸家燕宴詞》一部三十冊」〔註25〕，朱彝尊疑爲《典雅詞》，謂：「考正統中《文淵閣書目》，止著諸家詞三十九冊（當爲三十冊），而無《典雅》之名。疑卽是書，著錄者未之詳耳。」據朱彝尊的考察，《典雅詞》到明代蓋只存30多冊了。朱氏稱其「不知凡幾十冊」可見到清代人們已難知《典雅詞》結集時的部帙情況了。清人繆荃孫稱其見該叢刻五冊14家，朱氏亦只得六冊，可見從明至清該書已散佚諸多。古書之難存也若此，叢編存古之功亦甚鉅矣。對朱氏的推論這裏有個問題還需討論，若依後世所著錄《典雅詞》所輯錄宋人詞集看，《典雅詞》中所收有張輯《清江漁譜》一卷，若謂「《諸家燕宴詞》一部三十冊」卽爲《典雅詞》，則何以《文淵閣書目》中已收有《諸家燕宴詞》，後又重複收有「《清江漁譜》一部一冊（闕）」？又，《典雅詞》之定名，旣爲南宋以來之習慣，何以到了明代又成了《諸家燕宴詞》？且懷疑《典雅詞》爲《諸家燕宴詞》者，只有朱彝尊一家，並未有直接的證據。因此，將《典雅詞》和明人所著錄的《諸家燕宴詞》對等起來的說法還須確證。

　　清代以來，各家目錄書所著錄之《典雅詞》俱爲殘卷。祝尙書《宋人總集敘錄》綜合「國家圖書館、南京圖書館及日本靜嘉堂文庫所藏，除去重複」，得「十七家十八種（張輯二種）」〔註26〕然而，近人趙萬里謂：「杭世駿補本《千頃堂書目》，倪燦《宋史藝文志補》並著於錄。然僅列姚述堯《簫臺公餘詞》、倪偁《綺川詞》、邱崈《文定公詞》三種，合以江陰繆氏傳鈔汲古閣本，陳允平《西麓繼周集》、曹冠《燕喜集》、趙磻老《拙庵詞》、李好古《碎

〔註24〕祝尙書：《宋人總集敘錄》，中華書局，2004年版，第343頁。
〔註25〕楊士奇：《文淵閣書目》，《叢書集成初編》本，第139頁。
〔註26〕祝尙書：《宋人總集敘錄》，第342頁。

錦詞》、馮取恰《雙溪詞》、袁去華《宣卿詞》、程大昌《文簡公詞》、胡銓《澹庵長短句》、失名《章華詞》、劉子寰《篁嶺詞》、阮閱巣令君《阮戶部詞》、黃公度《知稼翁詞》、陳亮《龍川詞》、侯寘《孏窟詞》（《藝風堂藏書續記七》著錄），共得十有七種，與朱氏所跋之六冊，自當爲一家眷屬，或即係一書。勞舋卿曾見朱氏藏本，嘗以校歐良《撫掌詞》、張輯《東澤綺語債》，則傳世《典雅詞》，至少也當有十九種矣。」〔註27〕王兆鵬綜合南京圖書館所藏清人傳抄汲古閣本《典雅詞》五冊十四卷（繆荃孫《藝風堂藏書續記》有著錄）、國家圖書館藏清人勞權影寫宋鈔本《典雅詞十種》十卷，以及劉喜海題記之《典雅詞》（王重民《中國善本書提要》著錄）三種本，得出：「現存三種版本重複互見者 6 種。去其重複，《典雅詞》傳於今者有 21 種，都是南宋人的詞別集。而《千頃堂書目》所載邱崈《文定公詞》有目無書，可見《典雅詞》原來所收詞集至少有 22 種。」〔註28〕實則王氏所考三種版本除去重複互見 6 種，實存 20 種而非 21 種，加之丘崈的《文定公詞》有目無詞，故現可知《典雅詞》只有 21 種。（見附表三）

《典雅詞》所收詞集，俱爲南宋詞人之別集，自南北宋之交的阮閱《戶部詞》、李綱《丞相李忠定公長短句》等，至宋元之際的陳允平的《西麓繼周集》等，凡 20 家 21 種。其中有些詞集或詞人尚需釐清。其一，詞集《撫掌詞》爲歐良所編，並非其所著。王鵬運謂：「《撫掌詞》卷前不置姓名，蓋南渡人詞也。歐良乃編集者之名。此本去『後學』二字，遂以當作者矣。末附李長吉十二月宮樂詞，此係樂府，固不得入詞，原本所有，仍補入雲。良，南城人，官司戶，見劉後村所作詩集序。咸豐癸丑五月廿三日午後，據曝書亭鈔本《典雅詞》校過。飲香詞隱勞舋卿記於漚喜亭池上。」〔註29〕其二，張輯詞集之一爲《東澤綺語債》而非《東澤綺語》。施蟄存謂：「南宋詞人張輯，字宗瑞，有詞集二卷，名《東澤綺語債》。黃花庵云：『其詞皆以篇末之語而立新名。』這部詞集現在還有，用每首詞的末三字爲新的詞調名，而在其下注明『寓×××』。這裏作者明白地用了『寓』字，可知也是寓聲樂府。作者之意，以爲他所創的新調，寓聲於舊調，所以是向舊調借的債，故

〔註27〕趙萬里：《校輯宋金元人詞自序》，施蟄存主編：《詞籍序跋萃編》，中國社會科學出版社，1994 年版，第 742 頁。

〔註28〕王兆鵬：《詞學史料學》，第 104 頁。

〔註29〕王鵬運：《撫掌詞跋》，施蟄存：《詞籍序跋萃編》，中國社會科學出版社，1994 年版，第 431～432 頁。

自題其詞集爲『綺語債』。《彊村叢書》所刻本，刪去『債』字，僅稱爲《東澤綺語》，大約朱古微沒有注意到這個『債』字的含義。」〔註30〕其三，張輯又一詞集名爲《清江漁譜》而非《清江漁歌》，祝尙書《宋人總集敘錄》所錄有誤。

　　關於《典雅詞》之定名，前引朱彝尊《典雅詞跋》謂「正統中《文淵閣書目》，止著諸家詞三十九冊（當爲三十冊），而無《典雅》之名。疑即是書，著錄者未之詳耳」，蓋《典雅詞》在南宋以來的流傳中應該有不同的版本，不然館閣之臣豈不錄《典雅詞》之名。所謂「典雅」，如清人沈曾植《菌閣瑣談》「典雅詞」條謂：「盧召弓《宋史藝文志補》三卷，次《中興絕妙詞》後，注云：『姚述堯《簫臺公餘詞》、倪偁《雪川詞》、邱崇《文定詞》，各一卷，此不知何人所集，亦《樂府雅詞》之意。』宋人所稱雅詞，亦有二義，此《典雅詞》，意取大雅。若張叔夏所謂『雅詞協音，一字不放過』者，則以協大晟樂律爲雅也。曾端伯蓋兼二義。又按《碧雞漫志》：『万俟雅言自定其集，分兩體，曰雅詞，曰側豔。』又云：『賀方回、周美成時時得《離騷》遺意。如賀之《六州歌頭》、《望湘人》、《吳音子》、《周大酺》、《蘭陵王》、《六醜》諸曲最奇。或謂深勁乏韻，此遭柳氏野狐涎吐不出者也。』按今周氏三詞膾炙詞林，而賀三詞罕知音。」〔註31〕案，「此不知何人所集，亦《樂府雅詞》之意」一語非《宋史藝文志補》之注語，當爲沈增植之語，唐圭璋《詞話叢編》標點誤作盧文弨語。

附表三：各家目錄書著錄《典雅詞》情況比較

序號	詞　集　名	藝風堂藏書續記（14）	中國善本書提要（3）	宋史藝文志補（3）	勞權影寫宋鈔本（10）
1	阮閱《戶部詞》	○11			
2	李綱《丞相李忠定公長短句》				◇1
3	胡銓《澹庵長短句》	○8			
4	黃公度《知稼翁詞》	○12			
5	倪偁《綺川詞》		□2	★2	
6	侯寘《嬾窟詞》	○14			

〔註30〕施蟄存：《詞學名詞釋義》，中華書局，1988年版，第16頁。
〔註31〕沈曾植：《菌閣瑣談》，《詞話叢編》，第3622頁。

7	袁去華《宣卿詞》	○6			◇4
8	程大昌《文簡公詞》	○7			◇9
9	曹冠《燕喜詞》	○2	□3		◇5
10	姚述堯《簫臺公餘詞》		□1	★1	
11	趙磻老《拙庵詞》	○3			◇10
12	邱崈《文定詞》			★3	
13	陳亮《龍川詞》	○13			
14	馮取恰《雙溪詞》	○5			◇8
15	劉子寰《篁嵊詞》	○10			
16	李好古《碎錦詞》	○4			◇6
17	不著撰人《章華詞》	○9			
18	歐良編《撫掌詞》				◇2
19	張輯《清江漁譜》				◇3
20	張輯《東澤綺語》				◇7
21	陳允平《西麓繼周集》	○1			

三、《琴趣外篇》

　　《琴趣外篇》亦為南宋時期的詞集叢刻。關於「琴趣外篇」的定名，《四庫全書總目・晁無咎詞提要》云：「此本為毛晉所刊，題曰《琴趣外篇》，其跋語稱詩餘不入集中，故名『外篇』。」《四庫提要》解釋了何謂「外篇」，然而沒有解釋何為「琴趣」。對此，施蟄存給予了這樣的解釋：「陶淵明有一張沒有弦的琴，作為自己的文房玩物。人家問他：『無弦之琴，有何用處？』詩人答道：『但識琴中趣，何勞弦上音。』這是『琴趣』二字的來歷，可知琴趣不在於音聲。後人以『琴趣』為詞的別名，可謂一誤再誤。以琴曲為琴趣，這是一誤；把詞比之為琴曲，因而以琴趣為詞的別名，這是再誤。……所有的『琴趣外篇』，都不是作者自己選定的書名，而是南宋時出版商匯刻諸名家詞集時，為了編成一套叢書，便一本一本的題為某氏『琴趣外篇』。於是，『琴趣外篇』就成為詞的別名了。……元明以來，許多詞家都不明白『琴趣外篇』這個名詞的意義，他們以為『琴趣』是詞的別名，而對『外篇』的意義，則不去研究，於是非但把自己的詞集標名為「琴趣」，甚至把宋人集名的「外篇」二字也刪掉了。《傳是樓書目》著錄秦觀詞集為《淮海琴趣》，歐陽修詞集為

《醉翁琴趣》，汲古閣本趙彥端詞美稱《介庵琴趣》，《趙定宇書目》稱晁補之詞集爲《晁氏琴趣》，都是同樣錯誤。清代以來，詞家以「琴趣」爲詞的別名，因而用作詞集名者很多，例如朱彝尊的《靜志居琴趣》，張奕樞的《月在軒琴趣》，吳泰來的《疊花閣琴趣》，姚梅伯的《畫邊琴趣》，況周頤的《蕙風琴趣》，邵伯絅的《雲淙琴趣》，都是以誤傳誤，失於考究。」〔註32〕施蟄存認爲《琴趣外篇》是南宋書商匯刻之詞集，「爲了編成一套叢書，便一本一本的題爲某氏『琴趣外篇』」，並進而以訛傳訛，將「外篇」二字也刪掉了。然《直齋書錄解題》卷二十一有「《注琴趣外篇》三卷」之著錄，其下有注曰：「江陰曹鴻注葉石林詞」，則當南宋之時，除了匯刻的叢書之外，當有其他版本的《琴趣外篇》通行於世。〔註33〕

　　據有關書目的著錄、有關研究表明，以《琴趣外篇》名詞集者在南宋時至少有 9 種（見附表四），鄧子勉《宋金元詞籍文獻研究》謂有 10 種，分別是「歐陽修、晏幾道、黃庭堅、秦觀、晁端禮、晁補之、葉夢得、眞德秀、趙彥端、趙彥侯」。然趙彥侯一種，鄧子勉謂：「趙彥侯，劉克莊《後村先生大全集》卷一百六十九《秘閣東岩趙公墓誌銘》謂趙彥侯『詩律、琴趣妙一世』，這裏的琴趣與詩律並稱，當指詞，可能其詞集名稱也帶有『琴趣』二字。」〔註34〕理由並不充分，不可遽認爲其詞集即定名爲「琴趣」。從所收錄詞集看，時間跨度比較大，從北宋中前期的歐陽修到南宋中後期的眞德秀等，上下二百多年，若謂爲書商匯刻而眾詞集而成，則當遠非我們今天所知的這 9 種，亦如祝尙書在《宋人總集敘錄》中所言：「年代跨度甚大，規模應當不小。」〔註35〕

　　從所錄詞人詞作的卷數上，《琴趣外篇》與通行之版本多有不合之處。以宋代以來所著錄之 9 種《琴趣外篇》看，除卻晏幾道《小山琴趣外篇》爲僅見於《永樂大典》所引書，眞德秀《眞西山琴趣》，《季滄葦書目》著錄曰「歐文忠、秦淮海、眞西山《琴趣》四本」二書不詳卷數外，其他七種或爲

〔註32〕施蟄存：《詞學名詞釋義》，中華書局，1988 年版，第 17 頁。
〔註33〕王兆鵬亦謂：「《直齋書錄解題》著錄江陰曹鴻所注葉夢得詞，題作《注琴趣外篇》三卷，但不知此注釋本與其他《琴趣外篇》是否屬同一刻本？如果是閩中所刻，爲何《直齋書錄解題》僅著錄曹注本而未錄其他《琴趣外篇》，不詳其故。」（見王兆鵬《詞學史料學》，第 105 頁。）
〔註34〕鄧子勉：《宋金元詞籍文獻研究》，上海古籍出版社，2008 年版，第 19 頁。
〔註35〕祝尚書：《宋人總集敘錄》，第 294 頁。

六卷，或爲三卷：歐陽修、晁端禮、晁補之、趙彦端均爲六卷，黃庭堅、秦觀、葉夢得均爲三卷。然與宋時通行之版本頗多齟齬。如歐陽修詞，陳振孫《直齋書錄解題》著爲：「《六一詞》一卷，歐陽文忠公修撰。」〔註36〕《四庫全書總目》謂：「此爲毛晉所刻，亦止一卷，而於總目中注原本三卷。蓋廬陵舊刻，兼載樂語，分爲三卷。晉刪去樂語，仍並爲一卷也。」〔註37〕再如《介庵琴趣外篇》，《彊村叢書》收錄爲六卷，而《四庫全書總目》則謂：「《宋史·藝文志》載彦端有《介庵集》十卷，外集三卷，又有《介庵詞》四卷。《書錄解題》則僅稱《介庵詞》一卷。此本爲毛晉所刻，亦止一卷。然據其卷後跋語，似又舊刻散佚，僅存此一卷者，未之詳也。」〔註38〕其餘幾種，情況亦同此類，陳振孫《直齋書錄解題》多著錄爲一卷，而《琴趣外篇》或爲六卷或爲三卷，卷數懸殊甚大。造成這種現象的一種原因或許在於書坊出於漁利之目的，故意在卷數的多寡上做文章，誇大詞集的卷數，以惑人眼目。

儘管陶湘在《景刊宋金元明本詞》中爲《景宋本醉翁琴趣外篇》六卷、《景宋本閒齋琴趣外篇》六卷、《景宋本晁氏琴趣外篇》六卷三書所作的敘錄中對《琴趣外篇》給予了很高的評價，其按語稱：「《四庫提要》稱，《琴趣外篇》宋人中如歐陽修、黃庭堅、晁端禮、葉夢得四家詞皆有此名，並晁補之而五。然其時所見只汲古刻補之一集，武進董大理始得毛鈔歐陽二晁三家，伯宛（吳昌綬）據以摹刊。勞舋卿曾見《山谷琴趣》以篇次分標，明刻卷崏。辛酉歲，海鹽張太史元濟始得宋槧《山谷琴趣》三卷與歐陽公《琴趣》後三卷，湘假以補完。而歐公《琴趣》末葉仍有缺字，蓋毛鈔即從宋本出，益足徵流傳有緒也。原本半葉十行行十八字，寫刻精整，蓋出南宋中葉，別有汪閬源藏舊鈔趙彦端《介庵琴趣外篇》六卷，朱侍郎刻入《彊村叢書》，以非原本未能並摹。今可考者凡六卷，惟《石林琴趣》未見，據《直齋解題》《石林詞》亦三卷，有江陰曹鴻注，其標題新異，意當世欲匯爲總集而蒐採名流，頗有甄擇，非長沙《百家詞》欲富其帙多有濫吹者比，洵宋詞之珍秘矣。」〔註39〕但是，無可否認的是，作爲南宋時期的一部書坊叢刻，其在版

〔註36〕陳振孫：《直齋書錄解題》卷二十一，第599頁。

〔註37〕永瑢等：《四庫全書總目》卷一九八，中華書局，1965年版，第1808頁。

〔註38〕同上，第1816頁。

〔註39〕吳昌綬、陶湘：《景刊宋金元明本詞·敘錄》，上海古籍出版社，1989年版，第3頁。

本、校勘等方面仍然有很多的不足和缺欠。毛晉在爲《介庵詞》所作的跋文中稱：「德莊名噪乾淳間，官至朝請大夫，直寶文閣知建寧府軍府事，賜紫金魚袋，恩遇甚隆，而度量宏博，常戒趙忠定公曰謹勿以一魁先置胸中，可想見其大概矣。余家舊藏《介庵詞》一卷，板甚精良，惜未得其佳集。又有《文寶雅詞》四卷中誤入孫夫人詠雪詞。又曾見《琴趣外篇》六卷，章次顛倒。舊作頗多，不能悉舉。至如席上贈人《清平樂》，昔人稱爲集中之冠，反逸去，可恨坊本之亂眞也。」〔註40〕不但《介庵琴趣外篇》存在著章次顛倒等問題，其他《琴趣外篇》如《醉翁琴趣外篇》等亦存在著選詞不精、校勘粗疏等缺點。元人吳師道謂：「歐公小詞間見諸詞集，陳氏《書錄》云一卷。其間多有與《陽春》、《花間》相雜者，亦有鄙褻之語一二廁其中，當是仇人無名子所爲。近有《醉翁琴趣外篇》凡六卷二百餘首，所謂鄙褻之語，往往而是，不止一二也。前題東坡居士序，近八九語，所云散落尊酒間，盛爲人所愛，尙猶小技，其上有取焉者，詞氣卑陋，不類坡作。益可以證詞之僞。」〔註41〕的確，歐公詞集中確多有誤入他人之作，以今天所見之《琴趣外篇》爲例，集中即有《賀明朝》「憶昔花間初識面」等多首爲歐陽炯、李煜、馮延巳、張先、張泌、謝絳等人之作，而見於他人詞集中。〔註42〕不但如此，其文字校勘上亦多有疏失，四庫館臣在指出毛晉刻本不足的同時即曰：「晉此刻亦多所釐正，然諸選本中有梅堯臣《少年遊》『闌干十二獨憑春』一首，吳曾《能改齋漫錄》獨引爲修詞。且云不惟聖兪、君復二詞不及，雖求諸唐人溫李集中，殆難與之爲一。則堯臣當別有詞，此詞斷當屬修。晉未收此詞，尙不能無所闕漏。又如《越溪春》結語『沈麝不燒金鴨，玲瓏月照梨花』，係六字二句。集內尙沿坊本誤『玲』爲『冷』、『瓏』爲『籠』，遂以七字爲句。是校讎亦未盡無訛。」今存《景刊宋金元明本詞》中的《醉翁琴趣外篇》卷一所錄《越溪春》將「玲瓏」謬作「冷籠」，正屬四庫館臣所論形近而訛之誤。歐陽修的情況如此，其他詞人的《琴趣外篇》亦有此類不足，更有甚者，如晁補之的《琴趣外篇》六卷之類有被認爲全爲僞託之作者〔註43〕。

〔註40〕毛晉：《介庵詞跋》，文淵閣《四庫全書》本。
〔註41〕吳師道：《吳禮部詞話》，《詞話叢編》，第 292～293 頁。
〔註42〕可詳參唐圭璋編《全宋詞》所輯錄歐陽修詞之存目詞。
〔註43〕《御選歷代詩餘》卷一百三即謂：「（晁補之）有《雞肋集》詞一卷，其《琴趣外篇》六卷則俗人贋託者。」（文淵閣《四庫全書》本）

附表四：《琴趣外篇》所收詞集一覽表

序號	詞　集　名	後世主要詞集或目錄書著錄情況				
		棟亭書目	季滄葦書目 （《書目》謂： 歐陽文忠、秦淮 海、眞西山《琴 趣》四本，宋刻）	景刊宋 金元明 本詞	彊村 叢書	備　　註
1	歐陽修《醉翁琴趣外篇》	六卷二冊	□	△六卷		
2	晏幾道《小山琴趣外篇》					僅見《永樂大典》 引此書
3	黃庭堅《山谷琴趣外篇》	三卷一冊		△三卷	三卷	
4	秦觀《淮海琴趣》	三卷一冊	□			
5	晁端禮《閒齋琴趣外篇》			△六卷		
6	晁補之《晁氏琴趣外篇》	六卷一冊		△六卷		
7	葉夢得《琴趣外篇》					僅有《直齋書錄解 題》著有江陰曹鴻 《注琴趣外篇》三 卷
8	趙彥端《介庵琴趣外篇》				六卷	
9	眞德秀《眞西山琴趣》		□			

四、《三英集》

　　編撰輯刻者不詳，刊刻時間亦不詳。毛晉《和清眞詞原跋》謂：「美成當徽廟時，提舉大晟樂府，每製一調，名流輒依律賡唱。獨東楚方千里、樂安楊澤民，有《和清眞全詞》各一卷，或合爲《三英集》行世。花庵詞客止選千里《過秦樓》、《風流子》、《訴衷情》三闋，而澤民不載，豈楊劣於方耶？」〔註44〕清人沉雄《古今詞話》及李調元《雨村詞話》等亦謂宋人合輯《清眞詞》等爲《三英集》，《古今詞話》「詞評上卷」謂：「《柳塘詞話》曰：美成以進汴都賦得官，當徽廟時，提舉大晟樂府。每製一詞，名流輒爲賡和。東楚方千里，樂安楊澤民全和之，或合爲《三英集》行世。」〔註45〕《雨村詞話》

〔註44〕毛晉：《和清眞詞跋》，《宋六十名家詞》，《四部備要》（第98冊），中華書局，1989年版，第422頁。

〔註45〕沉雄：《古今詞話》，《詞話叢編》，第989～990頁。

卷三亦曰：「和清眞詞韻，不獨方千里也，楊澤民亦有和清眞詞，宋末人合清眞爲三英集。《花庵詞選》及方而不及楊，何也。」〔註46〕然概都本於毛晉。《四庫全書總目》「《和清眞詞》一卷」，今迻錄於下：宋方千里撰。千里，信安人，官舒州簽判，李龏《宋藝圃集》嘗錄其《題眞源宮》一詩，其事蹟則未之詳也。此集皆和周邦彥詞，邦彥妙解聲律，爲詞家之冠，所製諸調，不獨音之平仄宜遵，即仄字中上去入三音，亦不容相混，所謂分刌節度，深契微芒。故千里和詞，字字奉爲標準，今以兩集相較，中有調名稍異者如《浣溪沙》，目錄與周詞相同，而題則誤作《浣沙溪》；《荔枝香》，周詞作《荔枝香近》，吳文英《夢窗稿》亦同，此集獨少近字；《浪淘沙》，周詞作《浪淘沙慢》，蓋《浪淘沙》製調之始，皇甫松惟七言絕句，李後主始用雙調，亦止五十四字，周詞至百三十三字之多，故加以慢字，此去慢字，即非此調，蓋皆傳刻之訛，非千里之舊。又其字句互異者，如《荔枝香》第二調前闋「是處池館春遍」，周詞作「但怪燈偏簾卷」，不惟音異，平仄亦殊；《霜葉飛》前闋「自遍拂塵埃玉鏡羞照」句止九字，周詞作「透入清輝半晌特地留殘照」，共十一字，則和詞必上脫二字；《塞垣春》前闋結句「短長音如寫」句止五字，周詞作「一懷幽恨如寫」乃六字句，則和詞亦脫一字；後闋「滿堆襟袖」，周詞作「兩袖珠淚」，則第二字不用平聲，和詞當爲「堆滿襟袖」之誤；《三部樂》前闋「天際留殘月」句止五字，周詞作「何用交光明月」，亦六字句，則和詞又脫一字。若《六醜》之分段，以「人間春寂」句屬前半闋之末，周詞刊本亦同，然證以吳文英此調，當爲過變之起句，則兩集傳刻俱訛也。據毛晉跋，樂安楊澤民亦有和清眞詞，或合爲《三英集》刊行，然晉所刻六十一家之內無澤民詞，又不知何以云然矣。〔註47〕

　　《四庫全書總目》《片玉詞》提要亦云：

　　邦彥本通音律，下字用韻，皆有法度。故方千里和詞，一一案譜填腔，不敢稍失尺寸。今以兩集互校，如《隔浦蓮近》「拍金丸驚落飛鳥」句，毛本注云「案譜，此處宜三字二句。」然千里詞作「夷猶終日魚鳥」，則周詞本是「金丸驚落飛鳥」，非三字二句。又《荔枝香近》「兩兩相依燕新乳」句，止七字。千里詞作「深澗斗瀉飛泉洒甘乳」句，凡九字。觀柳永、吳文英二集，此調亦俱作九字句，不得謂千里爲誤。則此句尚脫二字。又《玲瓏四犯》「細

〔註46〕李調元：《雨村詞話》，《詞話叢編》，第1424頁。
〔註47〕永瑢等：《四庫全書總目》，第1811～1812頁。

－37－

念想夢魂飛亂」句七字。毛本因舊譜誤脫「細」字，遂注曰：「案譜，宜是六言。」不知千里詞正作「顧鬢影翠雲零亂」七字，則此句「細」字非衍文。又《西平樂》「爭知向此征途，區區佇立塵沙」二句，共十二字。千里和云：「流年迅景霜風敗葦驚沙」止十字，則此句實誤衍二字。至於《蘭陵王》尾句「似夢裏淚暗滴」，六仄字成句。觀史達祖此調，此句作「欲下處似認得」，亦止用六仄字，可以互證。毛本乃於夢字下增一「魂」字，作七字句，尤爲舛誤。今並釐正之。據《書錄解題》，有曹杓，字季中，號一壺居士者，曾注《清眞詞》二卷。今其書不傳。〔註48〕

除此而外《御選歷代詩餘》亦有有關《三英集》的著錄：「方千里，三衢人，有《和清眞詞》；楊澤民，樂安人，有《續和清眞詞》。時人合周邦彥、方千里詞刻之，號《三英集》。」

五、《六十家詞》

輯者不詳，張炎《詞源》卷下謂：「舊有刊本《六十家詞》，可歌可誦者，指不多屈。中間如秦少游、高竹屋、姜白石、史邦卿、吳夢窗，此數家格調不侔，句法挺異，俱能特立清新之意，刪削靡曼之詞，自成一家，各名於世。」〔註49〕則此叢刻之刊刻時間當在宋元之際。又，鄧子勉《宋金元詞籍文獻研究》謂：「又據序知收有秦觀、高觀國、姜夔、史達祖、吳文英五家詞，餘則不詳。《六十家詞》晚於《百家詞》。張炎所提及的作家均見於毛晉刻《宋名家詞》中，不知毛晉是否也藏有宋刊《六十家詞》，考毛刻《宋名家詞》中有少許爲毛氏輯錄的詞集，由此斷定，毛氏即使藏有，也非足本宋刊《六十家詞》。但有可能得到宋刊《六十家詞》所收子目，因此有刊六十一家詞集之舉。」又考鄒祗謨《遠志齋詞衷》云：「己丑庚寅間，常與文友取唐人《尊前》、《花間》集，宋人《花庵詞選》及《六十家詞》，摹仿僻調將遍。因爲錯綜諸家，考合音節，見短調字數多協，而長調不無出入。以是知刻舟記柱，非善用趙卒者也。」鄒祗謨爲清順治康熙時人，則在毛晉刊刻《宋六十名詞》的明清之際，宋本《六十家詞》應當是有傳世的，毛晉當是受宋本《六十家詞》的影響而有了輯刻《宋六十名詞》的念頭和舉動。再考陳廷焯《白雨齋詞話》卷八有：「宋《六十家詞》，已病蕪雜，識者宜分別觀之。吳氏《宋

〔註48〕永瑢等：《四庫全書總目》，第1811頁。
〔註49〕張炎：《詞源》卷下。

元百家詞》，竹垞時已失全書，近更無從採訪。然宋、元兩代詞，高者不過十餘家，次者約得三十餘家。合五十家足矣。錄至百家，下乘必多於上駟。博而不精，終屬過舉。」此中有《六十家詞》之稱，是宋刊本，抑或是毛晉汲古閣本，不可具道。

六、《宋名公樂府》

吳熊和先生於此詞集略有考述，茲引錄如下：

> 《宋名公樂府》

> 輯者不詳，內有黃庭堅、賀鑄、陳師道諸詞集。白樸《天籟集》卷下《滿庭芳》詞序：屢欲作茶詞，未暇也。近選《宋名公樂府》黃、賀、陳三集中，凡載《滿庭芳》四首，大概相類，互有得失，複雜用元、寒、刪、先韻，而語意若不倫。

> 白樸由金入元，他所見的《宋名公樂府》有黃、賀、陳三集，皆北宋人詞。這部《宋名公樂府》或許是金、元間北方所刻的北宋詞叢集。惟此書久佚，無可詳考。白樸提到的《滿庭芳》詞四首，黃庭堅二首（北苑春風，北苑龍團），陳師道一首（閩嶺先春），今見於本集：賀鑄一首，《東山詞》、《東山寓聲樂府》未收，蓋已亡佚。白樸《垂楊》詞序又記「中統建元（1260），壽春榷場中得南方詞編，有《垂楊》三首」。金世祖中統元年，正當南宋理宗景定元年。當時南北典籍通過邊境的貿易市場榷場交流，南方詞編也傳到北地。但這部載有《垂楊》三首的南方詞編，今亦不可問了。

第二節　明代詞集叢刻考述

明詞中衰之說，沿襲已久，幾成定論，然就其時的詞學活動而言，卻並非全無是處、乏善可陳。從留存至今的 2 萬多首詞作而言，作為中國詞史鏈條中的重要一環，朱明一代的詞的創作等詞學活動依然多有值得關注之處。而作為詞學活動的又一個顯見標誌，詞集叢書的編輯刊刻，在近 300 年的時間內，尤其在明代後期，也有可以圈點之處。

一、《唐宋名賢百家詞集》

明代詞集叢書的編撰始於前期，或受宋《百家詞》之影響，吳訥即有《唐

宋名賢百家詞集》的輯錄，〔註50〕該書所收詞集自五代《花間集》以迄明初王達之《耐軒詞》，「原鈔本標題《唐宋名賢百家詞集》，首揭總目共百種，惟《東坡詞補遺》當附《東坡詞》，及《笑笑詞》先後重出，均不應置計外，實只九十有八種也。」「原鈔本有目無書者十種（《逍遙詞》、《半山詞》、《姑溪詞》、《竹友詞》、《坦庵詞》、《嬾窟詞》、《虛齋詞》、《滄浪詞》、《虛靖詞》、《撫掌詞》共十家），及《竹屋詞》殘脫太甚，均莫從傳錄，凡存總集三種、南唐詞別集三家、宋詞別集七十家、金詞別集三家，元詞別集八家、明詞別集一家，計八十有七種。」〔註51〕該書「成書年代較明毛晉汲古閣所刻《宋六十名家詞》早二百年。其時去宋代未遠，善本佳刻易見，故有許多善本賴此傳世，如南宋曾慥所編《東坡詞》、《東坡詞拾遺》以及元闕名編《樂府補題》等。又如《稼軒詞》丁集和袁易《靜春詞》皆他處所未見，更爲可貴。此書對於詞學的研究、各家詞集的整理、校勘都有較高的參考價值。」〔註52〕

　　然關於此叢書，尚多存疑分歧之處，一是題名，二是編輯時間，三是是否爲刻本，四是所收詞集總量。

　　「《唐宋名賢百家詞集》題名頗雜。僅以天津圖書館所藏的鈔本來看，就有三種不同的稱呼，鈔本在總目錄的首尾二處均標稱『百家詞目』、『百家詞目終』，可見編者自己已將此書簡稱爲《百家詞》。鈔本在『諸儒姓氏』的首尾，又標稱『唐宋名賢百家詞集諸儒姓氏』、『唐宋名賢百家詞集終』（按：似缺寫『諸儒姓氏』四字）。由此可知這部書的全稱則是《唐宋名賢百家詞集》。鈔本共四十冊。原來在每冊的封面上均有淡藍色彩箋紙書名題簽。現在只第三十二冊封面上較完整地保存了書簽題名——《唐宋名賢詞》（下署《陽春集》、《龍洲集》）字樣。據此可知此書的第二種簡稱則是《唐宋名賢詞》。這三種名稱，顯然都是編者自題的。因爲兩種簡稱都是全稱《唐宋名賢百家詞集》的縮寫，它既突出了所收主要詞家的時代性——『唐宋名賢』；又突出

〔註50〕吳訥（1372～1457），字敏德，號思庵，江蘇常熟人。永樂中，以醫薦至京。仁宗監國，聞其名，命教功臣子弟。成祖召對稱旨，俾日侍禁廷，備顧問。洪熙元年，侍講學士沈度薦訥經明行修，授監察御史。宣德初，出按浙江，以振風紀植綱常爲務。五年七月，進南京右僉都御史，尋進左副都御史。正統四年三月，以老致仕。訥博覽，議論有根柢。於性理之奧，多有發明，所著書皆可垂於後。家居十數年而卒，年八十六，諡文恪。有《小學集解》、《文章辨體》、《思庵集》等。

〔註51〕林大椿：《百家詞・百家詞序例》，天津市古籍書店，1992年版。

〔註52〕《百家詞・出版說明》，天津市古籍書店，1992年版。

了這部書卷帙浩繁的特點——『百家』完全切合本書的編旨。這部書除以上三種名稱外，《天一閣書目》稱爲《唐宋名賢百家詞》。《詞綜・發凡》稱爲《宋元名家詞》。《善本書室藏書志》、《千頃堂書目》稱爲《四朝名賢詞》。趙萬里先生在《校輯宋金元人詞》的例言中亦用《四朝名賢詞》之名，並認爲較《唐宋名賢百家詞集》爲善。北京圖書館藏梁啓超的傳抄本，其題名仍沿天一閣鈔本之舊。而林大椿在他校勘的《百家詞》序例中認爲，題名命意，各有疏略。至於『名賢』二字，究嫌弗稱。故『姑仍舊名，簡稱《百家詞》。』〔註53〕據此，則吳訥所編之《百家詞》有《唐宋名賢百家詞集》等四種不同的稱呼法，然值得懷疑的是，《唐宋名賢百家詞集》是否即是《四朝名賢詞》？「丁丙《善本書室藏書志》在《金荃詞》條下注云：『明正統辛酉海虞吳訥所編《四朝名賢詞》之一。』……據丁丙《善本書室藏書志》在《金荃詞》條下所注即可判定二者不是一書，因爲注釋明確指出《金荃詞》爲吳訥所編《四朝名賢詞》之一，而《唐宋名賢百家詞集》中又沒有《金荃詞》，二者怎麼可能會是一書呢？」〔註54〕又，「鮑廷博跋《金奩集》云：『右《金奩集》一卷……明正統辛酉海虞吳訥所編《四朝名賢詞》之一也。……元本爲梅禹金先生評點，余從錢塘汪氏借鈔得之。』檢錢塘汪氏《振綺堂書目》，確有《四朝名賢詞》之目，但現藏於天津圖書館的《唐宋名賢百家詞》內並無《金奩集》一書的任何跡象。鮑廷博爲乾嘉間著名藏書家，如若《四朝名賢詞》與《唐宋名賢百家詞》確係同書異名並且鮑廷博記憶無誤的話，那麼在清代前中期天壤之間至少同時有兩部抄本在各自流傳，並且子目互有出入。其中一部經過梅鼎祚評點，曾藏於錢塘汪氏振綺堂；另一部則一直深弆於四明范氏天一閣。」〔註55〕故秦惠民也在其《〈唐宋名賢百家詞集〉版本考辨》一文中作如是說：「至於《四朝名賢詞》，是否即《唐宋名賢百家詞集》，尚可進一步研討」，〔註56〕對於二者是否爲一書，不敢作出肯定性結論。再者，從《百家詞》所收詞集內容看，上起唐五代，下至明初，謂其名爲《唐宋名賢百家詞集》，或有所遺漏，至少元明二世沒有囊括入內。或者作者在輯錄之初，其目的是收羅唐宋時人之詞，而在後來輯纂的過程中，又納入

〔註53〕秦惠民：《〈唐宋名賢百家詞集〉版本考辨》，《詞學》第三輯，第 146～147 頁。

〔註54〕岳淑珍：《明代詞學研究》，河南大學博士論文，2008 年，第 39 頁。

〔註55〕任德魁：《詞文獻研究》，南開大學出版社，2010 年版，第 180 頁。

〔註56〕秦惠民：《〈唐宋名賢百家詞集〉版本考辨》，《詞學》第三輯，第 147 頁。

了元明詞人之詞，故後來改名爲《四朝名賢詞》，亦或二者並非一書，亦未可知也。

至若此書輯於何時，各家說法不一，主流的說法是，《百家詞》輯於明英宗正統六年（1441）。馬興榮、吳熊和、曹濟平主編《中國詞學大辭典》謂「是編輯於明正統年間」，此說的最早的理論依據是上文所引丁丙《善本書室藏書志》所著錄《金荃詞》下之注，丁丙《善本書室藏書志》卷四十著錄《金荃詞》，其下注云：「有無名氏跋，凡詞一百四十七闋，明正統辛酉海虞吳訥所編《四朝名賢詞》之一。間取《全唐詩》校勘，中雜韋莊四十七首，張泌一首，歐陽炯十六首，溫詞只八十三首，疑是前人彙集四人之作，非飛卿專集也。原本爲梅禹金先生評點，余從錢塘汪氏借鈔得之。」〔註57〕然如上文所述，《四朝名賢詞》與《唐宋名賢百家詞集》是否爲一書尚不能確定，故遽認爲《百家詞》輯於明英宗正統年間，不妥。杜信孚等編纂的《全明分省分縣刻書考》一書則謂其爲明宣德（1426～1435）時刻本：「唐宋百家詞一百三十卷，明吳訥輯，明宣德江蘇省常熟縣吳訥刊本。」〔註58〕岳淑珍《明代詞學研究》因之，認爲：「此叢編成書於明宣德年間（1426～1435），最晚不得晚於1435年，是他在爲官期間完成的。」〔註59〕

關於此書是否爲刻本的問題，也有兩種說法，一是從清代一些詞學名家或藏書家所藏該書版本看，未見有刊本著錄，「朱彝尊《詞綜發凡》云：『常熟吳氏訥匯有宋元百家詞，鈔傳絕少，未見全書。』彝尊生當清初，知交遍南北，海內藏書名家多有其蹤跡，博訪勤求，尚未獲見全書，則流傳之罕可知。」〔註60〕故「此書編成後沒有刊行，而只有若干種鈔本傳世。」〔註61〕則其書自輯錄成書以後，一直以鈔本傳世。李調元《雨村詞話·序》謂：「余家藏有常熟吳氏訥所匯《宋元百家詞》寫本，即朱竹垞所謂抄傳絕少未見全書者，並汲古閣所刊《六十名家詞》，日披閱之，而擇其可學者取以爲法，其不可學者取以爲鑒。」林大椿謂：「（此書）向無刊行，流傳極稀，即各家藏書志目，亦鮮著錄其全帙。」然據上引杜信孚等編纂的《全明分省分縣刻書

〔註57〕丁丙：《善本書室藏書志》卷四十，《續修四庫全書》本，第664頁。
〔註58〕杜信孚、杜同書：《全明分省分縣刻書考·江蘇家刻卷》，線裝書局，2001年版，第32頁。
〔註59〕岳淑珍：《明代詞學研究》，河南大學博士論文，2008年，第39頁。
〔註60〕林大椿：《百家詞·百家詞序例》，天津市古籍書店，1992年版。
〔註61〕《百家詞·出版說明》，天津市古籍書店，1992年版。

考》所述觀點看，在明代宣德間當有刊本，張仲謀謂：「從詞學建構的基本工程來看，明代的兩部大型詞籍叢刻更值得注意。一是吳訥的《唐宋名賢百家詞》，二是毛晉的《宋六十名家詞》。」〔註62〕那麼，《百家詞》在編輯完成後是否刊刻，姑存疑。

關於此叢書所輯錄詞集之總量，尚有不確之處，此書題為「百家詞」，然是為百家之確數，還是約數，尚存疑問。王兆鵬謂：「浙江紹興市魯迅圖書館藏有另一部明鈔本。僅殘存 17 種，然其中所存宋潘閬《逍遙詞》和王安石《半山詞》，正可補天津藏本有目無書之闕。而紹興藏本之題宋沈禧《竹窗詞》（實為元人）、姜夔《白石先生詞》、張輯《東澤綺語》、明李禎《僑庵詩餘》，又溢出於天津藏本所題百種目錄之外，不知何故。」〔註63〕

二、《詞壇合璧》

《詞壇合璧》，《中國詞學大辭典》、《唐宋詞百科大辭典》、《中國名著大辭典》等工具書俱作朱之蕃編，然《續修四庫全書總目》則謂「明楊慎編」。朱之蕃《詞壇合璧序》謂：「升菴楊公博極群書，淹治百代，而猶於《詞品》注意研搜，至若《草堂詩餘》一編，詳加評騭，當與唐人所選《花間集》並傳無疑矣。《詞的》搜羅彌廣，《宮詞》模寫最真，信為昆圃球琳，總屬藝林鴻寶，匯梓成帙，致足佳觀。時一批閱，無論光彩陸離，宮商協和，而作者之神情恍然目接，輯者之見解璨然畢陳，視《粹編》之淆雜，《妙選》之掛漏，大有徑庭矣。各刻自有敘述，楊確既備藻繪，益彰不肖，何能更贊一詞以助觀聽，惟嘉與共刻之舉。遂題簡端，家置一編於座右，當通今古而常新云爾。」據此則可知《詞壇合璧》之叢刻當為楊慎選編，朱之蕃只是「嘉與共刻之舉」，並為之序。然楊慎卒於嘉靖三十八年（1559）七月，朱之蕃卒於明天啟四年（1624），其中所選湯顯祖評《花間集》前有湯氏明萬曆四十四年（1616）年所作序，卷尾有萬曆庚申（1620）無瑕道人所作跋文，中稱：「戊申（1608）梁溪肆毒，爰及於余。余於是廢舉業，忘寢食，不復欲居人間世矣。縉紳同袍力解之弗得。忽一友出袖中二小書授余曰：『且暮玩閱之，吟詠之，牢騷不平之氣，庶幾稍什其一二。』余視之，則楊升菴、湯海若兩先生所批選《草堂詩餘》、《花間集》也。於是散發披襟，遍歷吳、楚、閩、粵

〔註62〕張仲謀：《明詞史》，人民文學出版社，2002 年版，第 337 頁。
〔註63〕王兆鵬：《詞學史料學》，第 114 頁。

間，登山涉水，臨風對月，靡不以此二書相校讎。」則楊慎、湯顯祖所批選之《草堂詩餘》與《花間集》二書在 1608 年以前已經刊刻面世，然，《花間集》前有 1616 年所作的序，則收入《詞壇合璧》的《草堂詩餘》二書應與無瑕道人所見之版本不同。蕭鵬在爲《花間集》所作敘錄中說：「原題『唐趙崇祚集，明湯顯祖評』。有湯顯祖萬曆四十三年序，無瑕道人閔映璧四十八年（泰昌元年）刻跋。半葉八行行十八字，朱墨套印。卷內有圈點眉批評語，卷末有音釋。其內容無甚可取，或疑爲明人僞託湯氏之名。四卷共四冊，各詞次第與十卷本相同。」〔註64〕儘管如此，從詞學傳播的角度看，是集的刊刻在明代詞學傳播史上仍然具有著一定的意義，能夠一定程度地反映出明代後期的詞壇生態。

而從刊刻時間看，據前引無瑕道人所爲序與朱之蕃的去世時間看，是集之刊刻應在 1620 年以後，1624 年以前。

三、《宋六十名家詞》

明清之際毛晉所編。毛晉（1599～1659），原名鳳苞，字子久。後改名晉，字子晉，號潛在、汲古閣主人等。常熟（今屬江蘇省）人。少爲諸生。屢試不中，遂絕意科場仕進。毛氏一生於藏書、校書、刻書用力最多，家藏圖書八萬四千餘冊，先後刻有《十三經注疏》、《十七史》、《文選李注》、《漢魏六朝百三名家集》、《津逮秘書》等六百餘種。朱彝尊云：「力搜秘冊，經史而外，百家之流，下至傳奇小說，廣爲鏤板，由是毛氏鋟本走天下。」〔註65〕

《宋六十名家詞》原名《宋名家詞》，「其所錄分爲六集。自晏殊《珠玉詞》至盧炳《闌堂詞》，共六十一家。每家之後各附以跋語。其次序先後，以得詞付雕爲準，未嘗差以時代。且隨得隨雕，亦未嘗有所去取。故此外如王安石《半山老人詞》、張先《子野詞》、賀鑄《東山寓聲》。以暨范成大《石湖詞》、楊萬里《誠齋樂府》、王沂孫《碧山樂府》、張炎《玉田詞》之類，雖尚有傳本，而均未載入。蓋以次開雕，適先成此六集，遂以六十家詞傳，非謂宋詞止於此也。」〔註66〕

毛氏此刻的最主要目的，是保存宋人詞集文獻，以防其散佚，胡震亨

〔註64〕蕭鵬：《群體的選擇——唐宋人詞選與詞人群通論》，南京：鳳凰出版社，2009年版，第 521 頁。
〔註65〕朱彝尊：《曝書亭集》卷七十九，第 893 頁。
〔註66〕永瑢等：《四庫全書總目》卷二百，第 1833 頁。

謂：「宋人詞，多不入正集。好事者皆爲總集，如曾氏及今代汝南陳氏者，亦無幾，以此失傳最多。虞山子晉毛兄，懼其久而彌湮也，命盡取諸家詞刻之。先是，已行晏元獻以下十家詞矣，至是，周美成以下十家復成帙，日有益而未已。」〔註67〕故毛氏詞集搜輯之功，向來爲方家所稱道，「其中名姓之錯互，篇章字句之訛異，雖不能免，而於諸本之誤甲爲乙，考證釐訂者亦復不少。故諸家詞集雖各分著於錄，仍附存其目，以不沒晉搜輯校刊之功焉。」〔註68〕

此書缺點，亦不在少：「毛晉此人疏於校勘，致使此書錯誤較多。他又常自作聰明，將原本卷數任意合併，如柳永《樂章集》和歐陽修《六一詞》，原書都是三卷，他給合爲一卷；辛棄疾《稼軒長短句》元大德刻本原爲十二卷，他給合爲四卷，以牽合宋人所著錄的四卷之數。所補遺的詞，也不盡可信，如秦觀《淮海詞》及周邦彥《片玉詞》的補遺，皆沿訛未考。」〔註69〕

四、《詞苑英華》

毛晉編，明崇禎八年（1635）年毛氏汲古閣刻本，清乾隆十七年（1752）洪振珂印本。前有「毛氏原本《詞苑英華》因樹樓藏板」字樣，第三冊末及以後十數冊首末頁版心多有「汲古閣毛氏正本」字樣，另洪振珂乾隆壬申年（1752）所作序中稱：「去年冬，購得毛氏汲古閣《詞苑英華》原版，喜其字畫尚無漫漶，略有訛謬，悉取他本校正之。又有《詩餘圖譜》一卷，盡協音律，年來韓江雅集，諸公課詩之餘，偷聲減字倡爲長短句，予廁跡其間，偶爲學步，雖少知歸宿，而識力不逮，若香溪水樊榭半查竹町玉井，是嘗三折肱於此者，請以椎輪爲大輅之始，或以余爲知言否乎？公諸同好，是所不吝，且爲之序以記本末如此。」則此書爲毛氏汲古閣原版，洪振珂重印時略有校正。

此書所輯計四函，所收爲宋黃昇《花庵絕妙詞選》十卷、《中興絕妙詞選》十卷，《草堂詩餘》四卷、《花間集》十卷、《尊前集》二卷、《詞林萬選》四卷、《詩餘圖譜》三卷。前有洪振珂所撰《詞苑英華序》，序中所言或道得《詞苑英華》編輯之初衷：「國初名輩多研磨《花庵》、《草堂》之體，綺語雖工，

〔註67〕胡震亨：《宋名家詞敘》，陳良運：《中國歷代詞學論著選》，南昌：百花洲文藝出版社，1998 年版，第 324 頁。

〔註68〕永瑢等：《四庫全書總目》卷二百，第 1833 頁。

〔註69〕劉揚忠師《宋詞研究之路》，天津：天津教育出版社，1989 年版，第 157 頁。

獨乏幽渺之音於味外，有欲矯其弊者，並《尊前》、《花間》、《詞林萬選》等書一併弁髦之。殊不知其中有唐人五代傑作而不恬密詠，是為因哽廢食，終屬方隅之見耳。余故善乎竹垞老人之論，小令當法汴宋以前，慢詞合取諸南宋，則兼收並採，而不宜後此明矣。」

除《詩餘圖譜》外，每集之後有毛晉所作跋語一則，具言其作者之事蹟或版本原委等。如《花庵詞選》毛晉跋文曰：「據玉林序中稱曾端伯所編乃《樂府雅詞》，所謂涉諧謔則去之者也。又稱《復雅》一集乃陳氏所謂銅陽居士所編，不著姓名者也，二書惜未之見，而茲編獨存，巋然魯靈光矣。先輩云《草堂》刻本多誤字及失名者，多賴此可證，所選或一首，或數十首，多寡不倫，每一家綴數語紀其始末，銓次微寓軒輊，可作詞史云。」又跋曰：「余向所謂散花庵乃叔陽所居，玉林其號也。既讀其戲題玉林一詞，酷似欋水村風景，不覺臥遊而願學焉。其詞曰：玉林何有，有一灣蓮沼……殆五柳先生一流人也，恨不能繪玉林圖，懸之研北，時讀詞選數過。」《花間集》毛晉跋曰：「據陳氏云，《花間集》十卷自溫飛卿而下十八人凡五百首，今逸其二，已不可考，近來坊刻往往謬其姓氏，續其卷帙，大非趙弘基氏本來面目。余家藏宋刻，前有歐陽炯序，後有陸放翁二跋，真完璧也。」又謂：「近來填詞家輒效柳屯田作閨幃穢媟之語，無論筆墨勸淫，應墮犁舌地獄於紙窗竹屋間，令人掩鼻而過，不慚惶無地邪？若彼白眼罵坐臧否人物，自詫辛稼軒深厚者，譬如雷大起舞，縱使極工，要非本色，張宛丘云，幽索如屈宋，悲壯如蘇李，始可與言詞也已矣。甌梓斯集以為倚聲填詞之祖，但李翰林《菩薩蠻》、《憶秦娥》及南唐二主、馮延巳諸篇俱未入選，不無遺珠之憾云。」《草堂詩餘》分為小令一卷、中調一卷、長調二卷，共收詞調 191 個，前有嘉靖庚戌七月既望何良俊所書詞序。

五、《幽蘭草》

三卷，宋徵輿輯，刊刻於明崇禎十年（1637）前後。宋徵輿（1618～1667），字轅文，號直方，松江華亭人，明末諸生，清順治四年進士，官至副都御使。有《林屋詩文稿》。

宋徵輿與陳子龍、李雯並稱「雲間三子」。是集所輯即多為三子唱和之作，卷上輯李雯詞 42 首，卷中輯陳子龍詞 55 首，卷下收宋徵輿詞 48 首。卷首有陳子龍為《幽蘭草》所作序。序於詞推尊南唐、北宋，而貶抑南宋、

元、明：「自金陵二主，以至靖康，代有作者。或穠纖婉麗，極哀豔之情；或流暢淡逸，窮盼倩之趣。然皆境由情生，辭隨意啓，天機偶發，元音自成。繁促之中，尙存高渾，斯爲最盛也。南渡以還此聲遂渺，寄慨者亢率而近於儈武，諧俗者鄙淺而入於優伶。以視周、李諸君，即有彼都人士之歎。元濫塡詞，茲無論已。明興以來，人才輩出，文宗兩漢，詩儷開元。獨斯小道有慚宋轍，其最著者爲青田、新都、婁江。然誠意音體俱合，實無驚魂動魄之處；用修以學問爲巧便，如明眸玉屑纖眉積黛，只爲累耳；元美取境似酌蘇、柳間，然如『鳳凰橋下』語，未免時墮吳歌。此非才之不逮也，鉅手鴻筆既不經意，荒才蕩色時竊濫觴。且南北九宮既盛，而綺袖紅牙不復按度。其用既少，作者自希，宜其鮮工也。」〔註70〕故三人唱和之作，多爲中短調，且以風格而論，幾家之詞也多近於南唐、北宋，陳序謂：「李子之詞麗而逸，可以昆季景、煜，娣姒清照，宋子之詞俊以婉，淮海、屯田肩隨而已。」既爲唱和之作，三人所作之詞，或爲詠物，或爲詠寫春恨秋愁，或爲詠寫歲時節令，大抵以抒情中短調爲主。如卷上李雯 42 首作品中詠寫落葉、紅葉、秋柳、雪、梅花、新柳、春雨、春潮、秋海棠、桂、秋風、秋雨等即有 18 首之多，其他則多爲秋思、別意、閒愁等。

六、《倡和詩餘》

六卷，吳偉業選輯（遼寧教育出版社所出版《倡和詩餘》之說明謂：「《倡和詩餘》六卷，扉頁三行，右上爲『吳駿公先生選定』，中爲『倡和詩餘』，左下爲『棣萼軒二集』。」）集前有吳偉業序一篇、宋徵璧序二篇。宋徵璧《念奴嬌》詞序謂：「丁亥暮春，同大樽（按，陳子龍，號大樽）、舒章（按，李雯，字舒章）二子集子建（按，宋存標，字子建）荒圃。……予因即席賦《念奴嬌》長調，故有『陽春郢雪』之語。明旦接讀和章，至『空贈金跳脫』，未嘗不愧其意也。乃未幾而大樽亦效彭咸，則『湘水波瀾』、『重臨幽澗』，竟若爲讖云。」又，宋徵璧《序》謂：「兵火以來，荷鋤草間。時值暮春，邂逅友人於東郊，相訂爲鬥詞之戲，以代博弈，曾不旬日，各得若干首。嗣自賡和者，又有錢子子璧、家兄子建、舍弟轅生、轅文，能以淵調寄其離心，深情發爲秀句，挹子晉之風流，人人玉管，攬廣陵之煙月，樹樹瓊花者矣。」則幾人唱和即在其年春日，而宋徵璧所作序之題識謂：「時維順治庚寅花朝」，

〔註70〕陳子龍：《幽蘭草》序，《幽蘭草》，明崇禎刊本。

則是集之刊刻當在順治七年（1650）春日。

　　《倡和詩餘》收詞集六卷，爲宋存標等六人唱和之作，人各一卷，分別爲宋存標《秋士香詞》、宋徵璧《歇浦倡和香詞》、宋徵輿《海侶唱和香詞》、錢穀《倡和香詞》、陳子龍《湘眞閣存稿》、宋思玉《棣萼軒詞》。雲間諸子唱和之作，一以北宋爲宗，宋徵璧《序》謂：「吾於宋詞得七人焉：曰永叔，其詞秀逸；曰子瞻，其詞放誕；曰少游，其詞清華；曰子野，其詞娟潔，曰方回，其詞新鮮；曰小山，其詞聰俊；曰易安，其詞妍婉。」又謂：「詞至南宋而繁，亦至南宋而敝。」故諸家唱和之作也多以《望江梅》、《宴桃源》、《點絳唇》、《浣溪沙》、《訴衷情》、《菩薩蠻》、《憶秦娥》等小令爲主，長調僅有《念奴嬌》、《二郎神》等二調。就內容而言，雲間諸子的唱和也多以閨情詞爲主，所詠多不離於閨思舊夢、春恨秋愁。因幾人唱和之作作於明亡之後，或謂其中有家國破碎之感的寓託，亦未爲不可。如陳子龍《點絳唇‧春閨》：「滿眼韶華，東風慣是吹紅去。幾番煙霧，只有花難護。　　夢裏相思，芳草王孫路。春無語，杜鵑啼處，淚染胭脂雨。」誠所謂「以淵調寄其離心，深情發爲秀句」者也。

第二章　清代、民國詞集叢刻敘錄

第一節　清代詞集叢刻敘錄

《國朝名家詩餘》

　　清孫默編。清康熙間留松閣刻本。孫默（1613～1678）字無言，號栟庵，又號黃嶽山人，安徽休寧人。嘗客寓揚州，遍結詞林名士，布衣終生，汪懋麟《孫處士墓誌銘》謂其「性樸質，無他好，惟獲交天下賢人君子，羅致其詩古文詞，若嗜欲」。有《留松閣集》。

　　《國朝名家詩餘》（一名《十五家詞》）前後歷時十四載，搜羅十七家，凡四十卷，「定於丁巳（1677），鄧漢儀為之序。凡閱十四年，始匯成之。」〔註1〕四庫館臣在將《國朝名家詩餘》輯入《四庫全書》時，「本來不知何故已經刪掉了程康莊，卻題為《十五家詩餘》。所謂十五家者，即又刪掉了龔鼎孳的《香嚴詞》。究其原因，應是乾隆時以龔氏為貳臣，故開四庫館刪去龔詞。」〔註2〕

　　此輯所收十五家分別為吳偉業《梅村詞》二卷、梁清標《棠村詞》三卷、宋琬《二鄉亭詞》二卷、曹爾堪《南溪詞》二卷、王士祿《炊聞詞》二卷、尤侗《百末詞》二卷、陳世祥《合影詞》二卷、黃永《溪南詞》二卷、陸求可《月湄詞》四卷、鄒祇謨《麗農詞》二卷、彭孫遹《延露詞》三卷、

〔註1〕永瑢等：《四庫全書總目》卷一九九，第1826頁。
〔註2〕張宏生：《總集纂集與群體風貌——論孫默及其〈國朝名家詩餘〉》，《中山大學學報》，2006年第1期。

王士禛《衍波詞》二卷、董以寧《蓉渡詞》三卷、陳維崧《烏絲詞》四卷、董俞《玉鳧詞》二卷。從其所收錄的詞人詞作看，俱為清詞壇坫之上的重要作手，其中不乏如陳維崧等開詞壇一派風氣者。「各家以小令、中調、長調為次，載其本集原序於前，並錄其同時人評點。……其初刻在康熙甲辰，為鄒祗謨、彭孫遹、王士禛三家，即《居易錄》所云。至丁未續以曹爾堪、王士祿、尤侗三家，是為六家，戊申又續以陳世祥、陳維崧、董以寧、董俞四家。此十五家之本，定於丁巳，凡閱十四年，始匯成之。雖標榜聲氣，尚沿明末積習，而一時倚聲佳製，實略備於此，存之可以見國初諸人文采風流之盛。」〔註3〕

《國朝名家詩餘》是「清代第一部『今』詞總集的匯刻」〔註4〕。是書編刻對後世詞壇影響頗多，尤其是總集之編撰上，不少詞家仿此書之體例，匯而為集，如王先謙所輯之《六家詞鈔》，該書王序謂：「昔新安孫默輯王漁洋以次十五家詞，自三家、六家遞增，閱十四年而後成，先謙此刻猶默意也。」

《徐電發所刻詞》

清康熙間徐釚刻本。徐釚（1636～1708），字電發，號虹亭、鞠莊、拙存，晚號楓江漁父。吳江（今屬江蘇蘇州）人。

是集所輯，今所知者至少有四家，黃裳《清代版刻一隅》「香嚴齋詞」條謂「徐電發所刻此種（按，指《香嚴齋詞》）尚有《棠村詞》、《錦瑟詞》及自作《菊莊詞》等，版式如一，終不知共有幾種。」〔註5〕

各詞集基本情況，黃裳《來燕榭讀書記》有載錄，今迻錄於下：

> 《香嚴齋詞》，盧江龔鼎孳撰。康熙刻。十行，十九字。上下黑口，四周雙邊。前有康熙壬子（1672）長洲後學尤侗序，「康熙壬子花朝吳門後學宋實穎題於小山雲之老易軒」序。次香嚴齋詞話，次目錄。目後有雙行牌記云「吳江徐釚電發校鐫」。卷尾有徐釚跋，又「長洲吳藹、吳縣宋景琪、平湖葉舒崇、嘉興計煋仝校」兩行，有舊人朱筆評曰，「尚書詞，於綿麗溫潤之中，別具一種天香國色，令人心意俱盡。則以豪才博學，寄託於濃情豔語之間，雖極鋪設藻

〔註3〕永瑢等：《四庫全書總目》卷一九九，第 1825 頁。
〔註4〕嚴迪昌：《清詞史》，南京：江蘇古籍出版社，2001 年版，第 83 頁。
〔註5〕黃裳：《清代版刻一隅》，上海：復旦大學出版社，2005 年版，第 59 頁。

繪，但見爲大雅不群耳。低手傚之，非輕佻即軟俗矣。東海徐崑山評。」收藏有「積學齋徐乃昌藏書」（朱文長印）。

《棠村詞》初二刻

此《棠村詞》初二刻，傳本至稀。與龔芝麓汪懋麟詞刊刻正同，殆皆徐電發所刻。龔汪二集余皆有之，今更收此，可以並儲矣。板片頗斷裂，當從他選本一爲校補之。乙未九月十五日，黃裳記。

《棠村詞》，眞定梁清標玉立父著。康熙刻。十行，十九字。上下黑口，四周雙邊。前有「康熙丙辰（1676）人日西泠年後學丁澎敬題於扶荔堂」序，「康熙癸丑夏月江都受業汪懋麟拜撰」序。次「康熙壬戌揚州門下士汪懋麟」撰詞話，次壬戌（1682）禾城金碩霈、錢唐吳儀一題辭，次詞話，目錄。以上爲電發初刻。

《棠村詞》二刻，眞定梁清標撰。前有目錄，行款同。後有侄男允植跋，略云龔梁兩集，電發刻於吳郡，已風行海內，後允植更搜集叔父前後諸稿，與電發重爲校訂，電發更勸增梅村祭酒詞，並爲《三先生詩餘》行世。不知梅村詞後果刊行否。後又有康熙甲寅（1674）吳江受業徐釚跋，癸丑（1673）侄男天植跋，戊冬（1678）猶子允桓跋。是爲二集。扉葉題「棠村詞二刻」。

《錦瑟詞》

《錦瑟詞》清初詞總集中多收入之。此爲原刻，自可珍重。刻工與《香嚴齋詞》並同，讀梁允植序，知果爲電發所刻，因與龔詞並藏。乙未九秋。

《錦瑟詞》，揚州汪懋麟撰。康熙刻。行款同前。前有魏塘曹爾堪序，東原宗元鼎序，康熙丙辰（1676）柳村梁允植序，次《錦瑟詞話》，附《錦瑟酬贈詞》，目錄。〔註6〕

《浙西六家詞》

龔翔麟輯，康熙十八年（1679）刻本。龔翔麟（1658～1733），字天石，號蘅圃，晚號田居，仁和（今浙江杭州）人。康熙二十年（1681）副貢生，歷官工部主事、陝西道御史等。詩詞書畫兼工，有《田居詩稿》十卷續三卷、

〔註6〕黃裳：《來燕榭讀書記》下冊，瀋陽：遼寧教育出版社，2001年版，第236～238頁。

《紅藕莊詞》三卷等。

康熙十八年（1679），龔翔麟將朱彝尊《江湖載酒集》三卷，李良年《秋錦山房詞》一卷，沈皞日《柘西精舍集》一卷，李符《耒邊詞》二卷，沈岸登《黑蝶齋詞》一卷，龔翔麟《紅藕莊詞》二卷合爲一輯，〔註7〕付與剞氏，是爲《浙西六家詞》。

《浙西六家詞》是朱彝尊等幾人詞的創作的階段性總結，幾人中，「竹垞超倫絕群，以匹迦陵，洵無愧色，餘子皆當斂衽。然而李氏武曾、分虎〔符，《耒邊詞》〕，沈氏融谷〔皞日，《柘西精舍集》〕、覃九〔岸登，《黑蝶齋詞》〕，機雲競爽，咸籍並稱。竹垞先登，蘅圃〔龔翔麟，《紅藕莊詞》〕後勁，浙西風雅，允冠一時」〔註8〕。清人陳對鷗謂：「國初以來，江左言詞者，無不以迦陵爲宗，家嫻戶習，一時稱盛，然猶有《草堂》之餘。自《浙西六家詞》出，瓣香南宋，另開生面。於是四方承學之士，從風附響，知所指歸。」〔註9〕依此而言，《浙西六家詞》的刊刻起到了開宗立派的標舉之作用，自《浙西六家詞》刊刻之後，浙西詞派之名始風行天下，浙西詞風大盛，而浙派作爲清代詞學壇坫之上影響最大的一個流派也自此宣告正式形成。

從詞學傾向上看，《浙西六家詞》推尊南宋、標舉姜張的特徵十分明顯，陳廷焯謂：「國初多宗北宋，竹垞獨取南宋，分虎（李符字分虎）、符曾（李良年字武曾，符曾誤）佐之，而風氣一變。」〔註10〕朱彝尊《江湖載酒集》開篇第一首《解佩令・自題詞集》即倡言向南宋詞人張炎學習，詞曰：「十年磨劍，五陵結客，把平生、涕淚都飄盡。老去填詞，一半是，空中傳恨。幾曾圍、燕釵蟬鬢？　　不師秦七，不師黃九，倚新聲、玉田差近。落拓江湖，且分付、歌筵紅粉。料封侯、白頭無分！」「不師秦七，不師黃九，倚新聲、玉田差近」，推尊南宋，標舉姜張，不啻爲朱彝尊詞的創作的一個宣言，也是浙西詞人群體的一個共同選擇。

〔註7〕《浙西六家詞》初刻爲十卷，龔翔麟《紅藕莊詞》第三卷「乃續刻於日下者」（邵璸《紅藕莊詞跋》，《浙西六家詞》，《四庫全書存目叢書》集部425，第99頁。）

〔註8〕謝章鋌：《賭棋山莊詞話》卷十一，《詞話叢編》，第3462頁。

〔註9〕馮金伯：《詞苑萃編》卷之八，《詞話叢編》，第1951頁。

〔註10〕陳廷焯著，屈興國校注：《白雨齋詞話足本校注》卷三，濟南：齊魯書社，1983年版，第244頁。

《名家詞鈔》

　　清人聶先、曾王孫編刻，清康熙間刻本。聶先，字晉人，號樂讀居士，廬陵人。曾王孫，字道扶，長水人。該詞鈔一題曰「百名家詞鈔」，然所「鈔百名家詞，而實不限以百家者。蓋人各一集，便於單本獨行，不妨隨到隨梓，隨時隨地，皆可刷印問世。次序後先，所不之論」（《名家詞鈔例言》）。該詞鈔版本最爲繁雜，嚴迪昌謂：「最完備的版刻爲 108 家，因爲是分批多處刊刻，所以近今已有『自來藏者無獲全帙者』之歎」〔註 11〕。以筆者所見吉林大學古籍部所藏康熙間一善本而言，該本共八冊，前列詞人姓氏自吳偉業以迄林雲銘，共七十三人，然第二冊高士奇《蔬香詞》有目無詞，第八冊前所載《名家詞鈔目次》雖爲十三家，然最後兩家趙吉士的《萬青詞》與林雲銘的《吳山谷音》卻是有目無詞，付之闕如。因而此本所輯詞人實則七十家。而筆者所見另一版本前列總目則爲 118 家，前有曾王孫和聶先所爲詞序，且有「初集六十家」與「甲集四十家」之分。可見「自來藏者無獲全帙者」並非虛言。

　　至若該詞鈔刊刻之緣起，其《例言》略有交待：「宋元詞人最盛，而所傳詞稿甚少。聞昔海虞吳氏有宋元百家詞抄本，兵火之後汲古閣購之不全，只梓宋詞六十家行世，可見傳稿之有幸不幸也。今國朝四十年來，詞人蔚起，幾幾乎駕宋軼元，無論英才怒生，作者林立，但以稿本盈寸，自成一家，足供徵選者，次第編入，以備一代偉觀。」〔註 12〕以此而言，此本保存詞集文獻「以備一代偉觀」的用意十分明顯。

　　作爲清代前期一部大型的詞集叢刻，《名家詞鈔》搜羅甚爲宏富，所收錄詞人吳偉業、龔鼎孳、曹溶等一百餘家，雖無先後次序，然於清初詞壇之名流悉數囊括。《名家詞鈔》「是一部最能反映康熙中期以前『英才怒生，作者林立』的詞人蔚起盛況的總集」，「是考察清初期詞百花齊放的『中興』景象的巨帙標炳，是『皇朝定鼎四十餘年，禮樂文章，蔚然周漢，而長短塡詞，尤稱極盛』（曾《序》）的一個力證」。〔註 13〕儘管所錄詞家達百餘人，詞作更達數千首，但該詞鈔編刻態度甚爲謹嚴，用力亦多，於詞調等亦多所釐定，《例言》謂：「詞調起於陳隋，廣於二唐，盛於北宋。迨元明以降，揣摩愈

〔註 11〕嚴迪昌：《清詞史》，第 329 頁。
〔註 12〕聶先：《名家詞鈔例言》，清康熙間刻本。
〔註 13〕嚴迪昌：《清詞史》，第 328〜329 頁。

工，而體裁愈下；作者益多，而會者益少。自沈天羽別集一出，能以意致相詭，言語妙天下，為詞家開卻生面，豈後之學者，習而不察，沿成湊字好奇之癖，不免求奇反庸，求新反淺之病，岷源濫觴，不得不歸咎於別集也。是選也人勒一集，集盡所長，惟嚴聲調，上追古人，不眩尖新，以亂耳目。」〔註14〕而於聲調亦不苟且：「聲調之失，日久相沿，一時難於釐剔。每遇絕妙好詞偶或一音未協，一字未妥，竊為更定，以辯魯魚之誤，非敢漫為竄易也。」而於詞之體式，該詞鈔亦一一審核，親為釐定：「詞有一體而數名，亦有數體而一名者，茲悉歸之原名。蓋詞調之始，隨人立體安名，初無準則，故有紛更，考之《花草粹編》，異體奇名，渺不可極，變題換號，殊勞觀覽，宋詞尚然，何況後世。後世有述，則吾不知，若近代詞人，間或有此，盡為刪正，其自度曲，宋元以後，雖美弗彰，概不鈔入。」〔註15〕詞調、聲調、詞體而外，《名家詞鈔》之圈讀及於所錄各家詞作之後所附之詞話亦頗有價值。《例言》謂：「詞之短者曰令，長者曰慢，初不分有中調長調也。是編或限字數，以別先後，或照原稿以序時次，而令慢自見矣。至於圈讀，得則為龍之點睛，失則為蛇之添足。不得不詳為圈讀，以備查核。其詞話每卷之後略綴一二則，俱於原序原評，僭為節錄，缺者竊補一二。」〔註16〕尤其是其所附錄各家詞話，多有時人名家點評，於其人詞之特色、價值、地位等多有總結，三言兩語，要而不繁，且多語中肯綮，其價值不可小覷。如吳偉業《梅村詞》後即附有王士禎、丁澎、聶先三人之詞話。王氏謂：「婁東祭酒長短句，能驅使南北史，為體中獨創，且流麗穩貼，不徒直逼幼安。」丁氏謂：「有以梅村比吳彥高曰：吳郎近以樂府高天下。余讀其十八年來如夢，萬事淒涼一語，又元之許祭酒也。詞惟步稼軒，故無一字放逸，但見其得力句，唾壺欲碎，俯仰固是獨絕。」

《詞學叢書》

　　清秦恩復編。江陰秦氏享帚精舍嘉慶道光間刊本，光緒六年重修本。桐鳳堂趙氏藏書。

　　秦恩復（1760～1843），字近光，號敦夫，江蘇江都人。乾隆五十二年（1787）進士，改翰林院庶吉士。散館，授編修。曾顏其齋曰詞隱草堂，自

〔註14〕聶先：《名家詞鈔例言》，清康熙間刻本。
〔註15〕同上。
〔註16〕同上。

號詞隱老人。

　　此編共八冊，曰：宋曾慥《樂府雅詞》三卷拾遺二卷、宋趙聞禮《陽春白雪》八卷外集一卷、宋張炎《詞源》二卷、宋陳允平《日湖漁唱》一卷補遺一卷續補遺一卷、鳳林書院本《元草堂詩餘》三卷、菉斐軒本《詞林韻釋》一卷。前有顧千里爲《詞學叢書》所作序，中謂：「江都秦太史敦復先生前後開雕曾慥《樂府雅詞》……皆罕見秘冊也。茲匯成一集，名之曰《詞學叢書》。」則在此叢書之前，秦恩復曾單獨版行《樂府雅詞》諸書，後乃輯爲一集，名之曰《詞學叢書》。

　　然則何謂《詞學叢書》？顧千里《詞學叢書序》稱：「詞而言學何也？蓋天下有一事則有一學，何獨至於詞而無之？其在宋元如日之升，海內咸睹，夫人而知是有學也。明三百年其晦矣乎，學固自存，人之詞莫肯講求耳。迨竹垞諸人出於前，樊榭一輩踵於後，則能講求矣。然未嘗揭學之一言以正告天下，若尙有明而未融者，此太史所以大書特書而亟亟不欲緩者歟。吾見是書之行也，塡詞者得之循其名思其義於《詞源》可以得七宮十二調，聲律一定之學於《韻釋》可以得清濁，部類分合配隸之學於《雅》等可以博觀體制，深尋旨趣，得自來傳作無一字一句任意輕下之學，繼自今將復夫人而知有詞即有學，無學且無詞，而太史之爲功於詞者非淺鮮矣。其言叢書何也，蓋叢聚之書也，夫言乎其歸宿則同一詞學，言乎其詞學之所從得則凡如前後開雕而叢聚者，舉不可偏廢也。」以此而言，秦氏此選不但版本珍貴，「皆罕見秘冊」，亦且有發揚詞學之功。

　　秦氏此編，每種詞籍之後附有跋文，具言作者字裏、事蹟及詞集版本等特徵，茲迻錄《樂府雅詞》跋文一則，或可睹其大概：「宋曾慥字端伯，自號至遊子，溫陵人，丞相懷之從兄，官至太府卿，奉祠退居銀峰，多所撰述，有《類說》六十卷、《道樞》二十卷、《集仙傳》十二卷、《宋百家詩選》一百卷、《樂府雅詞》三卷拾遺二卷。存於今者惟《類說》及《雅詞》而已。《雅詞》卷數與《直齋書錄解題》合，竹垞老人誤以《文獻通考》爲《解題》，作十二卷，其實非也。三卷計三十有四家，去取之意，未爲定論，《拾遺》所收並及李後主、毛秘監之作，則又不止於宋人矣。惟卷首載《轉踏》、《調笑》、《九張機》、《道宮》、《薄媚》諸詞，爲他選所未及，而南宋以後詞人藉此書十存其五六，即藏書家亦罕著錄，傳寫既久，舛謬滋甚，原本書字不書名，略爲注明，以資尋覽。《拾遺》內如張耒《滿庭芳》後段起句之添字，且用短

韻；沈唐《霜葉飛》句讀與各家不同；俞秀老《阮郎歸》之減字，無名氏之《瀟湘靜》後段起句之不押韻，無名氏《卓牌兒》前後段之減字少押韻，無名氏《燕歸梁》與各家句讀不同，皆詞家所當參考者也。刻成爲質其疑義如此。」

秦氏此刻，校勘極爲嚴謹，遇有不可通者，多付之闕如，不妄改一字，如其《陽春白雪》跋曰：「《陽春白雪》八卷，又外集一卷，宋趙聞禮編次。宋時名人之詞附以己作。聞禮，字立之，號釣月，《書錄解題》云五卷，趙粹夫編，非完書也。世鮮傳本，魚魯之訛，在所不免，又無善本可較，尋訪數年，雖有抄借，得失互見，未可據以爲斷。其餘諸名家詞，句讀押韻不同者，條注於每句之下。錯誤不能強通者，空格以俟考補。詞至南北宋而極盛，自《草堂詩餘》、《絕妙好詞》、《花草萃編》而外，此選亦可繼響。自揣聞見未廣，聲律未諧，質之當代諸公精音律而工於詞者，糾正審定，匡所不逮，余雖不敏，有厚望焉。」

《楚四家詞》

唐樹義輯。道光乙未（1835）刻本。

唐樹義（1792～1854），字子方，貴州遵義人。清嘉慶舉人。道光六年（1826 年）大挑一等，歷任湖北咸豐、監利、江夏及甘肅鞏昌知縣，升蘭州知府、道員，後任陝西按察使、湖北布政使、署理湖北巡撫。咸豐四年（1854）任湖北按察使，率軍與太平軍戰，失利跳水自殺。工詩文，有《待歸草堂詩文集》、《夢硯齋詞》、《夢硯齋遺稿》等。

《楚四家詞》共六卷，中所收錄劉淳《雲中集》一卷、張其英《角山集》一卷、王柏心《子壽集》一卷、蔡儷《黃樓集》三卷。其前二家所存詞作甚少，各僅十餘首。四家字裏略述如下：

劉淳，字孝長，湖北天門人，嘉慶舉人，曾官遠安縣教諭，五次入京會試，均不第。有《辛儂長短句》。

張其英，字實甫，號角山，又號瑋公、子瓊，湖北天門人，嘉慶二十三年（1818）優貢，曾官南漳訓導。有《澄遠堂詩文集》、《角山詩抄》、《澄遠堂遺集》等。

王柏心（1799～1873），字堅木，號子壽，一號筠方，湖北監利人，道光二十四年（1844）進士，官刑部主事。有《子壽詩抄》、《子壽詞》等。

蔡俌字季舉，號黃樓，湖北監利人，上舍生。

四人者俱有才學，於長短句亦多有所長，劉淳「弱冠獻賦，名動公卿，氣盛才高，頗持明七子舊說，謂文必秦漢，詩必開寶。於時宮詹鮑覺生先生視學楚北，見而異之，待以國士。性疏放，不拘小節而深明大略，至性過人，人尤罕能識者。長短句數十章，風流豪邁，直奪龍洲道人之席，一旦忽若有悟，悉從焚棄。是編所存，乃得之子壽手錄者也。」〔註17〕唐樹義《角山集序》謂：「嘉慶丁酉歲，余隨侍嶺表，客自楚中來者爲言，其鄉才士有劉陳金張之目，謂海樹太守、秋舫殿撰、殿珊太史與瑋公明經也。……楚北名流敦盤之會必引重屬之。余來楚稍晚，所聞劉太守、陳殿撰皆已物故，殿珊太史方爲朝官，無由時親其言論風采，差不負者，獨幸識吾瑋公，讀其詞，蓋十五年前舊作，沖襟遐抱，皭然離俗，不必盡窺全著也。」〔註18〕唐樹義《黃樓集序》謂：「吾友蜀中王魯之，能爲太白歌行，縱橫奇逸，地負海涵，獨以不得一當蔡黃樓爲恨。即黃樓爲詩可知矣。雖然魯之之奇，奇於歌行，黃樓乃更出其奇爲長短句，士顧有難於一端盡者，吾嘗取而讀之，焱焱乎五光十色，不知其未蘇辛爲秦柳爲白石梅溪草窗玉田，蓋黃樓具兼人之勇，奮搏象之力，合數百年詞家深得其奧窔。」王柏心亦謂蔡俌「夙工揫藻，尤妙倚聲，挫萬態於豪芒，騰孤情於宙合，納九牧之金於彙籥，匯萬流之水於滄溟。……摩辛劉之壁壘，拓姜史之垣墉，斯泱泱之風，茲爲大矣。」〔註19〕而王柏心亦可謂工於長短句。唐樹義謂：「曩在都門，見孝長箋頭詩畫，皆王君子壽作，飄飄有逸韻，固已欽遲久之，及奉檄來鄂州，則子壽所居蕭寺距余寓不數武，叩關一訪遂定石交。子壽詩古文雄秀峻整，頡頏孝長、黃樓輩，而素懷沖挹，退然如不勝衣，以是畢之羅之者寘眾，顧其中有定力非肯隨俗波靡者，倚聲間涉南宋而逸氣自爲舒卷，秋詞尤工，大抵近於羅張、婉於蔡劉，兼四子之長，極五音之則，使緣情者侈其妍妙，仗氣者遜其振奇，江漢炳靈，茲爲翹楚，愧余應官少暇，未能爲訂全集。急以此卷付剞劂，麟鳳一趾半毛，學士用先睹稱快焉。」〔註20〕

然四人多仕途偃蹇，故名多不甚顯。唐樹義謂：「孝長近已不復爲詩，訪余鄂渚，流連浹旬，唯以講求實濟爲務者，惜乎其知名甚早，成名甚遲，雖

〔註17〕唐樹義：《雲中集序》，《楚四家詞》，道光刻本。
〔註18〕唐樹義：《角山集序》，《楚四家詞》，道光刻本。
〔註19〕王柏心：《黃樓集序》，《楚四家詞》，道光刻本。
〔註20〕唐樹義：《子壽集序》，《楚四家詞》，道光刻本。

髯張如戟，著書滿家而無以伸其肮髒牢落之懷，然後知洛陽少年未爲不遇矣。」〔註21〕「瑋公自爲童子時，下筆千言，踔厲風發，試輒冠其曹偶。既乃悉除雄心盛氣，優柔厭飫於東京六代之文，受知宮詹鮑覺生先生及朱詠齋尚書，以優選貢成均。北遊京師，無所合歸，則焚棄筆硯，窮歲絕無撰述。」〔註22〕故四人詞篇多有不平之志的表述：「秋風絕塞嚴碉愁落月之心，大雪孤篷撫劍動凌雲之氣，我何心兮苦離別，天垂象者歸江湖，披大王激颺慓怒之雄風，想生平抑鬱磊落之梗概。吾欲浩歌於此，誰復擊節當之，望氣則老子其龍乎，英雄惟使君與操耳。時鷹邊風急，羈客停舟，鷗外濤寒殘年盡夜。單舸似秋初一葉天外飛來，故人如海外三山神風引到。蘆中有語，童子開門，一卷初投，百靈聚哭，此即子壽王朗所著秋詞三十章也。」（蔡儁《子壽集序》）蔡儁亦坎壈一生，唐樹義謂：「使黃樓不涉洞庭辰山之奇險，遭失怙隕兄喪耦之奇阨，亦安能悲垞坎壈，盡挾其氣以發之歌行長短句中。」

《花萼聯詠集》

曹毓英同治二年（1863）輯刻。曹毓英，字紫荃，吳縣人，同治中舉人。是編合其兄曹毓秀《桐華館詞》、己作《鋤梅館詞》及其姊曹景芝《壽研山房詞》於一編，人各一卷。

曹毓秀，字實甫，咸豐同治中人，貢生。曹景芝（？～1863），字宜仙，嫁爲同邑陸元第室。是集題爲《花萼聯詠集》，然馬興榮、吳熊和、曹濟平主編《中國詞學大辭典》「曹毓秀」條下謂其《桐花館詞》「後附曹毓英撰《鋤梅館詞》、曹景芝撰《壽研山房詞》各一卷」〔註23〕，誤。曹毓英爲《壽研山房詞》所爲序謂：「茲將《壽研山房詩餘》自丙春（1856）至癸夏（1863），得精選若干首，並以余兄弟吟稿同鑴梨棗，題曰《花萼聯詠集》。」〔註24〕又，此集前潘鍾瑞所作序稱：「在昔寶氏連珠不及閨閣，宋家五美，未言弟昆，萃一門爲風雅，諧六律之雌雄，自古爲難，於詞尤罕。即如清江同聲，圭塘合唱，宛君、曼君競爽，小紈、小鸞齊行，求其合併，曾不一覯，乃今於曹氏遇之。」且曰：「竊謂玉溪一集，以花萼傳其文，廬陵五卷以花萼名其

〔註21〕唐樹義：《雲中集序》，《楚四家詞》，道光刻本。
〔註22〕唐樹義：《角山集序》，《楚四家詞》，道光刻本。
〔註23〕馬興榮、吳熊和、曹濟平主編：《中國詞學大辭典》，杭州：浙江教育出版社，1996年版，第249頁。
〔註24〕曹毓英：《壽研山房詞》序，《花萼聯詠集》，同治刻本。

詞，今不古若，斯為鼎足矣。」〔註25〕具論曹毓秀等三人之作，則此集非為曹毓秀《桐花館詞》附刻《鋤梅館詞》、《壽研山房詞》，乃三人之合集也。至若是集之定名，曹毓秀為《鋤梅館詞》所作詞序謂：「猶憶在蘇時，花葶樓前，一燈相對，每與吾弟及三姊景芝對榻聯吟，闖題分詠，詞成，各為品評，以定甲乙。弟詞清新綿麗，余與三姊輒心好之。洎乎蘇城陷後，余兄弟犇走流離，所存詞稿不過十之一二。更兼遭家不造，母歿父衰，負米生涯，饑驅千里，兄南弟北，郵寄詩詞，藉以通音問慰寂寥，無暇計工拙也。欲求昔日花葶樓頭之樂，烏可復得耶？」〔註26〕又，曹毓英《壽研山房詞》序謂：「三姊景芝……每春秋歸寧，結花葶吟社，與余暨仲兄實甫拈題分賦，脫稿互定甲乙，惟姊較勝。」〔註27〕則曹毓英等人在吳縣居時有花葶樓，且有花葶吟社之結，詞集《花葶聯詠集》蓋由此而來。是集收錄曹毓秀詞 64 首、曹毓英詞 66 首、曹景芝詞 39 首，集中多以詠物見長，如曹毓秀所存詞凡 64 首，詠物之作近半，然所詠之物，意象多不闊大，多詠所謂燈花、秋風、秋柳、苔、蘋、蘆花、促織之類，而集中同題唱和之作若《水龍吟·白蓮》、《齊天樂·蟬》等，亦能見沿襲宋遺民《樂府補題》詠物之痕跡。而家破人亡，傷時懷悼之作，情深意切，令人神傷。至若各家詞風之異同，潘鍾瑞謂：「實甫詞結緒幽默，寓思綿邈，伊鬱善感，便娟多風；紫荃詞朗抱珠潔，清言玉霏，哀豔騷心，溫柔詩旨，固已歎觀止矣；而令姊脂粉，謝春苔華，鑴玉竹箭，表其孤韻，梅花信有素芳，似伊尹之斗姿，並機雲以蘊采。」曹毓秀謂曹景芝「詞頗哀感，逼肖納蘭詞」(《洞仙歌·題亡姊景芝壽研山房遺稿》詞句下注)，而曹毓英所著《鋤梅館詞》，「或超逸，或悲壯，或清麗，或新穎，情致纏綿，不拘一格，駸駸乎入南唐北宋人之室，而噬其胾矣。」(《鋤梅館詞》序)

《明湖四客詞鈔》

　　清趙國華輯，同治十三年（1874）趙氏濟南刻本。趙國華（1838～1894），字菁衫，河北省豐潤人。咸豐八年舉人，同治二年進士。歷任山東鄆城、泰安、德州、沂州等地知縣、知州、知府、山東兵備道員、按察使、鄉試同考官、濟東泰武臨道員、山東省鹽運使等。

〔註25〕潘鍾瑞：《花葶聯詠集》序，《花葶聯詠集》，同治刻本。
〔註26〕曹毓秀：《鋤梅館詞》序，《花葶聯詠集》，同治刻本。
〔註27〕曹毓英：《壽研山房詞》序，《花葶聯詠集》，同治刻本。

　　《明湖四客詞鈔》，四卷，所輯爲宜良嚴廷中秋槎《麝塵詞》、清苑李鈞和仲衡《紅豆詞》、正定王蔭昌五橋《尺壺詞》、宜興徐宗襄慕雲《絮月詞》四種各一卷。前有趙國華序，謂：「曩則嚴（秋槎）李（仲衡），今若王（五橋）徐（慕雲），類浮濟上之家，竊仿《花間》之集，裁丹剪碧，宛帳角之香囊；競北爭南，共天心之明月。……谷人長往，疇修佇月之樓；漱玉依然，猥近易安之里。余緣不淺，逆旅重來，向散羽而護梁泥，爲眾口而擔井水。銅琶鐵撥，幸無旁陷於蘇辛，燈後花梢，倘共知名於梅子。」〔註28〕蓋四人者均曾客於濟南，故趙國華將四人之詞合爲一輯，題曰《明湖四客詞鈔》。四人均不甚顯達，今所能知其爵里大概如斯：嚴廷中，字秋槎，雲南宜良人，烺子，秋闈屢薦不售，遂援例以知縣分發山東，歷萊陽、福山、文登等地。廷中工詞曲，有《紅蕉吟館詩集》、《詩餘》、《紅豆箱剩曲》等。李鈞和，字仲衡，清苑人，諸生。王蔭昌，字子言，號五橋、午橋，河北正定人。道光舉人，曾官山東武定府同知等。以文詞書法名當世，有《廠齋詩》、《尺壺詞》等。徐宗襄，字慕雲，江蘇宜興人。道光二十九年（1844）舉人，授內閣中書，歷官山東冠縣、浙江平陽知縣等。

　　四子之詞存者並不爲多，嚴廷中《麝塵詞》15 首詞、李鈞和《紅豆詞》15 首、王蔭昌《尺壺詞》11 首、徐宗襄《絮月詞》22 首。以題材而論，四人以詠物紀遊和唱酬題贈爲主。如李鈞和 15 首詞中，有 12 首爲詠物之作，分別詠寫芭蕉、梅、蛛網、草痕、苔暈、柳意、梅魂、秋柳、蘆花、春雨、秋風、綠萼梅等。徐宗襄 22 首詞中亦有 12 首爲詠物之作，尤其是其《長亭怨》、《疏影》等五首以組詞的方式詠秋，分別詠寫秋埭、秋堞、秋幕、秋角、秋袴等，其《長亭怨·秋埭》序謂：「東陽秋館蕭槭纏胸，筱棠以軍中九秋詞索賦，爲撰五解，白石道人云：余方感羈遊，不自知其詞之抑鬱也。還證曉棠，兼寄湘文。」而其《疏影》、《水龍吟》等四首亦以組詞的方式詠雪，分別爲雪意、雪聲、雪影、雪情。其《疏影·雪意》序謂：「淮陰喬寓，歲暮言旋，李少石以雪詞四闋所和，意有所觸，勉按宮商檀板紅牙，終讓屯田絕唱。昔白石除夜歸苕溪十詩，豔稱一時，今值細草穿沙之候，繼敲金戛玉之聲，亦當留一段佳話也。」至若紀遊唱酬之作，四子詞中所佔比例亦可謂多，如嚴廷中《麝塵詞》中，《花發沁園春·臨清遇王曼雲》、《摸魚兒·昆明晤秦梅生出其尊人雪舫郎中蘭江歸棹圖屬題》、《買陂塘·謝樸庵譜落葉秋草

<hr>

〔註28〕趙國華：《明湖四客詞鈔序》，同治趙氏濟南刻本。

二闋依調和之時余遊悼亡之戚不自知其言之悲也》、《買陂塘·咸豐辛亥十一月接湯雨生都督秣陵書》、《賀新涼·癸丑中秋爲友人題醉月圖》、《買陂塘·題友人柴門臨水圖》、《高陽臺·寒柳和牛仲遠》、《雪中天·雪意和莊眉生》、《金縷曲·陰雨兼旬春寒未減意有所感和悶倚聲寄李伯揚》、《摸魚兒·吳江葉舒崇元禮漁陽弟子少美丰姿有衞玠之目過平望酒家有女感病死漁陽記以詩宮子行得此稿裝冊以葉事繪圖寄萊陽索題爲倚此解》等有 11 首之多。而若以詞格而論，四子之詞大抵以清眞、白石等爲依歸，如徐宗襄《絮月詞》中閨情四首分別用玉田、夢窗、白石、碧山韻。前引諸詠物之作的詞序中也多有推挹之處。

《榆園叢刻》

清許增輯，同治光緒間刻本。許增（1824～1903），字益齋，號邁孫，仁和（今浙江杭州）人。官道員，有《煮夢庵詞》。

茲編所輯，以詞集爲多，宋人 3 種，清人 7 種。許氏自序云：「同治甲子，奉母還杭州，遂不復問人間世事，日與聲應氣求之士，里巷往還，推襟送抱，聊浪湖山，忽忽七十之年已至矣。息影空齋，百念灰冷。特前賢槧槧，師友緒餘，夙昔所涉獵而肄習之者，不能恝然。養閒餘日，寫付梓人，都成三十餘種，藉以流佈藝林。」

光緒十年刊姜夔撰《白石道人歌曲》四卷別集一卷，附許增輯《白石道人詩詞評論》一卷《補遺》一卷，口口輯《白石道人逸事》一卷、《逸事補遺》一卷；光緒八年刊張炎《山中白雲詞》八卷附錄一卷逸事一卷、張炎《詞源》二卷；光緒十五年刊清王士禛撰《衍波詞》二卷、光緒六年刊清納蘭性德撰《納蘭詞》五卷補遺一卷；光緒五年刊清郭麐撰《靈芬館詞》，中有《蘅夢詞》二卷、《浮眉樓詞》二卷、《懺餘綺語》二卷、《爨餘詞》一卷；光緒十五年刊清顧翰撰《拜石山房詞鈔》四卷；光緒十九年刊清項廷紀撰《憶雲詞甲乙丙丁稿》四卷、刪存一卷；光緒十五年刊清錢枚撰《微波詞》一卷；同治十一年刊清王詒壽撰《笙月詞》五卷；同治十一年刊清王詒壽撰《花影詞》一卷。

此十餘家詞集版本極爲難得，其中多爲許氏舊年所藏之珍本，張預《重刻靈芬館詞序》謂：「仁和許丈邁孫先生少習倚聲，夙多藏本。」譚獻《校刻衍波詞序》謂：「邁孫舊藏阮亭詩餘一卷，只三十調，有尚書自敍，謂當日手

定之本，今據以讎勘並存敘目附後。」各集前後多附有詞集原來序跋並作者
生平仕履、詞話等，如《白石道人歌曲》一集，前有四庫提要、陶方琦《重
刻白石道人歌曲序》，後有趙與時、陶宗儀等人所作跋文數則。再如《納蘭
詞》，前有張預《重刻納蘭詞序》、道光間周儕、趙函所為納蘭詞所作二序、
《詞話》、《詞評》，後有《進士一等侍衛納蘭君神道碑》、《通議大夫一等侍衛
納蘭君墓誌銘》。

《侯鯖詞》

　　吳唐林纂，光緒十一年（1885）杭州刻本。吳唐林，字子高，號晉壬，
一號蒼緣居士，咸豐十一年（1861）年舉人，陽湖（今江蘇常州）人，嘗官
浙江候補知府。

　　前有汪學瀚題名並題識曰：「侯鯖集刻既成，諸君子屬篆卷耑，按《鄎書》
無『鯖』字，魚部，鮏，《集韻》訓魚名形，形聲誼俱相近，古今通變如姓之
作睛，例可證也。乙酉八月汪學瀚識。」集所載為江寧鄧嘉純笏臣《空一切
盦詞》七十首、吳縣俞廷瑛小甫《瓊華室詞》六十首、鐵嶺宗山嘯吾《窺生
鐵齋詞》二十九首、任丘邊保樞竺潭《劍虹盦詞》四十首、陽湖吳唐林晉壬
《橫山草堂詞》五十六首集句二十首，凡五家共詞二百七十五首。

　　此輯題曰「侯鯖」，蓋典出五侯之鯖，《西京雜記》卷二：「五侯不相能，
賓客不得來往。婁護、豐辯，傳食五侯間，各得其歡心，競致奇膳，護乃合
以為鯖，世稱五侯鯖，以為奇味焉。」〔註 29〕此以其所輯詞家方為五家，故
題曰「侯鯖」。吳唐林《侯鯖詞序》謂：「比當茗華並剗，錦繡成堆，屏雀梳
翎，石鴻印爪。繼漢上題襟之會，變花間聯裾之文。夢窗則稿列丙丁，稼軒
則句分長短。百家訥補，頗費手工，十樣圖成，爭誇眉嫵。儷之則為五君之
詠，離之則成一家之書。雖習鬠釋道，安只號半人。而長慶體大曆詩竟編合
集，是則梅溪結社，猥附石帚道人以傳，若比蘭亭流觴，彌愧會稽內史。」
〔註30〕則此書乃合五家之詞於一輯，人各一卷。

　　五家之詞各具規模，自成特色。大抵多以羈旅行役、詠物等題材為主。
如鄧嘉純《空一切盦詞》中，《望江南‧莫愁湖吾鄉勝境也石城久別澷跡塵沙
金梁寓公時夢煙水率賦小令抒寫旅懷》共八首，為抒寫羈旅行役之組詞，而

〔註29〕葛洪：《西京雜記》，北京：中華書局，1985 年版，第 9～10 頁。
〔註30〕吳唐林：《侯鯖詞序》，《侯鯖詞》，光緒刻本。

其他如《瑣窗寒・曩在京師華時與二三朋好爲消寒之會，絳陽索處風雪閉門回憶舊遊感賦一闋》《臨江仙・憶莫愁湖》。再如俞廷瑛《瓊華室詞》中有《謝秋娘》6首亦爲組詞，分別爲作者回憶揚州、秦淮、春明、明州、衢江、申江等地的作品。而邊保樞《劍虹盦詞》中亦有多如《摸魚兒・丙子春晚偕陳小農民部武抑齋孝廉暨家兄遊崇效寺，觀紅杏青松卷子官浙江以來無復昔遊之樂，抑齋返蜀旋歸道山小農滯跡都下與家兄均落拓如舊偶成此解懷人感舊情見乎詞》、《浪淘沙・夜雨書懷》、《齊天樂・得家書感賦》、《滿庭芳・申江後遊紀事》等詞，均爲作者抒發羈旅窮愁之情的作品。更如吳唐林《橫山草堂詞》中有如《醜奴兒慢・龍川夜泊，別緒如潮，聽雨孤篷，不能成寐》、《高陽臺・邗江舊感》、《疏影・武清道中見楊花作》、《一萼紅・丁卯春末自津門南歸在泊吳淞口》、《南浦・北歸未得，卻還常州，復爲楚江之遊，阻風北固山下，霜氣初肅，塵襟逾寒，孤夢乍回，薄醒未解，推篷延眺，天水空闊，中流月出，如金蛇火電，閃蕩波際，兩岸疏林敗葉，蕭蕭作急雨，獨夜自淒，旅懷多感，率成此闋，就殘燈書之，雁聲嘹唳，蛩語啾唧，不自知其音之哀抑也》等更是其宦遊不定時心情的直接表露。

《四印齋所刻詞》

　　清王鵬運輯錄。王鵬運（1848～1904），字幼霞，字祐遐，中年自號半塘老人，又號鶩翁，晚年號半塘僧鶩，臨桂（今廣西桂林）人。同治九年（1870）年舉人，歷官內閣中書、內閣侍讀學士、御史、禮部給事中等職。

　　《四印齋所刻詞》首刻於光緒十四年（1888），王氏家塾刻本。共收錄宋蘇軾、辛棄疾以迄金代蔡松年等詞集及詞話等共24種。嗣後，王氏又「匯刻兩宋名家詞別集二十四家，元七家，家爲一卷，共三十一卷。始事於癸巳（1893）正月，至臘月訖工。……擇世不經見及刊本久亡之篇幅畸零者，斠讎銓次，付諸手民」，輯成《四印齋匯刻宋元三十一家詞》。後世將《四印齋所刻詞》與《四印齋匯刻宋元三十一家詞》匯爲一輯，定名爲《四印齋所刻詞》。上海古籍出版社1989年將清光緒中王氏家塾刻本《四印齋所刻詞》並附《四印齋匯刻宋元三十一家詞》，又新附《四印齋刻夢窗甲乙丙丁稿四卷》、《四印齋刻樵歌三卷》、《四印齋校草窗詞二卷補二卷》，匯爲一輯，題爲《四印齋所刻詞》，影印版行於世。

　　王氏此集搜採甚富，向來爲後世所重，所謂「旁搜博採，精彩絕倫，雖

虞山毛氏弗逮也」。〔註31〕從其所搜輯 50 餘種詞集看，版本之精良向爲世人稱道，其「所據有金、元舊槧、諸家鈔本、輯本和世罕流傳的明清刻本」〔註32〕。如金蔡松年《蕭閒老人明秀集注》，「魏道明注，三卷，按目共六卷，今僅存前半矣。是書向惟見於《直齋書錄解題》，乾嘉間藏書家得金槧殘本，遞相影寫，始顯於世。元遺山《中州樂府》、王從之《滹南遺老集》皆於此注有微詞，從之指謫尤夥，想當時固盛行也。」〔註33〕

除選擇稀見詞集版本外，王氏《四印齋所刻詞》的校勘之精亦常爲方家所稱道。在選擇精良之版本作爲底本後，「除少數金、元舊槧爲保持原書面目而採用影寫外，大多經過謹愼細緻的校勘，有與當時詞家共同校定的，也有校之再四，數度易板的」（《四印齋所刻詞》出版說明）。如《稼軒長短句》，王氏跋文稱：「光緒丁亥九月從楊鳳阿同年假元大德信州書院十二卷本校毛刻一過。按，毛本實出元刻，特體例既別，又並十二卷爲四卷爲不同耳。元本所缺三葉毛皆漏刻，又無端奪去《新荷葉》、《朝中措》各一闋，尤可歎者。元本第六卷缺處，《醜奴兒近》後半適與《洞仙歌》『飛流萬壑』一首相接，毛遂牽連書之，幾似《醜奴兒近》，有三疊，令人無從句讀。又《鵲橋仙》壽詞長貼在兒兒額上句，校者妄書下兒字當作孫，爲顧澗薲、黃堯圃所嗤，毛刻於此正改作兒孫，是以知其出於此也。中間訛奪觸處皆是，然亦有元本訛奪而毛刻是正之處，顧跋謂元本奪葉用汲古閣抄本校補，何以此本缺處又適與元刻相符，殊不可解。」

《薇省同聲集》

清彭鑾輯，光緒十六年（1890）刻本。彭鑾，字瑟軒，江西寧都人，拔貢生，曾官內閣中書、刑部郎中，有《朱弦詞》。

是集前有彭鑾所作《薇省同聲集敘錄》，後有許玉瑑所作跋。共收錄詞人 4 家詞集五卷，分別爲端木埰《碧瀅詞》上下卷、許玉瑑《獨弦詞》、王鵬運《秀墨詞》、況周頤《新鶯詞》各一卷。

各家字裏、仕履略道如斯：端木埰（1820～1892），字子疇，江寧（今江蘇南京）人，道光優貢，以大學士祁寯藻薦授內閣中書，歷官會典館總纂官、

〔註31〕唐圭璋：《詞話叢編》，第 4575 頁。
〔註32〕《四印齋所刻詞》出版說明，《四印齋所刻詞》，上海：上海古籍出版社，1989年版。
〔註33〕王鵬運：《蕭閒老人明秀集注》跋，《四印齋所刻詞》，1989 年版。

內閣侍讀等，有《有不爲齋集》等。許玉瑑，字鶴巢，吳縣人，原名賡揚，字鶴巢，改名後，字起上，原字爲號。同治三年（1864）舉人，累上春官不第，留寓京師，入貲爲中書舍人，後爲刑部郎中。歷充玉牒、實錄、會典館諸差。有《詩契齋詩鈔》五卷。王鵬運（1849～1904），字幼霞，一字祐遐，中年自號半塘老人，又號鶖翁，晚年號半塘僧鶩。臨桂（今廣西桂林）人。同治九年舉人，官至禮科給事中，有《半塘定稿》。況周頤（1859～1926），字夔笙，臨桂人。原名周儀，因避宣統帝溥儀諱，改名周頤。字夔笙，一字揆孫，別號玉梅詞人、玉梅詞隱，晚號蕙風詞隱，光緒五年舉人，曾官內閣中書，後入張之洞、端方幕府。有《蕙風詞》、《蕙風詞話》。

此輯所錄各家俱爲晚清詞壇上之重要作手，在《敍錄》中，彭鑾具道此集之編輯刊刻緣起：「鑾守邕州之明年，政暇閒事吟弄，顧窮山密菁，無可是正。京華文燕，思之黯然，幸舊日吟侶端木子疇前輩、許鶴巢比部、王祐遐閣讀間有書來，每貽近作，兼多憶之什，所以慰離群、聯舊歡，意至渥也。回憶戊子入粵，湘上敗舟，諸君投贈之珍喪失殆盡，對此倍加珍惜。暇日整比，都爲一編，益以臨桂況夔生舍人所爲，命曰『薇省同聲集』。況到官在鑾轉外後，祐遐以同里後進寄其詞相矜詫，鑾與彼都人士遊，亦時聞況舍人名，因並甄錄以誌嚮往。省中文雅知名士不翅四君，即四君之所成就及所期許，亦不翅此選聲訂均之末技，獨念披垣載筆垂二十年，與諸君子視草看花，無三日不聚，暇則命駕，互相過酒壚僧寺，載酒分題，其樂何極。丁亥秋，相約盡和白石自製麴，疇丈一夕得五六解，祐遐性懶，詞不時成，罰以酒，又不能飲，突梯滑稽，每亂觴政，同人無如何，而樂在其中。當時妄擬此樂可長，乃自鑾出後，疇丈近以老疾決退，鶴巢轉秋部，祐遐行擢臺垣，一頻印間，雲集者星散，曩時蹤跡幾不可復識，正不獨鑾之束縛馳驟於蠻煙瘴雨中望長安如在天上也。然則此選聲訂均之微，其有關吾曹之離合聚散不綦重哉。錄成，郵京師付之劂氏，略記其緣起如此，若諸君所詣，閱者當自得之，無煩觀縷云。」〔註34〕王鵬運《碧瀣詞跋》又謂：「光緒庚寅秋日，彭瑟軒前輩郵寄《薇省同聲集》，屬付梓人，並以年丈子疇先生詞甄採無多，屬加搜輯，因取篋中所藏悉爲編入，先生不欲以文人自見，矧在倚聲，而此集又其倚聲之百一，讀者以爲醴泉一勺可也。」

〔註34〕彭鑾：《薇省同聲集敍錄》，《薇省同聲集》，光緒刻本。

〔註35〕又，許玉瑑《跋》亦謂：「夫在野之鹿，得食則相呼，出谷之鶯因聲而求友，氣類所感，唱酬斯興，上溯曩賢，高氏以三宴合編，香山與九老會詠，蘇門四賢，北郭十友，並見著錄，流聲藝林，光緒庚寅，前輩彭瑟軒太守集官京朝時同仁唱和諸作，並別後所寄，甄錄成帙，付之手民，以江寧端木子疇埰、臨桂王幼霞鵬運、況夔笙周儀及玉瑑先後同直，命曰『薇省同聲集』。」〔註36〕則此集所錄諸家之詞並不是四人詞之全部，乃其同直京朝時同聲唱和之作及別後相互寄贈之作的集合。

《黎氏三家詩詞》

　　清黎庶昌光緒十四、十五年（1888～1889）輯刻於日本使署。黎庶昌（1837～1897），字蓴齋，清末著名外交家，曾隨郭嵩燾出使歐洲，並曾兩使日本。

　　「黔中黎氏一門，祖孫父子，叔侄昆季，類能文章，」「世以能詩名家，其先雪樓先生著有《蛉石齋詩鈔》四卷，及其嗣君伯庸別駕、猶子筱庭孝廉續有《侍學堂詩》及《慕耕草堂詩集》之刻，……迨同光間，筱庭哲弟、蓴齋觀察復以文筆爲曾文正公高足弟子，而其從子受生孝廉亦銳意以撰述自任」〔註37〕。本集所錄遵義黎氏三家詩詞，分別爲黎兆勳的《侍雪堂詩鈔》六卷、《葑煙亭詞》四卷，黎庶燾的《慕耕草堂詩鈔》四卷、《琴洲詞》二卷以及黎庶蕃的《椒園詩鈔》七卷、《雪鴻詞》二卷。分別刊於光緒戊子（1888）秋和己丑（1889）春，三家詩集前俱有各自的行狀或墓誌銘，具言各自之生平事蹟，詞集前亦有他序或自序，道各詞集衷輯之原委，論詞藝之高低。茲將其詞集概略分述如下：

　　《葑煙亭詞》四卷

　　黎兆勳撰。兆勳（1804～1864），字伯庸，號樹軒，一號檬村，晚又稱礲門居士，黎恂（字雪樓）之冢子，遵義人。少時嘗與外兄鄭珍共硯席者七八年。年二十四補縣學生員，十試於鄉不得志於有司，始援永昌軍例報捐教職，己酉（1849）署石阡府教授，又二年補黎平府開泰縣訓導，最後以防苗功選湖北鶴峰州州判，至楚檄署藩照磨兼鹽庫大使，同治元年調補隨州州

〔註35〕王鵬運：《碧瀣詞跋》，《薇省同聲集》，光緒刻本。
〔註36〕許玉瑑：《跋》，《薇省同聲集》，光緒刻本。
〔註37〕莫祥芝：《椒園詩鈔序》，《黎氏三家詩詞》，光緒刻本。

判。生平詳黎庶燾所撰《從兄伯庸黎府君行狀》、黎庶昌所撰《從兄伯庸先生墓表》。黎庶燾謂其「天性高曠，其讀書串穴古今，尤縱其才力爲詩，詩所不能盡，溢而塡詞，詩不專主一格，詞則服膺辛、劉、周、秦爲多」，黎庶昌謂其「與鄭莫兩徵君同時並興，名在其次，而知之者少，獨今吳縣尚書潘祖蔭稱之曰：『鄭子尹、莫子偲、黎伯庸，皆黔之通人也。』眉生亦亟稱之曰：『伯庸天機活潑，灑落塵埃，吾弗如也。』」有詩集《侍雪堂詩鈔》六卷、《詞集蔣煙亭詞》四卷。

《蔣煙亭詞》四卷係黎兆勳生前手自審定，編於咸豐辛酉（1861），其自序謂：「予壯歲草《蔣煙亭詞》三卷，子尹以此規予，遂棄去，幾廿年不復爲之。迨宦遊武昌，久客無憀，每值事情，感觸實有不能盡遣者，長箋短紙，時抒所懷，歌詠之作，由此復成。辛酉臘月檢理書簏，已戢戢如束筍。乃編錄成卷，附於前鈔之後。若云新聲漫賦，自當韻諧律呂，則僕病未能也。」〔註38〕則此集前三卷爲少壯之時所爲詞，第四卷乃爲官湖北是所作之詞。詞中多有與莫友芝、鄭珍等往來唱酬之作，如《蝶戀花·以詞草就正邵亭》《百字令·懷邵亭》（4 首）、《齊天樂·遊桃溪歸來明日賦此闋呈邵亭》、《金縷曲·寄子尹》（4 首）、《風入松·春杪過子午山與子尹閒話，觸景言情，遂成此闋》等。至其詞之淵源，莫友芝道光二十六年（1846）所作序中稱：「余少長遵義，交鄭子尹，既冠言詩，乃因以交期內兄黎伯庸，歲率三四唱和往來，而塡詞亦旁及焉，顧子尹詞舊兼工，七八年前已自編集曰《經巢癰語》，曾爲序之以存。伯庸與余則皆未涉其藩，鹵莽嘗試云爾。既伯庸秋試累躓，余亦春官數困，牽迂人事，幽憂無聊，乃復相與上下，五季兩宋逮本朝鉅公之制，準玉田緒論，以相切劘，余雖稍窺門徑，而才不副意，寥寥成篇，而伯庸所詣駸駸軼南宋而上汴京，即兼工致，子尹已瞠其後。竊論今日海內言詞率有三病，質獷於藏園，氣實於穀人，骨孱於頻伽。其偶然不囿習氣，泝源正宗者，又有三病，服淮海而廓，師清眞而麼，襲梅溪而佻。故非堯章騷雅劃斷眾流，未有不撼粗遺精，逐波忘返者也。伯庸上近辛劉，翻然自嫌，嚴芟痛改，低首周秦諸老而引出以白石空涼之音，所謂前後三病既無從闌入，顧猶不自信，見面必出所得相質證。余每持苛論，即一字清濁小戾於古，必疵乙之。而伯庸常以爲不謬。日鍛月煉，不盡善不已。近則每變愈上，雖子建好人譏談，亦何所置喙。昔吳尺鳧爲詞在中年以後，故寓

―――――――――――――

〔註38〕黎兆勳：《蔣煙亭詞》自序，《黎氏三家詩詞》，光緒刻本。

託深而攬擷富，宋牧仲虛懷討論，其詞可上擬北宋，伯庸兼之，宜其幽宕綿邈，使人意消，爲之不已。於長水、烏絲、珂雪間參一坐，豈不可哉。」〔註39〕

《琴洲詞》二卷

黎庶燾撰。庶燾（1827～1865），字魯新，別號筱庭，黎庶昌之長兄，遵義人。咸豐辛亥鄉試舉人。有詩集《慕耕草堂詩》三卷、《依硯齋詩》四卷，詞集《琴洲詞》二卷。生平詳黎庶昌所作《黎庶昌先兄魯新墓誌銘》。

《琴洲詞》二卷，詞集首刻於同治癸亥（1863），黎庶蕃《雪鴻詞》自序謂：「癸亥中秋，先兄筱庭先生有《琴洲詞集》之刻。」此集爲黎庶昌光緒戊子秋日刊於日本使署。詞前有黎庶燾自序謂其性喜爲詞「曾五閱寒暑，得近三百首，錄正吉林承齡子九觀察先生固當世之精於倚聲者，爲墨識十數闋，持論無多，而語皆切要，既又取張皋聞、翰風、少存三先生所選唐宋名詞印證之，始恍然於向者之所爲。其所謂以國風、《離騷》之旨趣，鑄溫、韋、周、辛之面目者安在也。爰悉棄舊作，又歷六年之久，始不揣譾陋，恕存百闋，副拙詩刊之噫妄矣。」則此詞集原存 100 首，此叢刻本黎庶蕃刪定爲 77 首。自序作於同治癸亥（1863）仲秋，則此集所載詞俱作於 1858 至 1863 年之間。

《雪鴻詞》二卷

黎庶蕃撰。庶蕃（1829～1886），字晉甫，別號椒園，黎庶昌之仲兄，咸豐壬子（1851）鄉試舉人。有詩集《椒園詩鈔》六卷、詞集《雪鴻詞》二卷。生平詳黎庶昌所作《黎庶昌仲兄椒園墓誌銘》。黎庶蕃少負才名，兼工倚聲，年甫弱冠即爲常熟翁文勤所賞。

《雪鴻詞》初刻於光緒三年，爲好友莫祥芝所刻，莫祥芝光緒三年所作序謂：「今年夏五，余官滬上，椒園集其所爲《雪鴻詞》二卷寄余，屬余一言……乃爲序而歸之，且付諸剞劂氏，用以誌吾兩人始終離合之故云爾」。此本爲黎庶昌光緒己丑春覆刻於日本使署。詞集前有莫祥芝光緒三年序、光緒元年勒方錡序、光緒四年黎庶蕃自序。勒方錡謂其詞「情文相生，才氣奮發，如嚴竹垞之別派，無愧好詞；倘爲稚圭之繼聲，斯循中軌」。其詞之作蓋在其而立之後，《雪鴻詞》自序謂其「束髮即喜爲詩歌，獨詩餘一道，年三十尚未問津。癸亥中秋，先兄筱庭先生有《琴洲詞集》之刻，始取竹垞老人及

〔註39〕莫友芝：《郘煙亭詞》序，《黎氏三家詩詞》，光緒刻本。

皐聞、翰風、少存諸先生緒論繹之，閒亦稍稍事此，丁卯以後攜破硯乞食，奔走南北，殆萬餘里，孤舟逆旅，弔古懷人，往往藉以自慰，積十年來，計得詞百闋，有奇藏之行篋，未嘗出以示人也。」〔註40〕

《蒙香室叢書》

清馮煦輯，光緒辛卯（1891）刊成。馮煦（1843～1927），字夢華，號蒿盦，晚號蒿叟，江蘇金壇人。光緒八年（1882）舉人，十二年（1886）進士，授翰林院編修。歷任安徽鳳陽知府、四川按察使和安徽巡撫。辛亥革命後，寓居上海，以遺老自居。詩、詞、駢文俱工，有《蒿盦類稿》等。

《蒙香室叢書》收詞選三種二十二卷賦一種二卷，依次爲成肇麟所編《唐五代詞選》上中下三卷（光緒十三年秋九月刊成）、戈載所輯《宋七家詞選》七卷（光緒十一年夏六月重刊）、馮煦所編《宋六十一家詞選》十二卷（光緒丁亥刊於冶城山館）及馮煦己作《蒙香室賦錄》上下卷（光緒十一年夏五月刊成）。

馮煦所編《唐五代詞選》前有馮煦及成肇麐所作序，收錄唐五代詞人四十九家三百餘首、失名二首。其中所錄最多者爲馮延巳 54 首、溫庭筠 40 首、南唐後主 27 首、孫光憲 25 首、韋莊 24 首。此與馮煦推尊南唐，尤其是推揚馮延巳或有關係。馮氏於其《序》中謂：「成子漱泉竺嗜過我，手寫一編，既精且審，日夕三復，雅共商榷，損益百一，授之厥氏。凡得人某十有某，得詞某十有某。……吾家正中翁，鼓吹南唐，上翼二主，下啓歐晏，實正變之樞丑，短長之流別，編中所採亦爲收弁，而《陽春》一錄罕覯傳本，世有好事願以是編徵之。」〔註41〕陳匪石謂：「《宋六十一家詞選》，馮煦就汲古刻六十一家選錄者。成於光緒十三年，爲晚近傳誦之本。馮氏此選，限於汲古已刻者，曾於例言中述之。其時汲古本除原刻外，只汪氏振綺堂翻印本，而皆不易得也。至選錄之旨趣，則序中有云：『諸家所詣，短長高下周疏不盡同，而皆嶷然有以自見。』故務存諸家之本來面目，別其尤者，寫爲一編，而不以己意爲取捨。然擇詞尤雅，誹譴之作，則所無也。諸家卷帙多寡不同，多者至一卷，少者或數首，不氾濫也。前冠例言，只最後八條，義屬發凡，爲選錄校讎之事。餘皆評騭各家，而論其長短高下周疏之

〔註40〕莫祥芝：《雪鴻詞》序，《黎氏三家詩詞》，光緒刻本。
〔註41〕馮煦：《唐五代詞選序》，《蒙香室叢書》，光緒刻本。

實，蓋不啻六十一家之提要與六十一家之評論。與其所選之詞參互觀之，即可了然於何者當學，及如何學步，而仍非有宗派之見存，可謂能見其大者矣。」〔註42〕

戈載所輯之《宋七家詞選》則爲七卷，依次爲周美成《片玉集》、史邦卿《梅溪詞》、姜堯章《白石道人歌曲》、吳君特《甲乙丙丁稿》、周公謹《蘋洲漁笛譜》王聖與《花外集》、張叔夏《山中白雲詞》，人各一卷，末附《玉田先生樂府指迷》。戈氏此選校勘較爲審愼，於各卷末尾附有跋文一篇，具論其詞之品格，述其版本情況、校勘過程等。以周邦彥《片玉集》爲例：「清眞詞凡有三本，一曰《美成長短句》，一曰《清眞集》，一曰《片玉集》。《片玉》爲強煥所輯，搜輯最富，汲古又補遺十餘首，可爲完璧矣。然子晉刻時欠校讎之功，訛謬頗多。幸其詞散見於各集，予因將其《花庵詞選》、《樂府雅詞》、《陽春白雪》、《樂府指迷》、《詞源》、《草堂詩餘》、《花草粹編》、《歷代詩餘》、《詞綜》、《詞潔》、《詩餘圖譜》、《詞苑》、《詞話》諸書參互考訂，擇其善者從之，各詞下俱未注出，以省繁重，惟諸本又大誤之處，於此略標一二：如《秋蕊香》『探新燕』，汲古作『貪』……至『小雨收塵』一首，諸本皆作《月下笛》，予細按之並非《月下笛》，實是《瑣窗寒》也。換頭與結句稍異，乃一調而異體者，改爲《瑣窗寒》或不謬與。清眞之詞，其意淡遠，其氣渾厚，其音節又復清妍和雅，最爲詞集之正宗。所選更極精粹無憾，故列爲七家之首焉。」至史達祖《梅溪詞》，戈載謂：「周清眞善運化唐人詩句，最爲詞中神妙之境，而梅溪亦擅其長，筆意更爲相近，予嘗謂梅溪乃清眞之附庸，若仿張爲作詞家主客圖，周爲主史爲客，未始非定論也。張功甫序云詞情俱到能事無遺，有瑰奇警邁清和閒婉之長，妥貼輕圓特其餘事。姜白石亦歎其奇秀清逸有李長吉之韻，蓋能融情景於一家，會句意於兩得者。集中如《東風第一枝》、《壽樓春》、《湘江靜》、《綺羅香》、《秋霽》，皆推傑構，正不讀汲古所稱『醉玉生春』、『柳髮梳月』也，惟《雙雙燕》一首，亦膾炙人口，美則美矣，而其韻庚、青雜入眞，究爲玉暇珠類。予此選律韻不合者，雖美弗收，故是詞割愛從刪。至各本異同之處，兩可者亦不論。如《釵頭鳳》『鶯聲暖』『暖』字汲古作『曉』，《詞潔》則已兩結之三字句作二字。爲《惜分釵》調。……凡此皆大謬之處，各據善本改正，且標出之以俟之覽者審定焉。」凡此等跋語皆可見出戈載嚴謹的校勘態度和治學精神。

〔註42〕陳匪石：《聲執》卷下，《詞話叢編》本。

　　而《宋六十一家詞選》所依底本爲毛晉所刻之《宋名家詞》，其《序》謂：
「予年十五從寶應喬笙巢先生遊。先生嗜倚聲，日手毛氏《宋六十一家詞》
一編，顧謂予曰：『詞至北宋而大，至南宋而深，是剗實其淵叢。小子識之。』
予時弱不知詞，然知尊先生之言而刻之可寶也。……乙酉有徐州之役，道宿
遷，過王氏池東書庫，則是刻在焉。服先生之教懷之幾三十年，始獲一見，
驚喜欲狂，因從果亭假得之，長夏無俚，粗得卒業。諸家所詣，短長高下周
疏不盡同，而皆嶷然有以自見。先生所云大且深者，亦比比而在。讀之幾三
月，未嘗去手，且念赭寇之亂，是刻或爲煨燼，以予得之之難，而海內傳本
不數數覯也，乃別其尤者，寫爲一編。」〔註43〕

　　此輯尚可寶貴者還有馮煦的《例言》。由唐圭璋整理爲《蒿庵論詞》，其
價值，陳銳《裒碧齋詞話》有云：「本朝詞選，周止菴最精，張皋文最約，若
馮夢華之《六十一家詞選例言》，可謂囊括先民之矩蠖，開通後學之津梁，字
字可寶矣。」〔註44〕

《小檀欒室匯刻閨秀詞》

　　近人徐乃昌輯刻。徐乃昌（1868～1943），字積餘，號隨庵，又號眾絲。
安徽南陵人。光緒十九年舉人，歷官江蘇候補知府、淮安知府、江南鹽巡道
兼金陵關總監、江蘇高等學堂總辦等。徐氏一生於圖書收藏、校刻用力甚勤，
王國維曾寫詩贊曰：「朝訪殘碑夕勘書，君家故事有新圖。衣冠全盛江南日，
儒史風流總不如。」徐氏一生曾獨立校刻古書250種560餘卷，主要有《積
學齋叢書》20種63卷、《小檀欒室匯刻閨秀詞》及附刻《小檀欒室詞鈔》120
餘種133卷等。

　　《小檀欒室匯刻閨秀詞》刊刻於光緒二十一年至二十二年（1895～1896）
間，封面爲近代著名書法家鄭孝胥題簽，扉頁有「南陵徐乃昌校梓始於乙未
訖於丙申」字樣。前有金武祥、王鵬運與況周儀三人的序，並有王以敏《惜
餘春慢》題詞一首。

　　是書保存女性詞集文獻之功誠可謂大矣，其所收錄明清代女詞人一百家
詞別集一百種，不但規模甚爲宏巨，且於女性詞人作品之搜羅保存之功前無
古人。王鵬運謂：「詞始於晚唐，盛於兩宋，其初多託之閨襜兒女之詞以寫其

〔註43〕馮煦：《宋六十一家詞選》序，《蒙香室叢書》，光緒刻本。
〔註44〕陳銳：《裒碧齋詞話》，《詞話叢編》本。

鬱結綢繆之意，誠以女子善懷其纏綿悱惻如不勝情之致，於感人為易入，然夷考其時《花間》所載乃絕無閨彥詞，即兩宋婦人傳李清照、朱淑真哀然成集外，餘亦皆斷香零黺，篇幅畸零，觀松陵周氏《林下詞選》所錄四朝閨秀詞，合之名妓女冠才鬼不過百餘家，豈為之者少哉？蓋生長閨閫，內言不出，無登臨遊觀唱酬嘯詠之樂以發抒其才藻，故所作無多，其傳亦不能遠，更無人為為輯而錄之，亦如春花春鳥，暫娛觀聽已耳，不重可惜乎？吾友徐君積餘，性嗜倚聲，以閨秀詞集易致散佚，尤篤意搜羅，所藏殆逾百家。近復次第授梓，已成若干集，得若干家。又仿元詩癸集之例，凡詞之叢殘不成集者，合為一編曰閨秀詞選，其用力可謂勤矣。」〔註45〕其搜羅、保存女性詞集之功，於王序可見一斑。

　　《小檀欒室匯刻閨秀詞》所輯女性詞人凡一百家，詞集一百種，十種為一集，前後十集，每一集前有徐乃昌纂錄的「詞人姓氏」，多為該集詞作者的字號、籍貫、生平事蹟等的簡要介紹，且時有對詞人詞作特徵的品評，如第二集第一位詞人徐燦，其所作介紹如斯：「徐燦，字湘蘋，一字明深，吳縣人，光祿丞徐子懋女，大學士海寧陳之遴繼室。善屬文，尤精書畫，詩餘得北宋風格，絕去纖佻之習，其冠冕處即李易安亦當避席，不獨為本朝第一也。有《拙政園集》。」其中不但有字號、籍貫、家世及主要著述的介紹，更有對其詞的風格與地位的定位，可為後人閱詞指示門徑。

《粵東三家詞鈔》

　　清葉衍蘭輯刻。光緒二十二年（1896）刻本。葉衍蘭（1823～1899），字南雪，一字蘭雪，號蘭臺，廣東番禺人。咸豐六年（1856）進士，改庶吉士，歷官戶部主事、軍機章京，晚年主講越華書院十年。有《秋夢庵詞》二卷，《續鈔》一卷。

　　是集所輯詞人凡三家：沈世良《楞華室詞》53 首、汪瑔《隨山館詞》51 首、葉衍蘭《秋夢庵詞》67 首。是編為譚獻所選，《復堂日記》光緒十九年八月初十日載：「葉蘭臺屬選《嶺南三家詞》，為沈伯眉、汪玉泉及蘭翁，今日始就。審定圈識，寫目錄寄去。沈為《楞華館詞》，汪為《隨山館詞》，葉為《秋夢庵詞》。」〔註46〕又光緒二十一年上巳日日記載：「得葉蘭臺粵華書院

〔註45〕 王鵬運：《小檀欒室匯刻閨秀詞序》，《小檀欒室匯刻閨秀詞》，光緒刻本。
〔註46〕 譚獻：《復堂日記》，石家莊：河北教育出版社，2001 年版，第 371 頁。

寄星海函，屬予先閱。蓋以沈伯眉、汪玉泉及南雪詞屬予選定，將刻三家詞
也。卷中先有張韻梅、玉珊鈐小印記選，予繼之，大同小異耳。遂即日加函
匯封致衍若（按，當爲「蘭」字之誤），屬達星海金陵寓廬。」〔註47〕前有杭
州譚獻、張景祁及葉衍蘭所爲序。詞集編刻之緣起，葉衍蘭所作序稱：「余與
伯眉、芙生爲總角交，舞勺之年即共學爲詞，剪燭聯吟，擘箋鬥句，無間晨
夕。弱冠糊口四方，音塵頓隔。咸豐丙辰，余通籍假旋，《楞華詞》已付梓。
迨光緒壬午解組歸，伯眉墓有宿草矣。因與芙生互訂詞稿，剞劂甫竟，芙生
又歸道山。余孤弦獨張，抑鬱誰語。海內詞人有淄澠味合者，不憚馳書千里
以通縞紵。……余唯故人唱和之情，與良友切磋之誼，均不可沒，遂鏤板以
行。嗟夫，卅年舊雨，一曲春風，湖海題襟，恍如夢幻。余冉冉老矣，憂愁
幽思，學道未能，日惟焚香寫經，以懺少年綺語之過。而疇昔朋間酬唱，謬
役心脾者，猶不能割置焉，亦結習之未忘也。士衡之誚，法秀之訶，弗暇計
已。」〔註48〕則詞集刊刻原因之一殆爲不使朋輩唱酬之什泪沒於世。而「尤
可異者，三君皆係出鑒湖，徙居嶺嶠。樂賀公之吳語，守莊舄之越吟，結蓴
夢以興謳，鄉音未改，遡樵風而引唱，天籟同宣。」（張序）至若三家詞之定
名，則緣於譚獻所編之《篋中詞》中有粵東三家詞之選錄：「仲修（譚獻字）
有《篋中詞》之刻，曾將三人詞選入續編。別採數十闋，標爲粵東三家。復
得蘊梅補輯遺漏，校讎聲律，與仲修各加弁言，先後寄粵。余唯故人唱和之
情，與良友切磋之誼，均不可沒，遂鏤板以行。」

此集所錄三家俱爲晚清著名詞人，譚獻謂：「嶺南文學，流派最正，近代
詩家張黎大宗，餘韻相禪。填詞有陳蘭甫先生，文儒蔚起，導揚正聲。葉南
雪爲春蘭，沈伯眉爲秋菊，婆娑二老，並秀一時。約梁君將合二集，益以寓
賢汪玉泉，爲粵三家詞云。」〔註49〕就中以葉衍蘭成就最高，冒廣生謂：「《秋
夢庵詞》，刻意夢窗，而得玉田之神。」〔註50〕

《題襟集》

清翁之潤輯刻，光緒二十四年（1898）季冬宣南刻本。翁之潤（生卒年
不詳），字澤芝、玉潤，常熟人，清部郎翁同龢曾侄孫，江蘇常熟人。與何震

〔註47〕同上，第375頁。
〔註48〕葉衍蘭：《粵東三家詞鈔序》，《粵東三家詞鈔》，光緒刻本。
〔註49〕譚獻：《復堂詞話》，《詞話叢編》本。
〔註50〕冒廣生：《小三吾亭詞話》卷一，《詞話叢編》本。

彝、楊圻、汪榮寶「皆以名公子擅文章，號江南四公子」〔註51〕，官至刑部
主事。

是集所輯詞人 8 家附錄 1 家，依次為黃彝凱《鐵笛詞》一卷 13 首，張百
寬《酒痕詞》一卷 9 首，曹元忠《雲瓿詞》一卷 28 首，張鴻《長毋相忘室
詞》一卷 19 首，王景沂《瀯碧詞》一卷 23 首，楊朝慶《玉龍詞》一卷 77
首，章華《崟山舊館詞》19 首，翁之潤《桃花春水詞》一卷 42 首，附錄翁之
潤之弟翁之廉《鳳城仙館詞》3 首，計詞作 233 首。是集《中國叢書綜錄》歸
入集部通代，未入詞集類，誤。集以「題襟」為名，中多同題唱和之作，如
題曹元忠紅蘭卷子，「一時題詞甚夥」，集中所錄即有曹元忠《滿庭芳·自題
紅蘭卷子》、張鴻《滿庭芳·題君直紅蘭卷子》、章華《滿庭芳·題紅蘭卷
子》、翁之潤《滿庭芳·姑蘇曹君直乞紉秋嬧氏繪紅蘭卷子，一時題詞甚夥，
步其韻成二解》共 5 首。再如以朱彝尊「古藤書屋」為題，亦有曹元忠《齊
天樂·竹垞古藤書屋為鎮洋陸貽美（曾煒）賦》、張鴻《暗香·題古藤書屋
圖》、章華《暗香·題竹垞古藤書屋》、翁之潤《暗香·題古藤書屋用竹垞韻
同瓊隱姑丈君直縵仙錦芝弟作》、翁之廉《暗香》「長安塵軟」等 5 首。除此
而外，詞集所收詞人之間相互酬贈之作，亦多有所見，如張百寬的《曲遊
春·和章縵仙五日遊秦淮之作》、《長亭怨慢·瀟湘淹滯重憶舊遊寄懷縵仙京
師》、《長亭怨慢·春日早起再寄縵仙》諸作；張鴻的《海棠春·和君直韻》、
《青玉案·題翁澤芝潞岸餞秋圖》諸作；翁之潤的《燭影搖紅·縵仙寄示五
月五日觀秦淮水嬉詞猶憶去秋與聚頎縵仙白門雅集燈光船影恍在夢邊，倚聲
和之，不禁神往青溪煙柳間也》、《長亭怨慢·縵仙散館名列第二等抑鬱不
歡，詞以慰之》等等。除卻此集所收詞人之間相互唱和外，尚多有與時人相
與唱酬之作，如曹元忠《雲瓿詞》所收《翠樓吟·鶴亭同年索題周雲將大
令紹寅舊藏在渭長熊畫桃花扇紀雲將姬人守節事》、《金縷曲·寶山邵心炯曾
鑒屬題眉韻樓集為譜是解，洎乙未仲春心炯下世，余與太倉唐尉芝文治、鎮
洋姚古鳳鵬圖、元和陳季蕃世垣、同邑沈搴梧恩孚醵金為刊〈艾廬遺稿〉，
倉促校錄，遺其〈八聲甘州〉悼亡詞三闋，殊留豪發之憾。今編是解而附心
炯詞於後，非余志也，當竢他時補刊之》等，為作者與冒廣生等人往來唱酬
之作。

〔註51〕錢基博：《現代中國文學史》，北京：中國人民大學出版社，2004 年版，第 204
頁。

《二家詞鈔》

樊增祥輯刻，光緒二十八年（1902）刻本。樊增祥（1846～1931），字嘉父，號雲門，一號樊山，別署天琴老人，湖北恩施人。光緒三年進士，歷官宜川知縣、渭南知縣、陝西布政使、江寧布政使、護理兩江總督等職。有《樊山全集》。是集所錄爲李慈銘《霞川花隱詞》二卷、樊增祥《五十麝齋詞賡》三卷。

至若《霞川花隱詞》之定名，李慈銘《自序》謂：「霞川者，越地水名而李氏世居其側者也。……題曰《霞川花隱詞》者，志無一日去其鄉也。霞川平直演迤無幽深渺彌之觀，其地衝要，雜闤闠無他可稱，而川之兩旁居人頗植桃李，春時花開，舟行其間，遠山映發，煙水爛漫，每至晨霏夕暉之際，立紅橋上望之，層絳間素，迤邐若霞，蓋閒居之樂，歌詩之興，水邊林下，斯時爲多矣。故以自號，兼以名詞云。」〔註52〕而《五十麝齋詞賡》之編輯刊刻與詞集之定名，樊增祥於其自序中亦有詳述：「余在渭南，刻詞二卷曰『東溪草堂樂府』，始癸酉，終甲午，二十二年間所存裁百數十首，所沙汰者三倍於是……五十以後，不名一家，多師爲師，取屈曲盡意而止，自甲午迄庚子春，可盈一卷。是年都下奇變，執殳前驅，歷晉入秦，浸疏聲律，會與研蓀觀察比鄰而居，皆侘傺無聊，端憂多暇，相約和古詞以寓今事，自秋徂春，得百餘解。迨辛丑夏，驟躑柏臺，遂塵薇省，笏卿、亞蕘、石甫、淇泉諸君，前喁後於，更唱迭和，余以公暇周旋其間，搗麝拗蓮，雕雲鏤月，味調鯖鮓，音合琴錚，長女阿頻，女弟子祝蕊並耽風雅，暝寫晨書，逸興遄飛，老懷彌慰，撿視所作又百許篇，遂袞七年所得，釐爲三卷，以售梓人，命之曰『五十麝齋詞賡』。余性好焚香，迷迭都梁，氤氳房戶，故取《逸周書》語以名吾齋，又以名吾詞云。」〔註53〕

《徐氏一家詞》

徐琪輯，光緒三十四年（1908）刻本。徐琪（1849～1918），字花農，號玉可，仁和（今浙江杭州）人，光緒六年（1880）進士，歷任山西鄉試副考官、廣東學政、兵部侍郎等。有《粵東葺勝記》、《日邊酬唱集》等。

《徐氏一家詞》共五卷，中所收錄其父徐鴻謨《薔蔔花館詞》、母鄭蘭孫

〔註52〕李慈銘：《霞川花隱詞》自序，《二家詞鈔》，光緒刻本。
〔註53〕樊增祥：《五十麝齋詞賡》自序，《二家詞鈔》，光緒刻本。

《蓮因室詞》及本人所作《廣小圃詠》、《玉可盦詞存》一卷《詞補》一卷。各詞集基本情況如斯：

《薔薓花館詞》，一卷，徐鴻謨撰，徐鴻謨，字若洲。金保福《薔薓花館詞序》謂其「負蓋世才，於金石書畫及術數兵家言無不造其堂奧。咸豐戊午，在揚州與賊迎戰，身被數創，致眇一目，而鉛丸墜出，遂致不起。當時無有獎其勞者，福書此集方成，兩江端午橋制軍，與今兩湖陳筱石製軍，及江南北兩軍，順邗上人士之請，合詞懇恩賜卹，遂蒙俞允，入祀江浙兩省忠義祠史部，又奏請賞給世襲雲騎尉，五十年幽光潛德，至此復昭。」又謂「公非吟風弄月者流，乃才兼文武，忠義憤發之奇男子也。」〔註54〕

此集前有金保福光緒二十三年所作序，並恭親王《光緒戊申題徐花農太史尊人若洲先生遺集》題詞，中所收錄徐鴻謨詞 10 首，補遺 1 首，後有徐琪所作跋。金保福《薔薓花館詞序》謂：「贈公若洲先生薔薓花館與鄭太夫人蓮因室集……早已授梓，近因刻《徐氏一家詞》，特檢集中之倚聲，命福與張農蓀孝廉分書之。余恭書贈公詞一卷、太夫人詞一卷，農蓀則書太夫人詞補一卷也。」

《蓮因室詞》一卷，徐琪母鄭蘭孫所作。鄭蘭孫，字娛清。「早失怙恃，育於外王父孫補年先生家。先生故博雅士，教以韻語、四子書、毛詩、左氏傳與漢魏齊梁之文，於是未及笄而才名已著。及歸贈公若洲先生，從宦揚州，江山花月之勝甲於天下，襟抱為之一開。未幾，寇亂驟至，奉姑氏倉皇出避，僑寓如皋，及姑氏沒，揚城克復，贈公再至邗上，賊又掩至，贈公迎敵受巨創，太夫人欲往偵，乃葬姑而後行，憂危迫切之際，有從容中道之雅，故其為詩詞雖境極抑塞，人所不堪悲惋欷歔，而仍具一種華貴之致。」

此集前有金保福光緒二十三年所作序，並恭親王《題孝婦鄭太夫人蓮因室集應徐花農太史囑》及《光緒戊申春分後四日題徐花農太史若洲先生手書鄭太夫人詩詞冊》題詞詩三首。中所收錄鄭蘭孫 54 首。此詞亦從《蓮因室集》中析出並附補遺一卷。徐琪跋曰：「先母鄭太夫人早年詩詞稿題曰『都梁香閣集』，先光祿公居揚時曾摘抄一冊，咸豐癸丑邗上兵亂皆失去。太夫人僑居如皋，默錄十之二三，自題『蓮因室集』，自此以後所作皆題此名。而光祿公手錄之冊，鮑問梅先生又於書攤上購得之，舉以見還，及琪失怙恃，有李君仲珸借觀，未及歸而琪旋浙應童子試，於是，相隔二十七年，始由周子謙

〔註54〕金保福：《薔薓花館詞序》，《徐氏一家詞》，光緒刻本。

二尹索歸。先是，乙亥秋間，琪在杭恭刻太夫人詩詞皆遵舊編，題曰『蓮因室集』，曲園師爲撰家傳於前，及得李君見還之冊，以校琪所刊詩詞，均尙有未備者，因別刻都梁香閣詩詞各一卷，附前集之後，曲園師復爲文以序之。近因刻《徐氏一家詞》，而門下金壽荃明經、張農蓀孝廉皆工八法，遂敬檢已刻之蓮因室詞，乞壽荃書之，而仍標舊名，未刻者則乞農蓀書之，而題之曰蓮因室詞補，所以不更題都梁香閣者，以蓮因室皆太夫人手自編定，故衷於一焉。」〔註55〕集中寄外詞及感時傷懷諸作，情眞意切，令人歔愴。

　　徐琪《廣小圃詠》詞是其一組詠寫草木的詞作，俞樾有序謂：「東坡小圃詠止有五首耳，花農以《洞仙歌》詠園中草木得三十二首，富矣。詞意工麗，考證詳明，坡仙見之亦當歔賞，竟可單行於世，其末附歌行數首，亦儼然蘇詩，君其東坡後身乎？」徐琪自序謂：「余所居接葉亭，有古槐一株，大可十數圍，相傳唐時物也，又古栬一株，亦後五代時物，此外尙有桑榆椿檉四株皆參天拔地，東院復有海棠二株，蔭亦半畝，又紫白丁香二株並旖旎如錦，西圃小山之麓及南院俱各有丁香海棠掩映，其間余復雜蒔花果於中，久之不覺有三十二種之多，因各賦一詞，以比江文通之《草木頌》，既成錄寄曲園師吳下，承題此四字，謂可刻一小集單行，適黎露苑太史在都，遂乞爲余書之。」

　　而其《玉可盦詞存》一卷《詞補》一卷，前有俞樾、李慈銘所作二序，並載有溥偉、汪學翰、周作鎔、何乃瑩、許祐身、唐贊袞、江澄、胡義贊等人所作題詞11首。後有唐倪茹、張鴻辰二跋。

　　徐琪於詞濡染甚深，唐倪茹跋稱：「花農太史邃於詞學，嘗言十三齡時，倚聲至夜半，恍惚夢見一處清溪，屈曲萬梅環繞，浮嵐蒼翠，若隱若見一縞衣麗人徘徊水次，睹君至，持玉佩授之，且歌曰花如許，花如許，持此繫羅裳，玉可比君溫潤句，最玲瓏處琢愁腸，風露滿身香。醒而異之，以歌中有玉可比君語也，遂顏其居曰玉可盦，因以自名其詞。」張鴻辰跋文亦稱：「先生秉過庭之訓，幼工詩詞，蓼莪既詠，子夜秋多，感物興懷，以此爲寄。聞先生未弱冠即與錢塘孫閬青刺史唱酬湖上，刺史工畫梅，先生愛塡《浣溪紗》，一時有孫梅花、徐浣溪之名。後從學俞曲園先生，思益深邃，因編其所作爲玉可詞。庚辰歲，失其舊稿僅憶得廿餘首，曲園先生賞之，比於花間、尊前，即今之上卷詞存也。會先生舊友倪君儒粟北來，出所藏先生稿尙多，

〔註55〕徐琪：《蓮因室詞跋》，《徐氏一家詞》，光緒刻本。

復次爲詞補，於是前後合之，得二卷矣。」

徐琪於詞，近於南宋，胡義贊稱其詞「水天空闊，一葉扁舟，眞不減李翰林江上時也，詞境亦復清空微婉，遠揖二李，近武納蘭，固是合作。」俞樾《序》曰：「余於詞非所長，而遇好詞輒喜誦之。嘗謂吳夢窗之七寶樓臺，照人眼目，蘇學士之天風海雨，逼人而來，雖各極其妙，而詞之正宗則貴清空，不貴餖飣，貴微婉不貴豪放。《花間》、《尊前》其矩矱固如是也。花農館丈詩文極清妙，自幼喜爲詞，皆散佚不存，光緒庚辰入玉堂後乞假出都，自保定至津門道中追憶得如干首，錄爲一冊，及辛巳春示余於湖樓，讀之無骫骳之音，無聱牙之句，圓美流轉如彈丸，想見張緒少年時風致，蓋其所爲詞與余所論詞有闇合者。昔人稱秦七情詞俱勝，又稱梅溪詞有清新閒婉之長，無詆蕩污淫之失，余於花農詞亦云。」其詞之言情，李慈銘《序》稱：「讀花農同年詞冊，情深一往，言愁欲愁。其中如《綠意》詠新柳云：梢頭淡月，朦朧上巳，幾個黃昏孤負；《念奴嬌》云：春愁如草，只東風、一起千根萬葉；《浣溪紗》云：燕去簾空前夢杳，庭間落花客愁濃。傷心猶在信疑中；《滿庭芳》詠佩囊云：隄防處宵闌帶解，只恐有相離。誦之皆使人意銷。至送春《蝶戀花》云：子規聲裏荼蘼雨，又云夕陽滿地楊花影，天然好語，雖三影郎中及山抹微雲君不能過也。」後學張鴻辰亦稱：「先生之作多半出自性靈，其感人有甚深者。」

第二節　民國時期詞集叢刻敘錄

《滄江樂府》

《滄江樂府》七卷，民國五年（1916）清錢溯耆聽邠館刻本。

錢溯耆（1844～1917），字伊臣，號聽邠，江蘇太倉人。

所輯七詞人爲婁東後七子，人各一卷，即嘉定程庭鷺（字夢盦）撰《以恬養智齋詞錄（緝秋詞）》一卷、寶山朱燾（字伯康）撰《簫材琴德廬詞稿（東溪漁唱）》一卷、太倉楊敬傳（字艮生）撰《春水船詞鈔（眉影詞）》一卷、寶山沈穆孫（字彥和）撰《碧梧秋館詞鈔（茗萃詞）》一卷、鎭洋汪承慶（字馨士）撰《墨壽閣詞鈔（蘭笑詞）》一卷、寶山陳升（東寅）撰《尺雲樓詞鈔（搴紅詞）》一卷、太倉錢恩棨撰《紫芳心館詞（襧雲詞）》一卷。

此七子之詞初刻於咸豐丁巳戊午（1857～1858）間，施槁蟫《重栞滄江

樂府序》謂：「聽邠館主錢伊臣先生嗜古有癖，老而彌竺，金石篋衍，有甲子可紀者，周漢魏六朝，循環罔觖，歲輒橅箋，以餉同好，而於鄉先喆之著纂則尤惓惓焉。亟掇灰燼而洗發其光華，計先後捐刻海內孤行本不下百十種。近在冷灘購得《滄江樂府》全集，集故婁東後七子合編，強半爲先生少共宴遊之名宿，而襏雲又先生之猶子行，且有先生之大父中丞公署其封檢，則大喜持歸，遽役手民，景雕一過。既詒七子籍系，我寶山實居其三，馳書屬任斠勘。案是編初刻皆作者手定，事在咸豐丁巳戊午間。」〔註56〕

　　至若此七子之詞風，大抵繼踵浙西，推尊南宋。顧翰《以恬養智齋詞錄》序云：「國初詞家林立，接跡天水，乾嘉以還，斯道益昌。浙西舊號六家，清音山水；江左屢稱七子，宿藻萍葩。綠衣三百，色之如何？芳落碧岑，有美斯合。茲又議有《滄江樂府》之刻，則程君序伯、楊君師白、朱君伯康、沈君小梅、汪君稚泉、陳君同叔、錢君芝門。」程庭鷺《簫材琴德廬詞稿》序謂：「求詞於並時，或綺密如八寶流蘇，或豪宕類銅琶激響，分刌度節，咀嚼宮徵，固各盡能事矣。獨幽窈空涼一境，似不多覯，幽窈者何？婉約宜懍，隱秀遣詞，清眞是也；空涼者何？蕭寥善感，綿邈導情，白石是也。是二家者，不屑豔冶之新聲，皆得《離騷》之古怨，余竊有慕而未逮，今於伯康恍若遇之。」羅以智《以恬養智齋詞錄》序謂：「本朝竹垞翁自題其集亦有『老去塡詞，一半是空中傳恨』之句，豈徒香澤爲工哉？昔與序伯（按即程庭鷺）西泠遊處，方以詩文雄長儕輩，若不屑措意於詞。乃別去廿年，裒其詞集寄示，蓋皆近歲所製而少作無一二存焉。則知其不得已而託於是，是能達其幽憂者矣。且學夢窗而去其雕繢，學竹垞而去其剗削。」張元培《春水船詞鈔》序云：「汪君子潛，深於詞者，讚語云：清脆如竹山、綿邈如叔夏。」顧翃《墨壽閣詞鈔》序：「詞自南宋白石玉田輩出，遂爲樂府雅音，本朝竹垞、樊榭繼之，海內言倚聲者固已祧蘇黃而越秦柳矣。稚泉汪君文學鏃鏃，無能不新，以餘事爲長短句，而名章俊旨，徽徽溢目。蓋其性靈坌湧，自有人所不能及者，撫西子之容，無假鉛黛；剖干將之硎，非由淬煉，故能合姜張朱厲爲一手，而運以綺思，緯以靈襟。」汪元治《紫芳心館詞》序云：「今讀芝門詞，綿麗似溫韋，超逸近姜張，而其清拔之氣，亦有不可掩者。余舊友虞山張眉叔、吳瘦青，吳門戈寶士、朱酉生輩，皆精研樂府。張吳善於言情，戈朱深於協律，芝門則分刌合度，不乖於音，詞復宕魄迴腸，瑟然善感，可謂

〔註56〕施檃蟫：《重槧滄江樂府序》，《滄江樂府》，民國五年重刻本。

兼擅其長矣。」各家詞序多以南宋姜張與清初朱彝尊等人爲標尺，其詞風之浙西傾向亦可由此見出，而觀七子之詞，咸豐間浙西詞風之餘風所在亦可由此一見。

《海寧三家詞》

　　近人陳乃乾輯。陳乃乾（1896～1971），海寧人，名乾，字乃乾，清藏書家陳鱣（仲魚）後裔。1916 年起歷任上海進步書店編輯、大東書局編輯、發行所長，兼任持志學院、國民大學教授、上海市通志館及文獻委員會編纂。建國後，歷任上海市社會文化事業管理處編纂、北京古籍出版社任編輯、中華書局編輯。陳乃乾畢生致力於古籍整理刊印，編印有《知不足齋叢書》、《章氏叢書》、《百一廬金石叢書》、《清代學術叢書》、《經典集林》、《周秦諸子斠注十種》、《重訂曲苑》、《清名家詞》、《元人小令集》等。

　　是集首頁有「海寧三家詞」題名，扉頁有陳運章署「共讀樓校刻」字樣。是編分上中下三卷，卷上錄潘廷章詞三十五首，卷中錄陸嘉淑詞九十六首，卷下錄查容詞一百零六首。卷首有陳乃乾丙子首夏序及《海寧州志列傳》所載三詞人小傳。三人者，小傳所載較詳，逐錄於下：「（潘）廷章，字美含，號梅岩，明季諸生，工詩文，中年不復應試，留心經學，多所撰述。家硤石，嘗輯《硤川志》，與仁和陸圻、同邑陸嘉淑友善，互相唱酬，門人王廷獻編其詩文爲《渚山樓集》，二陸序而梓之。」「（陸）嘉淑，字冰修，號辛齋，鈺子，生有異稟，數歲能作徑尺大字，長益博覽群書，詩文清麗，援筆數千言立就。以父歿於亂，棄諸生不應有司試，家計日落，殊不屑意。晚遊京師，一時名公巨卿交相推重，文采風流，名震輦下。或欲薦應宏詞科，力辭不就。查編修慎行，其婿也，少從學詩，得其指受爲多。弟宏定，字紫度，號輪山，詩亦擅盛名，時有冰輪二陸之目。」「（查）容，字韜荒，號漸江，工詩文，天才超絕，從外兄秀水朱檢討彝尊遊，益肆力史學，瞭古今成敗之故，長於持論。少時應童子試，例有搜檢，容拂衣徑出，遂以布衣終。家甚貧，不問生產，出遊四方，所主皆都撫要津，然性簡傲，好臧否人物，坐此不爲世用，年甫五十客死於楚。」又陳序謂：「辛齋先生事蹟，余已別輯爲年譜，梅岩、漸江二先生事蹟較晦，然與辛齋往還，讀辛齋年譜者，亦可窺其大略矣。」是編刊刻，蓋緣於輯錄者保存鄉邦文獻之意。陳序謂：「硤石隸浙江海寧縣，山川明秀，風俗純樸，余童年遊釣地也，自遭亂去鄉忽忽二十餘

載，追維舊遊，有如隔世。行篋儲書無多，頻年流轉，斥賣殆盡，惟涉及故
鄉文獻者，謹守之而已。今年校讀清代名家之詞，擬次第刻布，於明遺民例
不收錄，而吾邑詞人如梅岩、辛齋、漸江三先生，當有清之初，棄科名，辭
徵辟，完節終老，皆遺民也。其遺著散佚僅乃得之，安可使其湮沒不彰乎？
因別刊爲一冊，名曰《海寧三家詞》，庶可使故鄉父老知離鄉失學之人猶惓惓
於此也。」

《景刊宋金元明本詞》

　　近人吳昌綬輯、陶湘續輯。吳昌綬（1867？～1924？）字伯宛，號甘遁，
又號詞山、印丞，晚號松鄰，仁和（今浙江杭州）人。光緒三年舉人，曾官
內閣中書。有《吳郡通典備稿》十卷、《松鄰遺集》十卷等。陶湘（1870～
1939），字蘭泉，號涉園，江蘇武進人。光緒十六年以縣學生員報送鴻臚寺序
班，後累保至道員。歷任京漢路養路處機器廠總辦、上海三新紗廠總辦、天
津中國銀行經理、北京交通銀行副理等職。陶湘性嗜舊集，傅增湘謂其「藏
書爲卷以三十萬計，而官本精槧居其半」。

　　此輯爲仁和吳氏雙照樓刊，武進陶氏涉園續刊本。初，吳氏匯刻歷代名
人全集中之詞集，得宋元明人詞四十種，付之梨棗，然因資金短缺，僅刻得
十七種，題爲《仁和吳氏景刊宋元本詞十七種》，後槧版及未刻之稿本爲陶
湘購得，陶氏續而刻之，成此《景刊宋金元明本詞》四十種續編三種，其中
明仿宋本五代詞集 1 種、宋人詞集 25 種、金人詞集 5 種、元人詞集 11 種、
明人詞集 1 種。此刻版本極爲難得，均爲宋元明舊槧、舊鈔，而宋元又居於
多數，其中宋本 22 種，元本 14 種，因此版本價值極大。陶湘於《景宋金元
名本詞敍錄》中謂：「詞集之匯刻者，南宋長沙《百家詞》，見《直齋書錄解
題》，《六十家詞》，見張玉田《詞源》，餘如《典雅詞》僅傳殘本，《琴趣外
篇》，只見數家，明吳訥四朝名賢詞，孫興遠唐宋以來百家詞，皆未刊行，前
人稱李中麓家詞山曲海，亦侈言其多，而未聞專刻也。汲古毛氏初刻六十一
家詞，其時猶未備諸精本，讎勘尤疏，後復輯宋詞百家，元詞二十家，今所
見有斧季手校之本，有寫樣待刊之本，有依舊氏摹存之本，佳墨良楮靡不精
好，於斯事致力最深。宋元人詞，篇葉無多，大率附見集中，故毛氏已刜裁
篇別出之例。名家詞有專集者，傳世亦寥寥可數。明清以還，鈔校則梅禹
金、陸敕先、勞舋卿；刊本則侯氏亦園、秦氏石研齋、鮑氏知不足齋；著錄

則瞿氏鐵琴銅劍樓、陸氏皕宋樓、丁氏善本書室，類稱賅洽。堯圃雅好收詞，多獲舊本，後歸汪氏藝芸精舍，今世所傳，多有兩家印記。道光間休寧戴延玠竹友校定汲古閣六十一家，重刊只十之二，經亂毀失。彭文勤獲舊鈔宋元詞三種，凡九十餘家，惟汲古未刻詞，二十二家，長沙張氏刊行。近代王給諫鵬運《四印齋所刻詞》、海豐吳侍郎重憙刻山左宋金元詞，搜採特爲精審，朱侍郎祖謀《彊村叢書》已刻之詞至百十二家，網羅墜遺，極校讎之能事。吾友吳子伯宛於三君爲交舊，與吾邑董授經大理同在京師，撢挈尤富，乃刱意嫥搜宋元舊本，景寫刻之使後來獲見原書面目，所輯皆善本、足本，藉證向時一切鈔校之陋，舊有闕誤者，亦存其眞，不失乾嘉前輩景刻諸書家法。始成十有七種，戊午歲以刊版歸湘。數載以來，湘復踵其義例，選工精刻又得二十二種。海內藏弆之家名編珍帙，可據以傳摹者，大致備於是矣。」〔註57〕

此本俱爲影刻宋金元明舊槧之本，觀之可以睹詞集之原貌，因此版本價值極高。不惟如此，陶氏又在影刻基礎上，撰得《敘錄》一卷，具言每一種詞集之所出，以及具體的版式等，其價值亦不言而喻，鄧子勉謂：「《敘錄》多有陶湘按語，以述版本爲主，涉及版本來源、行款字數等，並存錄吳昌綬、繆荃孫等人跋文。述版本，辨源流，論得失，學術性強。宋元刻本極不易見，讀其《敘錄》，並影刻詞集、書品神貌，皆清晰可見，如睹原書。」〔註58〕

《三家詞錄》

趙少芬輯，民國十年（1921）刻本。是編所收爲趙植庭《倚樓詞》、呂俊孫《曼香詞》、方愷《句婁詞》，不分卷，前有辛酉秋日江陰金武祥所作序，並三人生平仕履。

趙少芬，方愷之婿。

三人字里，詞集前有錄，今迻錄於下：

趙植庭，字宮槐，一字樹三，陽湖人。嘉慶十三年進士，官刑部郎中。趙樸庭撰傳：「君治獄明愼，每反覆推求，曰，不能格外丐其生，何敢草率速之死也。」湯成烈撰《鷗汀詞序》：「吾鄉皋文、翰風兩先生與同時左錢李陸

〔註57〕陶湘：《景宋金元名本詞敘錄》，《景刊宋金元明本詞》，民國刻本。
〔註58〕鄧子勉：《宋金元詞籍文獻研究》，第332頁。

諸君咀徵含商，唱酬風雅可以諧金石而協管絃，此其盛也。其後魏君曾頌、方君彥聞、董君子詵方立，趙君樹三宣南結社，觴詠留連，咸遵斯軌。」

呂俊孫，字曼叔，陽湖人。道光二十六年舉人，官至潼商道。《光緒武陽志》傳：俊孫以揀選知縣，加捐知府發陝西補同州，以守城功擢潼商道。爲人白皙，儒雅而膽識過人，同治四年回逆由汧隴寇陝，居醴泉縣之九嵕山，俊孫督兵迎禦之，累戰皆捷，賊遂西竄。蒞道任未久遽卒，然所設施皆切於用，至今賴焉。

方愷，字子可，陽湖人。國子監典簿銜。趙烈文撰傳：君勵志進學，同治初從父徵君客皖，大學士曾公一日過徵君邸舍，見所業，大異之。間爲烈言，方氏子形不滿五尺，自吾視之，不誠丈夫哉！語既聞海內，達者爭願識君。在皖以地輿之學贊軍政，在徐以鉤稽之法治兵糈，咸從徵君，十五年而徵君卒。合肥張靖達公督兩廣，以幣召君，遂至廣州爲數學教授，又十年，粵之爲疇人言者多出其門下。〔註59〕

有關三家詞之傾向，金武祥序曰：「有清一代，詞家亦分爲兩派，竹垞、樊榭，狎主齊盟，笙磬同音，於斯爲盛。自宛陵《詞選》出，闡意內言外之旨，於浙派外獨樹一幟，別裁僞體，上接風騷，譚復堂謂倚聲之學由二張而始尊，信非虛言。方今歐化東漸，卮言日出，兩宋風流稍稍衰矣。趙子少芬出示《三家詞錄》索序，予以爲三家非徒詞人也，倚樓、曼香，服官中外，俱有政聲，句嫠著作等身，尤邃於輿圖算術，此特其餘緒耳。即以詞論其才思詣力，本所自得，各騁一塗以極其致，而境地則又出處不同，然感物抒情，莫不醞釀深厚，不求工而自工，足以懲猖狂浮靡之流弊，而衷於雅正。則三家與宛陵張氏固殊途而同歸也。」〔註60〕則三家詞於張惠言常州詞派爲近，講究意內言外，如方愷《齊天樂‧惜春》詞序謂：「惜春者，有爲而作也。芳汀孤影，獨傷鸚粒之詞，煙波斷魂，空老鴛湖之夢，榛苓杳杳，弔西方之美人，楊柳依依，睠南國之紅豆。或以閨中邃遠，豔屑瓊靡，或以息壤迷離，輕分玉糝，十年回首，幾度傷神，厥有幽人，共成愴曲。」則全然是常州詞派之一路。而三人集中作品，亦以詠物之作爲多，如《曼香詞》中《高陽臺》一組八首，分詠秋草、秋柳、秋紅等，其詞序謂：「大兄綠意軒稿中有秋景八詠，端居多暇，戲效其體。」

〔註59〕《三家詞錄》，民國刻本。
〔註60〕金武祥：《三家詞錄序》，《三家詞錄》，民國刻本。

《青箱書屋兩世詞稿》

民國王守義輯，民國十二年（1923）排印本。

王守義，字宜仲，江蘇高郵人。是編所輯爲王守義曾祖父王留福《青箱書屋詞》（附南北曲兩套）與祖父王東寅《青箱書屋餘韻詞存》詞集二種。《綜錄》歸入「氏族」類，誤。

王留福（1805？～1844），字欣仲，江蘇高郵人。道光十一年（1831）舉人，署上元教諭。詳光緒《再續高郵州志》。

王東寅，字平子，號柳亭，江蘇高郵人。光緒辛巳（七年，1881）歲貢舉人。王留福之子，年六十七卒。

詞集後有高樹敏民國十年所作後序、孫臒少覃甫民國十二年所作後序及王守義民國十年所作跋。《青箱書屋詞》前有談人格光緒十年所作《青箱書屋詞稿序》及題辭《金縷曲》一首，《青箱書屋餘韻詞存》前有張曾劭民國十年所作序及談人格題辭 4 首。集中所錄之詞僅王守義兄弟掇拾之零篇散簡，王留福「生平工詞曲，有作即傳誦萬口，惜不自寶貴，隨手散逸，多不留稿本。今所存者，乃令嗣平子兄於戚好處裒錄得之，僅十之一二耳」〔註61〕。《青箱書屋詞》僅錄王留福詞作 15 首。王東寅「秋闈屢薦不售，以明經終，晚歲興致甚豪」，與「夏太史路門暨談孚遠、楊駢卿、張秋崖諸先生結社聯吟，倡和無虛日，存稿甚多」，然詞稿久歷時日，「蟫蠧所餘，僅存十之一二」，〔註62〕集中所錄亦僅 42 首（另附談人格與張秋崖原作 2 首）。至若二家詞之體格，於道咸詞壇，當別爲一派。王留福「夙負異才，上承家學，爲文務極根柢，性豪邁，」（談人格《序》）所爲詞亦別具一格，「清道光時，邑中耆舊頗精研斯學（按，指詞），夏玉延、王鞠農兩先生，或追蹤周史，或具體姜張，其最著者矣。同時王欣仲先生年最少，獨趨豪放，體近蘇辛，於日下群公唱和，有聲壇坫間越三十餘年，而柳亭先生繼起，尋聲按譜，已當耆艾之年，時與裕園觴詠之會，雪後花前，霜晨月夕，與賓谷、孚遠諸老拈題分韻，興致極豪」，〔註63〕談人格《青箱書屋餘韻詞存》題辭謂：「鐵板銅琶記按歌，蘇仙豪氣鬱難磨。世伯有青箱書屋詞斜川集在饒家法，又聽人間說小坡。」亦將王留福比作是蘇軾，而「（柳亭）先生之詞，善於言情，長於寫景，工於體物，

〔註61〕談人格：《青箱書屋詞稿序》，《青箱書屋兩世詞稿》，民國排印本。
〔註62〕王守義：《跋》，《青箱書屋兩世詞稿》，民國排印本。
〔註63〕張曾劭：《青箱書屋餘韻詞存序》，《青箱書屋兩世詞稿》，民國排印本。

不犯晦澀，不落纖巧，而有和平之聲，安雅之度，非善承家學得詞中三昧者能如是乎？」〔註64〕高樹敏亦謂「《青箱詞稿》逼眞鐵板銅琶一派」，「開卷讀青箱詞，絕慷慨激昂之聲，洋洋盈耳；讀《青箱餘韻詞》，覺泰山嚴嚴之象，如在目前」。〔註65〕

《又滿樓所刻詞》

趙詒琛輯刻，民國十四年（1925）又滿樓叢書本。詒琛，字學南，崑山人。

是編所錄四家詞分別爲：晉陵唐祖命薪禪《瀰花詞》、吳人張思孝南陔《鶯邊詞》、無錫沈鎣殊庚《留漚吟館詞存》、元和江標建霞《紅蕉詞》。趙氏「世以藏書名，所蓄多鈔本秘冊，於宋元舊槧未數數也。其先世所刻《高齋叢書》既已風行海內，君復有《峭帆樓》、《又滿樓》兩叢書之刊，其不能廣列古籍者時則爲之，然光緒中葉以還叢書之風大盛，往往一書而諸家並收，粵人所刊叢書尤甚。今君此刊一一皆他家所未有，其抉擇精矣，而亦非僻碎奇零，不足供當世之先睹者，其在尺進齋、滂喜齋之間乎？」〔註66〕趙氏又滿樓叢書之刻多爲世間稀見之本，趙氏題識曰：「余刻峭帆樓叢書成，適吾友黃君頌堯贈詩有『劫後藏書又滿樓』句，余矍然興曰吾又刻又滿樓叢書矣。即擇罕見小種陸續付梓，自庚申迄今已閱六年僅成十有六種，爰編總目印行傳世，黃君原作附刻目後，爲他日書林佳話焉。」版本之稀見，蓋可知焉。

所選諸家，不失爲當時詞壇作手，唐祖命（1663～1719），一名元甲，字薪禪，一字心傳。武進人，布衣詞客終生。張思孝，字南陔，號白華，長洲歲貢生。酷嗜書籍，精鈔秘笈數百種，終日校讎不去手，顧君千里之師也。（《皇清書史》卷十五引《江蘇詩徵》）江標（1860～1899），字建霞，號師邠，又自署笤笤。江蘇元和（今吳縣）人。光緒十五年進士。歷官翰林院編修、湖南學政等職。編有《靈鶼閣叢書》、《唐賢小集五十家》。

就詞風而言，諸家大體以南宋爲依歸，唐祖命《瀰花詞》「旗鼓於香嚴、秋水之中」「位置在白石、玉田而上」（王誌喜《瀰花詞敍》）；沈鎣《留漚吟館詞存》「講求詞律，上追白石」（華翼綸序），「由北宋而入堯章，至草窗而

〔註64〕同上。
〔註65〕高樹敏：《後序》，《青箱書屋兩世詞稿》，民國排印本。
〔註66〕郭象升：《又滿樓叢書》序，又滿樓叢書本。

止，界限明畫，喜爲側犯調，詰屈繚繞，可裂南山之竹」（呂耀斗序），江標「十六七時嘗學詞於陽湖呂鶴緣丈，金匱華篷秋舅氏，凡《花庵》、《草堂》諸刻，無一日廢也」（江標自序），詞「頗近竹垞」。（程秉釗題詞注）

《三程詞鈔》

近人程頌萬輯。1929 年鹿川閣《十發居士全集》刊本。前有朱孝臧題名，並歐陽中鵠光緒二十七年所作序。後有易順豫己巳（1929）夏六月所作跋，同時附有《三程詞鈔刊誤表》。

是編所收爲寧鄉程霖壽、程頌芬、程頌萬父子三人詞集之合刻。共八卷，凡詞三百五十五首，分別爲程霖壽《湖天曉角詞》二卷五十首、程頌芬《牧莊詞》三卷一百八十五首、程頌萬《鹿川詞》三卷一百二十首。

程霖壽（1830～1891）字小炳，一字雨蒼，號箕叟，舉人，官湖南常德府學教授，有《萬涵堂集》。程頌芬，字彥清，號牧莊，程霖壽仲子，出嗣伯父，增貢生，有《牧莊遺稿》。程頌萬（1865～1932），字子大，程霖壽季子，薦舉經濟特科，官湖北候補道，有《十發居士全集》。

是集編輯之緣起，易順豫《三程詞鈔跋》謂：「年丈程雨滄師《湖天曉角詞》二卷，冢嗣子樸君曩刻於瀏陽，未幾板毀。子大親家搜輯師晚年定本，將並其兄彥清《牧莊詞》付諸手民，其門人呂夏二子因請並子大《鹿川詞》合輯，遂爲《三程詞鈔》之刻。」至若詞集之定名，易順豫跋文亦有交代：「十發門人爲援二王三蘇之例，校印《三程詞鈔》，意至厚也。天地人三才之例，以人出於天，義原統括，號曰三才。與茲編以子出於父，署曰三程，義得類證。」〔註67〕

至若三家之詞格，歐陽中鵠序中略有提及：「今集中（按指《湖天曉角詞》）諸作，雄而有質，綺而能振，清而不枯，寓情深婉，樹則雅正，比諸紹興以迄德祐諸作者，弁陽所選（按，即周密所編之《絕妙好詞》），其殆庶幾焉。顧先生稟承家學，本末昭明，弟昆聯鑣，群從競美，上規千古，橫睨八極，博通精取，求實致用。仲季彥清、子大兩君，爲詞力恢宏緒，與古爲徒，並有專集刊行於世，五音繁會，執耳吟壇。」〔註68〕三子之詞大抵持律甚嚴，一以南宋爲依歸，集中多有和夢窗、白石韻之作。易順豫《跋》謂：「予自北

〔註67〕易順豫：《三程詞鈔跋》，《三程詞鈔》，民國鹿川閣《十發居士全集》刊本。
〔註68〕歐陽中鵠：《三程詞鈔序》，《三程詞鈔》，民國鹿川閣《十發居士全集》刊本。

還，舍子大滬邸，讀吾師詞，氣渾而骨蒼，造詣駸駸，薈於兩宋，而審律精嚴，高睨流輩。憶吾師嘗教人日，無論所學何事，非嚴守古法不能得其變處至處，學焉而有餘於學之外，則凡所學所至，靡不有傳。知此者豈僅可與言詞哉。牧莊才力天縱，中遘末疾，嘗自焚其詞稿，賴子大搜求遺燼，以有是編，微婉幽脆，光景常新，亦必傳作也。」〔註69〕

《唐五代廿一家詞輯》

　　近人王國維編校，民國二十一年（1932）六藝書局印本。王國維（1877～1927），初名國禎，字靜安，又字伯隅，號觀堂，亦號永觀，浙江海寧人。曾兩應鄉試不中。歷任南洋公學虹口分校執事、通州、蘇州師範學堂教席、學部總務司行走、學部圖書館編譯、倉聖明智大學教授、北京大學通訊導師等職，民國十二年（1923）應召任清故宮南書房行走，十三年（1924）清廢帝溥儀被逐出宮後，王國維自殺未遂，次年任清華大學研究院教授，民國十六年（1927）投昆明湖自盡。王國維一生於文史哲、文字、考古等領域多有建樹，有《觀堂集林》、《觀堂別集》、《清眞先生遺事》、《人間詞話》等。

　　王國維此輯共收錄唐五代詞人二十一家，二十卷，分別爲：南唐元宗李璟、後主李煜《南唐二主詞》、唐溫庭筠《金荃詞》、唐皇甫松《檀欒子詞》、唐韓偓《香奩詞》、晉和凝《紅葉稿詞》、蜀韋莊《浣花詞》、蜀薛昭蘊《薛侍郎詞》、蜀牛嶠《牛給事詞》、蜀牛希濟《牛中丞詞》、蜀毛文錫《毛司徒詞》、蜀魏承班《魏太尉詞》、蜀尹鶚《尹參卿詞》、蜀李珣《瓊瑤集詞》、蜀顧敻《顧太尉詞》、蜀鹿虔扆《鹿太保詞》、蜀歐陽炯《歐陽平章詞》、蜀毛熙震《毛秘監詞》、蜀閻選《閻處士詞》、南唐張泌《張舍人詞》、荊南孫光憲《孫中丞詞》。

　　王國維於詞，盛推五代北宋，《人間詞話》開篇即謂：「詞以境界爲最上。有境界則自成高格，自有名句。五代北宋之詞所以獨絕者在此。」〔註70〕南宋以後詞只推姜辛棄疾一人，即於姜夔亦多有微詞：「南宋詞人，白石有格而無情，劍南有氣而乏韻。其堪與北宋人頡頏者，唯一幼安耳。近人祖南宋而祧北宋，以南宋之詞可學，北宋不可學也。學南宋者，不祖白石，則祖夢窗，以白石、夢窗可學，幼安不可學也。學幼安者率祖其粗獷滑稽，以其粗

〔註69〕易順豫：《三程詞鈔跋》，《三程詞鈔》，民國鹿川閣《十發居士全集》刊本。
〔註70〕王國維：《人間詞話》，《詞話叢編》本。

獷滑稽處可學，佳處不可學也。幼安之佳處，在有性情，有境界。即以氣象論，亦有『傍素波、干青雲』之概，寧後世齷齪小生所可擬耶。」「白石寫景之作，如『二十四橋仍在，波心蕩、冷月無聲』，『數峰清苦，商略黃昏雨』，『高樹晚蟬，說西風消息』，雖格韻高絕，然如霧裏看花，終隔一層。梅溪、夢窗諸家寫景之病，皆在一『隔』字。北宋風流，渡江遂絕，抑真有運會存乎其間耶。」〔註71〕樊志厚更於《人間詞序》中直言曰「君之於詞，於五代喜李後主、馮正中，於北宋喜永叔、子瞻、少游、美成，於南宋除稼軒、白石外，所嗜蓋鮮矣。尤痛詆夢窗、玉田。謂夢窗砌字，玉田疊句。一雕琢，一敷衍。其病不同，而同歸於淺薄。六百年來詞之不振，實自此始。其持論如此。」則王氏此《唐五代廿一家詞輯》之編，具可見其推尊五代北宋之意。而於五代北宋詞人中，王國維於南唐李後主之詞尤甚推尊，故此二十一家詞輯即首錄南唐二主詞，推許之意，蓋可見焉。

　　王國維此編於各家詞後俱附撰有後記一則，於所錄詞人之生平仕履、詞作之價值地位等多有述評，如於顧敻《顧太尉詞》後記曰：「案，顧敻，字裏不傳，前蜀時官刺史，後事孟知祥累遷至太尉。其詞見《花間集》者五十五首，茲錄為一卷。敻詞在牛給事、毛司徒間，《浣溪沙》『春色迷人』一闋亦見《陽春錄》，與《河傳》、《訴衷情》數闋當謂敻最佳之作矣。」而二十一家詞中，於南唐二主詞用力最多，不但有補遺數首，且詞作真跡藏於何處，詞作之真偽異同等，內中均有詳細的交代，故此本價值極高。其附記曰：「右南詞本《南唐二主詞》與常熟毛氏所鈔無錫侯氏所刻同出一源，猶氏南宋初輯本，殆即《直齋書錄解題》所著錄宋長沙書肆所刊行者也。直齋云，卷首四闋《應天長》、《望遠行》各一《浣溪沙》二中主所作，重光嘗書之，墨蹟在盱江晁氏，今此本正同。又注中引曹功顯節度、孟郡王、曾端伯諸人，案，功顯，曹勳字，《宋史》勳本傳以紹興二十九年拜昭信軍節度使，孝宗朝加太尉，提舉皇城司開府儀同三司，淳熙元年卒，贈少保。又《外戚傳》，孟忠厚以紹興七年封信安郡王，紹興二十七年卒，曾端伯慥亦紹興時人。以此數條推之，則編輯者當在紹興之季，曹功顯已拜節度之後，未加太尉之前也。且從真跡編錄尤為可據，故如式寫錄。另為補遺及校勘記附後，諸本得失，覽者當自得之。」

《北宋三家詞》

　　易孺校輯，民智書局民國二十二年（1933）「民智藝文雜俎第一種」刊本。易孺（1872～1941），初名廷憙，亦名熹，字季馥，號大廠居士，別署魏齋等，廣東鶴山人。早年肄業於廣雅書院，曾任暨南大學、上海音樂學院教席。大廠博學多才，舉凡詩詞、書畫、金石、篆刻、聲韻、訓詁等無不精通，有《大廠詞稿》、《大廠書畫集》、《中國金石史》、《大廠印存》等。

　　此集校勘甚爲精良，每家詞錄畢即在其後列有詳細的校勘記，書前更有易孺所作《校刊北宋三家詞敍》、《校刊北宋三家詞志語》、《校刊北宋三家詞最錄》，對此集刊刻之緣起、取用之版本、校勘之經過等作了詳細的交代。有關北宋三家詞集之選錄，易孺謂：「予藏有精鈔本宋二十家詞，緘鐍篋衍，歷有年矣。頗自珍秘，屢欲校而刊之，惟查其二十家，僅舒亶信道詞、蘇庠後湖詞、曹組元寵詞三家，世無刊本，余皆經專家校刊流播，因以暇日，借友人龍榆生教授所錄朱彊村先生披校《四部叢刊》、涵芬樓藏鮑淥飲鈔校本之《樂府雅詞》及花庵《絕妙詞選》、《花草粹編》、《詞綜》、《歷代詩餘》諸書，校勘一過，別爲校記於後，扃而置之，亦數年矣。去歲滬變，家屋播遷，藏籍雖幸保存，然倉遽移居，稍有零散，是鈔亦致缺失數冊，信道、元寵二種，適在遺佚中，遍檢不獲，傷愴而已。好在當時鈔存校過備刊之稿本尙在，後湖一集，原鈔亦未失，良用以慰。念再事因循，時節因緣，則又不知奚若。頃橐筆民智書局，因商之林煥庭翁，以所鈔三集校稿，入余所編定之藝文雜俎中，以新製成宋體活字排印，庶不負一番丹鉛之役。」〔註72〕以此觀之，其所取用之底本爲其所藏之精鈔本《宋二十家詞》。此鈔本之底本又爲轉錄勞氏鈔校斧季本。其《校刊北宋三家詞誌語》謂：「余此鈔雖無敍跋，惟《省齋詩餘》後有數行云：『壬戌四月十四日從孫藏本校正，毛扆。』『己酉八月依毛斧季校本手錄，畢卿。』『咸豐己未六月二十一日大典本校過，多所改正，秋井草堂記。』據此數行題記，當是仁和勞氏傳鈔毛斧季校本，而又經畢卿校者，余故定此鈔爲轉錄勞氏校鈔斧季本。」〔註73〕

　　有關此刊版本之特異處，易大廠《誌語》謂：「余此鈔最異者，爲舒信道詞有『疏英乍蕾』之《菩薩蠻》一闋，又末章《好事近》一闋，曹元寵詞末章《小重山》一闋，均爲各本所無，未知是斧季原鈔已如此，或勞畢卿傳鈔

〔註72〕易孺：《校刊北宋三家詞敍》，《北宋三家詞》，民國刊本。
〔註73〕易孺：《校刊北宋三家詞誌語》，同上。

時所校補，則難於考定。然所據何本增入，尤無可臆測，玩其詞句，確與本人意味相同，又可決其非出僞撰，抑又何苦作僞一兩闋耶，亦或勞氏曾見大典本，據以補入耶？苦無記錄左證，眞無自懸斷矣。是鈔之可貴亦坐是也。」〔註74〕

　　除卻《詞敍》與《誌語》外，易大廠此編在正文前還有《校刊北宋三家詞最錄》一篇，亦頗具文獻價值。易氏曰：「余既出舊藏鈔本二十家詞中之舒亶信道詞、曹組元寵詞、蘇庠後湖詞三種，校而刊之，於《敍辭》、《誌語》、《補目》、《校記》之後，更檢取昔人所著錄三家之時代、仕履、軼聞數則，及近時朱彊村先生遺墨數段，成此小篇，亦以起觀覽者之感會，而引助余一番讎勘刊佈之微誠云爾。」〔註75〕確如易氏所言，此《最錄》爲我們瞭解三作者之身世背景提供豐富的資料，所謂知人論世，這種背景資料的提供對我們研讀詞作確是多有裨益，其詞學價值尤可寶貴。

《四種詞》

　　民國胡延等校，民國三十一年（1942）四川成都存古書局重印四川官印刷局本。首頁有「四種詞集」題名，前有四川大學前校長程天放所作序。各詞集具有署名老髯的題名，如其一署曰「四種詞之一　白石道人歌曲　老髯」，第一種卷末有「成都胡延校」，第二種、第三種卷末有「成都胡延原校，德陽劉子雄覆校」的字樣。各詞集僅爲詞集文本，前後均無序跋。

　　所收四種詞俱爲南宋詞人之詞集，分別爲姜夔的《白石道人歌曲》、陳允平的《日湖漁唱》、周密的《蘋洲漁笛譜》、王沂孫的《花外集》。

　　以編刻緣起而言，此四詞集之遴選實與抗戰之時局有關，程天放序謂：「蜀之刊人以善刻書著，清季王湘漪先生主講尊經書院，伍肇齡先生主講錦江書院，先後擇國學書籍若干種付之剞劂，以惠學子，及存古學堂成立，兩書院及官書局之書版均歸焉，並加鐫若干種精印行世，一時稱盛。其後存古學堂遞嬗而爲國學院、國學專門學校、公立四川大學，復與成都師範大學合併而爲國立四川大學，此項書版遂爲川大校產。民國二十七年冬，余奉命長川大，公餘檢視，見書版凡四萬餘塊，經史子集均有。惜庋置一室，多年未加整理，或就殘缺，或遭蟲蛀，怒焉傷之。擬招工補刻重印以廣流傳，因校

〔註74〕易孺：《校刊北宋三家詞誌語》，同上。
〔註75〕易孺：《校刊北宋三家詞最錄》，同上。

款支絀，有志未逮。僅移置皇城門樓下以防空襲，施行煮曬以去蟲害而已。抗戰既歷數載，海岸線悉遭敵寇封鎖，西洋科學書籍幾不復能輸入，東南各都會淪陷敵手，官書局及印書業均受摧殘，故雖國學書籍亦感缺乏。川大有此版本而棄置不加利用，實至爲可惜。余乃就集會中樞之便，言於總裁兼行政院院長蔣公、副院長兼財政部長孔庸之先生、教育部長陳立夫先生，請撥款整理印刷，以救坊間書籍之窮。蔣公及孔、陳二先生慨然允諾，遂於民國三十年冬撥十六萬元以辦理此事。惟以工價、物價之高昂，未能悉行整理。爰擇學子需用最切之書，若五經四書之類，凡二十五種，先行付印，其餘則稍緩時日，期能一一重印也。補刻工作始於二月，隨刻隨印，至七月而書成。」

據上序可知，此四種詞所據版本爲四川官印刷局，其版本與其他諸本相較亦多有不同之處。如《四種詞》第一種《白石道人歌曲》，此本同四庫本比，無四庫本第一卷，即無「歌曲」、「琴曲」兩部分，亦無第四卷「白石道人歌曲別集」部分。

《壽香社詞鈔》

近人林心恪校刻，民國三十一年（1942）刊本。林心恪（1875～1958），號坦西，福州人。清末優貢，民國時期任連江知事、閩都代知事等職，新中國成立後任福建省文史館館員、政協委員等職。

是集所錄爲民國閩籍八位女詞人之作。詞集之名源於壽香詩社，詩社成立於 1935 年，師事近代福州著名詞家何振岱，是福州第一個女性詩歌創作社團。封面有何振岱題字，並有何氏所作序《壽香社詞鈔小引》，序云：「閩詞盛於宋，衰於元明，清季梅崖、聚紅兩榭其傑。然也邐者，然脂詞疊，盟且敦槃，鑿絲好音，協如笙磬，微覺九曲延安，餘風未遠，是亦三山左澥，粹氣攸鍾者矣。慰予髮白，見此汗青，雖小道，有足觀，斯大雅所不廢，用彰嘉會，爲屬弁言，南華老人何振岱。」〔註76〕以此而言，詞集輯刻之初衷，當爲紀念當時詞人雅集之盛。是集以年齡長幼爲次，所錄王德愔珊芷《琴寄室詞》凡 35 闋、劉蘅修明《蕙愔閣詞》凡 93 闋、何曦健怡《晴賞樓詞》凡 37 闋、薛念娟見眞《小嬾眞室詞》凡 12 闋、張蘇錚浣桐《浣桐書室詞》凡 36 闋、施秉莊浣秋《延暉樓詞》凡 20 闋、葉可羲超農《竹韻軒詞》凡 89 闋、

〔註76〕何振岱：《壽香社詞鈔小引》，《壽香社詞鈔》，民國刊本。

王眞道之《道眞室詞》凡 40 闋。王德愔等人俱為壽香詩社成員，詩社每月例集一次，臨場拈題，限時限韻，或作七絕二首，或填詞一闋。叢編中所錄王德愔等人《瑣窗寒・燈魂社集》、《南鄉子・新寒社集》、《風入松・初陽社集》、《南浦・煙江社集》、《長亭怨慢・酒醒見月作社集》、《清平樂・荷花池上社集》諸作即是詩社成員雅集之時同題唱酬之作。

　　是集所刻閩中八位女詞人之作，然「何門女弟子實不止此八人，因《壽香室詞》刊印較早，有不及載入者，如：王閒字堅廬，王眞妹，有《味寒樓詞》……劉明水，雖籍隸上海，僑居格城已久，有《雪香詞》。」「當時集資剞劂，印不及百冊。原書木版已毀於文革之年。現有存者，矜若珍秘」〔註77〕，未易多覯。尤可寶貴者，是集所錄俱為閩中女性詞人，民國閩中女性詞人唱酬、創作之盛況，蓋可由此略窺一斑。集中所錄諸才女之作，不乏清新俊逸之什，「何（曦）、薛（念娟）、施（秉莊）三人詞，意致清迥，音節婉轉，功力可相伯仲」〔註78〕，其他諸人亦略相似。

《雍園詞鈔》

　　近人楊公庶輯。民國三十五年（1946）鉛印本。楊公庶（1897～1978），湖南湘潭人，楊度之子，德國柏林大學化學博士，化工專家，曾任國民政府資源委員會秘書長，新中國成立後，任全國政協委員。妻樂曼雍。

　　是編所輯為楊公庶卜居於重慶時所搜訪抗戰時期流寓西南諸家詞人之詞作，楊序謂：「僕王與內子溯江入蜀，卜居巴縣沙坪壩之雍園，並嗜倚聲，雅志搜訪。越明年，抗戰軍興，並世詞客多聚西南，刻羽引商，備聞緒論，比九更寒暑矣。遂用弘基公謹故事，裒為總集，兼志遊從。第限於物力，聊嘗鼎臠，加諸家惠草先後不時，每得一集，輒付手民，未遑詮次，命曰詞鈔云。」所錄詞依次為葉麔《輕夢詞》一卷 64 首、吳白匋《靈琑詞》一卷 42 首、喬大壯《波外樂章》三卷 106 首、沈祖棻《涉江詞》一卷 78 首、汪東《寄庵詞》33 首、唐圭璋《南雲小稿》34 首、沈尹默《念遠詞》102 首、《松壑詞》70 首、陳匪石《倦鶴近體樂府》44 首，並附陳匪石《舊時月色齋詩》27 首。後有樂曼雍所為跋稱：「詞鈔付印既成，重有言者，孤桐先生以詞壇尊宿，共客渝州，纂輯之初，數請其未刊之作，人事倥傯，久遲錄示，外子滬濱奉手尚

〔註77〕陳聲聰：《閩詞談屑》，《填詞要略輯詞評四篇》，廣州：廣東人民出版社，1986年版，第 160 頁。

〔註78〕同上，第 163 頁。

以爲言，而行篋猶局，傳鈔無自，遺珠滄海，實用歉然。又，周君光煜，躬任斠讎，歷時經歲，感其辛勤，例得牽連以書。」書中所錄多爲諸詞人流寓西南之作，離亂飄零之苦，於詞中時有見焉。然以詞紀事，集中亦多有反映時事之作，如沈祖棻《一萼紅・甲申八月倭寇陷衡陽，守將方先覺等電樞府，誓以身殉，有來生再見之語。南服英靈，錦城絲管，愴快相對，不可爲懷，因賦此解，長歌當哭之意云爾》、汪東《破陣子・同盟國空軍將大舉襲倭，先作此詞，以當鐃吹》等，或可作詞史觀。諸家詞作多以清眞爲規摹對象，句法較爲純熟。

　　然此本校勘偶有不精之處，形近而訛，錯漏倒衍，時或可見，如沈祖棻《浣溪沙》「客裹清尊惟有淚」，「裹」當作「裏」（與「裏」字形近而訛），《浣溪沙》「可燐煙雨舊樓臺」，「燐」當作「憐」（與「憐」字形近而訛）等。

《清十一家詞鈔》

　　近人王煜輯，民國三十六年（1947）正中書局鉛印本。不分卷。王煜，蜀人，吳梅門生。卷首有詞學大師吳梅序及王煜自敍，所輯詞人計十一家，詞 499 首，分別爲：納蘭性德《飲水詞鈔》52 首、陳維崧《迦陵詞鈔》43 首、朱彝尊《曝書亭詞鈔》41 首、厲鶚《樊榭山房詞鈔》40 首、張惠言《茗柯詞鈔》35 首、項鴻祚《憶雲詞鈔》45 首、蔣春霖《水雲樓詞鈔》64 首、文廷式《雲起軒詞鈔》37 首、王鵬運《半塘詞鈔》44 首、鄭文焯《樵風詞鈔》51 首、朱祖謀《彊村詞鈔》48 首。所選諸家，俱可謂爲「邁往逸駕，自開戶牖者」、「一代文學卓犖領袖之人」（吳梅序）。是編所錄各家詞之前有詞人之小傳，不但能略見詞人之生平，亦可覷見詞人詞風等之評述，要言不煩，約而有當。如納蘭性德小傳謂：「性德，原名成德，字容若，姓納蘭，滿洲正白旗人。康熙十二年進士，官侍衛，早卒。有《飲水詞》三卷，淒婉嫻麗，於小令最工，或謂爲李煜轉身，殆以詞品相類也。」而諸家於詞史之貢獻，更具見於王氏所作自敍：「至於一代留別，可得而言，其初沿習朱明，未離花草，性靈之作，小令多工，長白所成，最爲懿雅，淒婉嫻麗，二主之遺。其年以勝朝世家，不忘故國，雄才盛氣，追步蘇辛，鎧鎯輝煌，清詞初大。竹垞淳深，獨張南宋，抗顏烏帽，詞派始成。樊榭賡徽，彌爲峻潔，挽彼奔放，示人幽奇，風氣所趨，浙派稱盛。而末流有弊，詭僻餖飣，蓋與朱碎陳粗，花草靡曼，同爲元明以來詞學之病也。皋文崛興，力起頹墜，高標寄託，截斷眾流，於是拔幟騷壇，常州派立，而名家後起，舉出於茲焉。水雲既作，

盡掃葛藤，匯納百宗，蔚爲變徵。家數流別，冠冕一朝，清詞有斯，可謂至極矣。昔天寶亂離，乃育老杜，擅其詩筆，照耀千秋。冰火紅羊，斯才復挺，豈至文絕藝，爲世不祥，抑天吝瑰奇，亂離斯出歟？迄同光衰微，詞人蕭瑟，辛壬鼎革，遺士悽愴。叔問咽清宕之音，彊村寫沉鬱之致，聖與君特，重出人間。戚戚黃昏，雙懸日月，殆所謂一代殿軍，萬家敬仰者也。其在朱鄭之間，則有四印，切磋獎掖，關係至宏。而朱密王疏，先無慚於後，王嚴鄭重，北不讓於南，拓土廣西，祐迄開國矣。若谷蓮生哀豔，踵美納蘭，芸閣清剛，並芳臨桂。（王）揚秦七之芬馨，漱坡公之神髓，周旋眾彥，把臂入林，雖非流派之宗，固亦時代之選業。凡此諸家，共啓清盛，復興詞學，可貌雲臺。」〔註79〕

《清季四家詞》

　　近人薛志澤輯，成都薛崇禮堂 1949 年校鐫。前有路朝鑾民國三十八年（1949）仲夏所作序。中所收錄王鵬運《半塘定稿》一卷、鄭文焯《樵風樂府》二卷、況周頤《蕙風詞》二卷、朱祖謀《彊村語業》三卷。

　　四人者俱爲晚清詞壇巨擘，且「生歷同光之際，海宇多故，國勢阽危，外侮洊臻，內政窳敗，半塘、彊村早歲通籍臺省，蒿目時艱，抗言得失，亟思有所補捄。戊戌庚子兩役幾蹈不測，大鶴、蕙風又皆喬寓東南，爲諸侯賓客，衡有江湖魏闕之思。四子出處雖殊，而感時撫事，憂深思遠，未嘗不同。方其前於後喁，勞歌互答，若琴瑟笙磬之同聲相應，即其爆發於外者，以觀而知其中所蘊蓄者深矣。間嘗考其晚節，半塘罷官數年客死吳中，彊村、大鶴、蕙風胥丁國變，偕隱蘇淞，二十年間相繼凋謝，故其晚坐尤多蒼涼伊鬱，以視南宋中仙、叔夏、公謹諸人，宋亡徜徉湖山寓物感興者後先一揆。」〔註80〕

　　王鵬運，字幼遐，自號半塘老人，晚號鶩翁，臨桂（今廣西桂林）人。同治九年鄉試舉人，十三年以內閣中書分發到閣行走。歷官內閣侍讀、江西道監察御史等。

　　《半塘定稿》前有朱祖謀所作序、鍾德祥光緒甲辰序、《半塘僧鶩傳》，後附有況周頤所作《半塘老人傳》。中所收詞爲王鵬運詞之選稿。朱祖謀謂：

〔註79〕王煜：《清十一家詞鈔自序》，《清十一家詞鈔》，民國三十六年（1947）正中書局鉛印本。
〔註80〕薛志澤：《清季四家詞序》，《清季四家詞》，成都薛崇禮堂 1949 年刊本。

「半塘詞嘗刻於京師，爲丙丁戊三集，今刻於廣州者，乃君哀前後七稿刪汰幾半僅存百餘首自定本也。」此集當爲作者自定之本，中又分爲七集：《袖墨集》（丙戌至己丑）、《味梨集》（甲午乙未）、《蜩知集》（戊戌）、《校夢盦集》（己亥）、《庚子秋詞》（庚子）、《春蟄》（庚子辛丑）、《南潛集》（辛丑至甲辰），寫作時間爲丙戌至甲辰（1886～1904）。

　　鄭文焯（1856～1918），字俊臣，號小坡，又號叔問，晚號鶴、鶴公、鶴翁、鶴道人，別署冷紅詞客，鐵嶺（今屬遼寧）人。光緒舉人，曾任內閣中書，後旅居蘇州。工詩詞，有《大鶴山房全集》。

　　《樵風樂府》二卷，前有易順鼎所作《瘦碧詞序》、俞樾《瘦碧詞序》、陳銳《冷紅詞序》、王闓運《比竹餘音序》。此集亦如王氏《半塘定稿》是其詞之選集，其所輯一爲《比竹餘音》，舊刻四卷，始丁酉訖辛丑，凡一百六十二首，此集刪存五十二首；一爲《苕雅舊稿》，舊爲四卷，始壬寅訖辛亥，凡一百七十三首，刪存一百一十首。則此集詞所作時間始於丁丑（1877），終於辛亥（1911），詞作總數爲 162 首。

　　況周頤（1859～1926），原名周儀，因避宣統帝溥儀諱，改名周頤。字夔笙，一字揆孫，別號玉梅詞人、玉梅詞隱，晚號蕙風詞隱，臨桂（今廣西桂林）人。光緒五年舉人，曾官內閣中書，有《蕙風詞》、《蕙風詞話》。

　　《蕙風詞》二卷，爲作者手定之集，集後附有趙尊嶽乙丑歲（1925）所作跋。跋文稱：「吾師臨桂況先生自定詞。曩與歸安朱先生詞合編爲《鶩音集》者，名《蕙風琴趣》，前於丁巳夏秋間仿聚珍版印行僅二百本，未足廣其傳也。客歲，尊嶽校刻《蕙風詞話》斷手，亟請並刻自定詞，纚屬以行。詞凡如干闋，視曩編《琴趣》增益無多，吾師詞可傳寧止此數？蓋從嚴格矜愼之至也。自下卷《握金釵》迄《霜花腴》，並辛亥國變後作，撫時感事，無一字無寄託，蓋詞史也。昔人謂蘇文忠才大如海，其爲詩無不可賦之題，無不可用之典，吾師之於詞亦然。」〔註81〕

　　《彊村語業》，三卷，前有張爾田所作序，後有龍沐勳所作跋。張序稱：「《語業》二卷，彊村先生晚年所定也。曩者半塘固嘗目先生詞似夢窗，夫詞家之有夢窗，亦猶詩家之有玉溪，玉溪以瑰邁高材，崎嶇於鈎黨門戶，所爲篇什，幽憶怨斷，世或小之爲閨襜之言，顧其他詩，『如何匡國分，不與素心期』，又曰，『夕陽無限好，只是近黃昏』，豈與夫豐豓曼睩競麗者，竊以爲感

〔註81〕趙尊嶽：《蕙風詞跋》，《清季四家詞》，成都薛崇禮堂 1949 年刊本。

物之情古今不易，第讀之者弗之知爾。先生早侍承明，壯躋懋列，庚子先撥
之始，折檻一疏，直聲震天下既不得，當一抒之於詞，解佩纕以結言，欲自
適而不可，靈均懷服之思昊天不平，我王不寧嘉父究訩之愾，其哀感頑豔，
子夜吳趨，其芬芳俳惻，哀蟬落葉，玉溪官不掛朝籍，先生顯矣。」〔註82〕
龍跋謂：「《彊村語業》三卷，前二卷爲先生所自刻，而卷三則先生卒後據手
稿寫定補刊者也。先生始以光緒乙巳從半塘翁恉，刪存所自爲詞三卷，而以
己亥以前作爲前集，曾見庚子秋詞春蟄吟者爲別集附焉。後又增刻一卷而汰
去前集別集，即世傳《彊村詞》四卷本是也。晚年復並各集，釐訂爲《語
業》二卷，嗣是不復多作，嘗戲語沐勳，身丁末季，理屈詞窮，使天假之
年，庶幾足成一卷而竟不及待矣，傷哉！先生臨卒之前二日，呼沐勳至榻
前，執手嗚咽，以遺稿見授曰使吾疾有間，猶思細定，其矜愼不苟如此。茲
所編次，一以定稿爲準，其散見別本或出傳鈔者不敢妄有增益，慮乖遺志
也。」〔註83〕

〔註82〕張爾田：《彊村語業序》，《清季四家詞》，成都薛崇禮堂 1949 年刊本。
〔註83〕龍榆生：《彊村語業跋》，《清季四家詞》，成都薛崇禮堂 1949 年刊本。

下　編

第三章　詞集叢刻的發端與宋元明時期的詞壇生態

第一節　宋代的詞集叢刻與南宋時期的詞壇生態

　　詞大盛於宋代，是千百年來無論學界與普通讀者的一個共識。而宋詞之所以能夠成爲一代文學之代表，其間一個重要的原因即是宋代發達的思想文化。陳寅恪云：「華夏民族之文化，歷數千載之演進，造極於趙宋之世。」鄧廣銘也說：「宋代的文化，在中國封建社會歷史時期之內，截至明清之際的西學東漸的時期爲止，可以說，已經達到了登峰造極的高度。」〔註1〕這種文化的發達可以體現在很多方面，諸如科技、教育、經濟、哲學思想、文學、藝術等許多方面，而究其原因，趙宋統治者右文的國策確立與寬鬆的文化政策是爲宋代文化帶來繁盛的主要因素。

　　趙宋立國，調整了基本的國策，「自古創業垂統之君，即其一時之好尙，而一代之規模可以豫知矣。藝祖革命，首用文吏而奪武臣之權，宋之尙文，端本乎此。太宗、眞宗其在藩邸，已有好學之名，作其即位，彌文日增。自時厥後，子孫相承。上之爲人君者，無不典學；下之爲人臣者，自宰相以至令錄，無不擢科。海內文士，彬彬輩出焉。」〔註2〕統治者的右文政策，極大

〔註1〕鄧廣銘：《宋代文化的高度發展與宋王朝的文化政策》，《歷史研究》，1990年第1期。

〔註2〕脫脫等：《宋史》卷四三九《文苑傳·序》，北京：中華書局，1977年版，第12997頁。

地激發了知識分子參政熱情，提高了他們參政議政的力度的社會地位，北宋蔡襄云：「今世用人，大率以文詞進。大臣，文士也；近侍之臣，文士也；錢穀之司，文士也；邊防大帥，文士也；天下轉運使，文士也；知州郡，文士也。雖有武臣，蓋僅有也。」〔註3〕由此確立了極具宋代特色的文官政治。而科舉制度的完善更爲廣大士人晉身官僚階層提供了通途。「從宋初建隆元年（960）至南宋咸淳十年（1274）三百餘年間，兩宋共舉行了 118 榜常科考試，文、武兩科正奏名進士及諸科登科總人數達 10 多萬人，是唐、五代 10188 名登科總人數的近 10 倍、明代 24624 人的近 4 倍、清代 26849 人的近 3.8 倍。」〔註4〕在這種政治模式的導引下，向學之心風靡天下，「嘉祐中，吳孝宗子經者，作《餘干縣學記》，云：『古者江南不能與中土等，宋受天命，然後七閩二浙與江之西東，冠帶《詩》、《書》，翕然大肆，人才之盛，遂甲於天下。江南既爲天下甲，而饒人喜事，又甲於江南。蓋饒之爲州，壤土肥而養生之物多，其民家富而戶羨，蓄百金者不在富人之列。又當寬平無事之際，而天性好善，爲父兄者，以其子與弟不文爲咎；爲母妻者，以其子與夫不學爲辱。其美如此。』」〔註5〕吳孝宗所記錄的饒州的風俗大抵可以看出南方世人的向學之風。而在這種風氣的影響下，市民的文化素質有了普遍的提高，城市文化也相應地隨之繁盛。即使是身居社會底層的一些民間藝人或歌兒舞女也都具有一定的文化素養，甚而能寫詩填詞。「杭之西湖，有一倅閒唱少游《滿庭芳》，偶然誤舉一韻云：『畫角聲斷斜陽。』妓琴操在側云：『畫角聲斷譙門，非斜陽也。』倅因戲之曰：『爾可改韻否？』琴即改作陽字韻云：『山抹微雲，天連衰草，畫角聲斷斜陽。暫停征轡，聊共飲離觴。多少蓬萊舊侶，頻回首煙靄茫茫。孤村裏，寒鴉萬點，流水繞低牆。魂傷當此際，輕分羅帶，暗解香囊。漫贏得青樓薄幸名狂。此去何時見也，襟袖上空有餘香。傷心處，長城望斷，燈火已昏黃。』東坡聞而稱賞之。後因東坡在西湖，戲琴曰：『我作長老，爾試來問。』琴云：『何謂湖中景？』東坡答云：『秋水共長天一色，落霞與孤鶩齊飛。』琴又云：『何謂景中人？』東坡云：『裙拖六幅瀟湘水，鬢軃巫山一段雲。』又云：『何謂人中意？』東坡云：『惜他楊學

〔註3〕蔡襄：《端明集》卷二十一，文淵閣《四庫全書》本。

〔註4〕龔延明、祖慧：《宋代科舉概述》，《宋登科記》，南京：江蘇教育出版社，2005年版，第1頁。

〔註5〕洪邁撰，孔凡禮點校：《容齋四筆》卷五，北京：中華書局，2005年，第665〜666頁。

士，憋殺鮑參軍。』琴又云：『如此究竟如何？』東坡云：『門前冷落車馬稀，老大嫁作商人婦。』琴大悟，即削髮爲尼。」〔註6〕「廣漢營妓，小名僧兒，秀外慧中，善塡詞。有姓戴者，忘其名，兩作漢守，寵之，既而得請玉局之詞以歸。僧兒作《滿庭芳》見意云：『團菊苞金，叢蘭減翠，畫成秋暮風煙。使君歸去，千里倍潸然。兩度朱幡雁水，全勝得，陶侃當年。如何見，一時盛事，都在送行篇。愁煩梳洗懶，尋思陪宴，把月湖邊。有多少風流，往事縈牽。聞道霓旌羽駕，看看是，玉局神仙，應相許，衝雲破霧，一到洞中天。』」〔註7〕「梅嬌、杏俏者，宋吳七郡王之二愛姬也。梅、杏丰姿俊雅，善音律詩詞。王盛暑臥涼亭，吟云：『涼亭九曲欄杆繞，四面柳荷香來好。身眠八尺白鮹鬚，頭枕一枚紅瑪瑙。毒龍畏熱不敢行，海水煎碎蓬萊島。』後二句命杏梅續之，梅云：『公子尤嫌扇力微』，杏云：『遊人尚在紅塵道。』續已，二人各競所長，各作詞一闋以戲，王笑，作杏梅詞以和解之。梅嬌《滿庭芳》詞：『一種陽和，玉英初縱，雪天分外精神。冰肌肉骨，別是一家春。樓上笛聲三弄，百花都未知音。明窗畔，臨風對月，曾結歲寒盟。　　笑杏花何太晚，遲疑不發，等待春深。只宜遠望，舉目似燒林。麗質芳姿雖好，一時取媚東君。爭如我，青青結子，金鼎內調羹。』杏俏《滿庭芳》詞：『景傍清明，日和風暖，數枝濃淡胭脂。春來早起，惟我獨芳菲。門外幾番雨過，似佳人、細膩香肌。堪賞處，玉樓人醉，斜插滿頭歸。　　梅花何太早，消疏骨肉，葉密花稀。不逢媚景，開後甚孤棲。恐怕百花笑你，甘心受、雪壓霜欺。爭如我，年年得意，占斷踏青時。』」〔註8〕梅嬌、杏俏二人各以梅、杏爲題，對於梅花和杏花丰姿的描摹可謂自得其韻致，二人以詞相戲，亦自得一種雅趣。兩宋詞壇諸如以上所臚列之有關下層女子識音律善塡詞的例子還有不少，諸如陸游所娶驛卒女等，茲不一一例舉。

向學之風的盛行推動了兩宋文化的普及，由此亦推動了書籍的大量刊刻。雕版印刷技術雖然興起於隋唐之際，但終唐一代，除用於印刷少量佛經外，其他概莫傳世。而趙宋之世則不然。趙宋立國數十年之後，「（景德二年，1005）五月戊辰朔，幸國子監閱書庫，問祭酒邢昺書板幾何，昺曰：『國初不

〔註6〕吳曾：《能改齋漫錄》卷十六，北京：中華書局，1960年版，第483頁。

〔註7〕胡仔：《苕溪漁隱叢話後集》卷四十，北京：人民文學出版社，1962年版，第337頁。

〔註8〕酈琥：《姑蘇新刻彤管遺編後集》卷十二，《四庫未收書輯刊》第六輯，第30冊，第553頁。

及四千,今十餘萬,經史正義皆具。臣少時業儒,觀學徒能具經疏者無一二,蓋傳寫不給。今板本大備,士庶家皆有之,斯乃儒者逢時之幸也。』」〔註9〕在短短幾十年間,書版的數量就從不足 4000 增長到了 10 餘萬,數量之大,而且「版本大備,士庶家皆有之」。自茲以後,書籍的刊刻數量日漸增多,品類亦無所不及,凡經史子集俱有大量刊刻,且有流傳至後世者。其中詞集的刊刻隨著詞人的日漸增多和詞作的累積日漸豐厚。從現存的宋人詞集序跋看,在北宋當世即有詞的別集的刊刻。如北宋前期著名隱逸文人潘閬的詞集名曰《逍遙詞》,在徽宗崇寧年間即有石刻本行世,黃靜《逍遙詞跋》云:「潘閬謫僊人也,放懷湖山,隨意吟詠,詞翰飄灑,非俗子所可仰望。雖寓錢塘而篇章靡有存者。《酒泉子》十首,乃得之蜀人,其石本今在彭之使廳。予適爲錢塘吏,宜鑱諸石,庶共其傳。崇寧五年重午日,武夷黃靜記。」而北宋前期的大詞人歐陽修在其當世即有詞集刊刻。「歐陽修傳世最早的詞集名《平山集》,北宋元豐(1078~1085)之前即已有刻本傳世。宋羅願《新安志》卷十《紀聞》載:『馮相國樂府號《陽春錄》者,馮氏子孫泗州推官璪,嘗以示晏元獻公,公以爲眞賞。至元豐中,高郵崔公度伯易跋,以爲李氏既有江左,文物甲天下。而馮公才華風流,又爲江左第一。其家所藏乃光祿公手鈔,最爲詳確。而《尊前》、《花間》諸集中往往謬其姓氏。近時所鏤歐陽永叔詞,亦多有之。皆傳失其眞本也(原注:崔公云)。』元豐中崔公度跋馮延巳《陽春錄》,謂『近時所鏤』歐陽修詞誤收有馮延巳詞,可見元豐中或稍前歐陽修詞已鏤板傳世。又《景宋吉州本歐陽文忠公近體樂府》卷二《漁家傲》詞調下引楊繪《京本時賢本事曲子後集》云:『歐陽文忠公,文章之宗師也。其於小詞,尤勝炙人口。有十二月詞寄《漁家傲》調中,本集亦未嘗載。』《本事曲》約成書於元豐三年(1080),此書已言及歐陽修詞『本集』,亦證歐陽修詞『本集』在元豐之前已刊行。」〔註10〕而詞集刊刻到了南宋時期,更是日漸繁夥,如陳師道向來不以詞名家,但其詞集在宋世即有四種傳本,而周邦彥的詞集,「紹興間已有刻本傳世。王灼《碧雞漫志》卷二云:『江南某氏者解音律,時時度曲,周美成與有瓜葛,每得一解,即爲製詞,故周集今多新聲。』王灼既已見周邦彥詞集,並謂其中『多新聲』,是周氏詞集在紹興間已

〔註 9〕 李燾:《續資治通鑑長編》卷六十,北京:中華書局,1995 年版,第 1333 頁。
〔註10〕 王兆鵬:《唐宋詞史的還原與建構》,武漢:湖北人民出版社,2005 年版,第 145~146 頁。

刊行。但不知書名卷數。」而「南宋時期，周詞版本可考知者另有：一、《解題》卷二十一載嘉定間長沙坊刻《清眞詞》二卷後集一卷本。二、同書同卷又著錄有曹杓注《注清眞詞》二卷本。三、同書卷七又著錄有詩文合刻本《清眞雜著》三卷，……四、《景定嚴州續志》卷四《州校書版》載有《清眞詩餘》本，係嚴州刻本。……五、張炎《詞源》卷下載楊纘編撰有《圈法美成詞》：『近代楊守齋精於琴，故深知音律，有《圈法美成詞》。』此書當是稿本。六至七、毛晉家藏《清眞集》和《美成長短句》本。……今傳宋刻有兩種，一爲二卷本，一爲十卷評注本。八、二卷本爲宋淳熙七年庚子（1180）溧水刻本，有晉陽強煥序，序中未言詞集名稱。原刻已佚。……九至十、十卷本爲宋嘉定四年辛未（1211）刻陳元龍注本，題《詳注周美成詞片玉集》十卷，收詞一百二十七首，有劉肅序。此本刊行後，又有宋覆刻本。覆刻本朱祖謀以爲是陳元龍手校覆刻。覆刻本與原刻本版式相同，唯卷五有差異，卷首劉肅序亦缺『少章名元龍時嘉定辛未杪臘』十二字。又原刻本爲三冊，覆刻本爲二冊。」〔註11〕周詞在宋代版本如此之多，是宋詞別集刊刻之盛的一個典型所在，而其他的一流詞人諸如蘇軾，「宋刻本蘇軾詞、北宋時未知有無刻本傳世，南宋刻本則較多，或名《東坡先生長短句》，或名《東坡詞》，或稱《東坡樂府》。南宋所傳東坡詞，至少有十種版本。」〔註12〕而南宋時期詞人在其在世之時即有詞集付諸剞劂者更是宋詞別集刊刻繁盛的一個顯性體現。如辛棄疾在淳熙十五年（1188）即首次由其門人范開結集刊行，而其時辛棄疾年 49，因臺臣論列罷職閒居帶湖。

　　別集的大量刊行與廣泛流佈爲詞的總集和叢書的編刻提供了充裕的資源，自南宋初年以降，總集開始大量出現，從曾慥的《樂府雅詞》、不著姓名的《復雅歌詞》（已佚）、趙聞禮的《陽春白雪》、黃大輿的《梅苑》，到黃昇的《花庵詞選》、周密的《絕妙好詞》等，總集的編撰從數量上來說日漸增多，而從編撰的體例上亦各具特色。不僅從規模上從數卷到數十卷不等，且時有多至數十卷者，如曾慥的《樂府雅詞》爲三卷拾遺二卷，《陽春白雪》八卷外集一卷，黃大輿《梅苑》共十卷，黃昇的《花庵詞選》爲二十卷，而不著姓名的《復雅歌詞》則有五十卷之多。而且在具體的題材類別上，既有通代的詞集編刻如黃昇的《花庵詞選》，凡二十卷，前十卷爲《唐宋諸賢絕妙詞選》，

〔註11〕同上，第 176～179 頁。
〔註12〕同上，第 150 頁。

前八卷始於李太白，終於北宋王昂，後二卷分別爲方外、閨秀各 1 卷，共 134
家；後十卷則爲《中興以來絕妙詞選》，後十卷選中興以來各詞家之詞，始於
康與之，終於洪瑹，共 88 家，末附黃昇自作詞數十首。《花庵詞選》所選 750
餘首詞作，自唐五代以迄南宋理宗之時，可以視爲一部通代的詞選。而曾慥
的《樂府雅詞》所輯之詞，則爲一部宋代的詞選。曾慥在其序中說：「予所藏
名公長短句，裒合成篇。或後或先，非有詮次；多是一家，難分優劣。涉諧
謔則去之，名曰《樂府雅詞》。『九重傳出』，以冠於篇首；諸公《轉踏》次之。
歐公一代儒宗，風流自命，詞章窈眇，世所矜式。當時小人，或作豔曲，謬
爲公詞，今悉刪除。凡三十有四家，雖女流亦不廢。此外又有百餘闋，平日
膾炙人口，咸不知姓名，則類於卷末，以俟詢訪，標目『拾遺』云。」〔註13〕
而《梅苑》一編，則爲唐宋詞的一部專題性詞選，「宋黃大輿編。大輿字載萬。
錢曾《讀書敏求記》引王灼之語云：『字載方。殆書萬爲萬，又訛萬爲方，如
蕭方等之轉爲萬等歟？』其爵里未詳。厲鶚《宋詩紀事》稱爲蜀人，亦以原
序自署岷山耦耕，及《成都文類》載其詩，以意推之耳，無確證也。王灼稱
大輿歌詞與唐名輩相角。其樂府號廣變風，有賦梅花數曲，亦自奇特。然樂
府今不傳，惟此集僅存。所錄皆詠梅之詞，起於唐代，止於南、北宋間。自
序稱己酉之冬，抱疾山陽，三徑掃跡。所居齋前更植梅一株，晦朔未逾，略
已粲然。於是錄唐以來才士之作，以爲齋居之玩，目之曰梅苑。考己酉爲建
炎二年，正高宗航海之歲。山陽又戰伐之衝，不知大輿何以獨得蕭閒編輯是
集。殆己酉字有誤乎。昔屈、宋遍陳香草，獨不及梅。六代及唐，篇什亦寥
寥可數。自宋人始重此花，人人吟詠，方回撰《瀛奎律髓》，於著題之外，別
出梅花一類，不使溷於群芳。大輿此集，亦是志也。雖一題裒至數百闋，或
不免窠臼相因。而刻畫形容，亦往往各出新意，固倚聲者之所採擇也。集中
兼採蠟梅，蓋二花別種同時，義可附見。至九卷兼及楊梅，則務博之失，不
自知其氾濫矣。」〔註14〕

　　正是有了如此豐富的別集與總集的編刻和傳播，詞集叢書的編刻才有了
可能。從現存文獻所著錄的情況看，南宋時期所出現的諸如《百家詞》、《典
雅詞》、《六十家詞》、《三英集》、《琴趣外篇》等。這些詞集叢書的編刻從體
類上看，各具特色。首先是規模大，數種詞集從書中數量最大的爲《百家

〔註13〕《樂府雅詞》，沈陽：遼寧教育出版社，1997 年版，第 1 頁。
〔註14〕永瑢等：《四庫全書總目》卷一九九。

詞》，號爲《百家詞》，從前引陳振孫《直齋書錄解題》所著錄之名稱可知，共有 92 種詞集，收錄於此部叢書之中，其規模之大實難想像。而可同此規模相侔者如前引張炎《詞源》卷下謂：「舊有刊本《六十家詞》，可歌可誦者，指不多屈。中間如秦少游、高竹屋、姜白石、史邦卿、吳夢窗，此數家格調不侔，句法挺異，俱能特立清新之意，刪削靡曼之詞，自成一家，各名於世。」〔註15〕既謂《六十家詞》，則其中所輯家數當有六十家之多。而據陳振孫《直齋書錄解題》所載自南唐二主詞至郭應祥《笑笑詞》號《百家詞》，皆爲長沙書坊所刻，而《六十家詞》的六十家中，除卻秦觀之外，其他如高觀國、姜夔、史達祖、吳文英等皆不在《百家詞》目錄之列，則此《六十家詞》成書當晚於《百家詞》，與《百家詞》有一定的差異，而且在規模上應當也相當可觀。《百家詞》與《六十家詞》外，《典雅詞》所輯數量亦有數十冊之多，據前文所作考述可以看出，僅見於後世文獻著錄的即有 21 冊之多，至若在當時刊刻的數量應該更多。

其次，品類不一，各具特色。上列各種詞集，雖然現在可知的數量並不爲多，但從具體的品類上看，也較爲豐富。既有大型的通代詞集總匯如《百家詞》，其中收錄了唐宋時期眾多的總集、別集，堪稱一部唐宋詞的集大成；也有專門性的輯錄一代詞集或一類詞集者，如《樂府雅詞》、《典雅詞》所輯均爲南宋詞人的詞作，而《三英集》則輯錄的是周邦彥的《清眞詞》和方千里、楊澤民的兩部和作。

從具體的特徵上看，詞集叢書的編撰與宋代的詞壇生態亦有著密不可分的關係，首先，詞集叢書的編刻反映了宋代詞學傳播的環境。詞集叢書的編撰與刊刻爲宋詞的發展與傳播提供了有利的條件，同時也反映了宋詞的傳播生態。從刊刻的主體看，南宋時期的詞集叢刻一個最大的特色是書坊介入了詞集的刊刻，這是南宋時期詞的總集刊刻的一個普遍性特徵，如陳振孫《直齋書錄解題》所著錄的情況看，其時的不少詞的總集如「《草堂詩餘》二卷，《類分樂章》二十卷，《群公詩餘前後編》二十二卷，《五十大曲》十六卷，《萬曲類編》十卷，皆書坊編集者。」〔註16〕而《百家詞》如此大規模的詞集叢刻就是長沙劉氏書坊所刻，雖然明顯帶有「市人射利」的特徵，但從詞集叢書的編刻規模來看，卻對詞集的傳播起著非常重要的作用。書坊的介入使得

〔註15〕張炎：《詞源》卷下，《詞話叢編》本。
〔註16〕陳振孫：《直齋書錄解題》卷二十一，第 616 頁。

詞集的大量傳播和普及有了可能，使得大量的下層文人有了接觸和閱讀詞集的可能，由此也加速了詞集的迅速傳播和推廣，爲詞的傳播營造了一個非常有利的環境。

其次，詞集叢書的編刻與傳播，顯示了宋詞經典化的過程，宋詞的傳播是一個歷時性的過程，而在這個過程中，宋人刻宋集，尤其是宋人刻宋詞叢書，更能反映出宋代當世人對詞的接受，而這個接受的過程也是宋詞經典化的一個過程。詞集的編刻首先要有一個遴選的過程，尤其是書坊刻書，更能夠反映出時人對詞的接受，從書坊刻書的初衷看，有利可圖是其最基本的出發點，爲此，詞集的揀選一定要能夠滿足市場的需求，能夠反映大多數市民的需求，因而在詞集的遴選中更能夠體現出輯錄者汰粗取精、追求經典的編輯心理。如《百家詞》，儘管如陳振孫所言，是「市人射利，欲富其部帙，不暇擇也」，但從其所收詞集自《南唐二主詞》而下以迄郭應祥《笑笑詞集》凡 92 種看，《百家詞》所收詞集亦不可言完備，92 種詞集中，唐五代僅《南唐二主詞》與馮延巳《陽春錄》二種，北宋詞人詞作，從今天能夠見到的《全宋詞》所輯錄情況看，其數量亦不在少數，然《百家詞》中所刻北宋詞人詞集數量亦僅止於 20 餘種，近百種《百家詞》中，南宋人詞集約有 70 種，佔了整個叢刻的近 4/5。而在《直齋書錄解題》中，《南唐二主詞》而外的《花間詞》，以及北宋時期已有詞集刊刻傳世的不少作者如潘閬的《逍遙詞》等，都沒有闌入《百家詞》中。這說明《百家詞》在詞人詞作的擇取上應當有一定的去取原則，而並非「不暇擇也」。若以陳振孫《直齋書錄解題》所著錄之詞集進行比較，亦可發現，《百家詞》之刊刻當有所擇取。陳振孫所著錄「歌詞類」圖書一百二十種，其中所收《百家詞》92 種，最後一家爲郭應祥，《直齋書錄解題》謂郭氏爲嘉定（1208～1224）間人，則宋寧宗以前之詞人詞作，然《直齋書錄解題》所載宋人詞集除郭應祥以前 90 餘種外，尚有姜夔、姚寬、陳從古、王千秋、曾覿、張掄、史達祖、高觀國、劉過、蘇泂、盧祖皋、嚴仁、孫惟信、韓淲等 14 人宋人詞集尚不在《百家詞》之列，這 14 人從生活年代看，除卻盧祖皋等人稍晚於郭應祥外，其他人多早於郭應祥或大約與郭應祥同時，但是《百家詞》卻沒有收錄他們的詞作，原因何在？從《直齋書錄解題》著錄這 14 家詞看，在南宋中後期，這 14 家詞集的版本當有流傳於世者，否則難見於《直齋書錄解題》，然不入《百家詞》之列，必有一定的原因。細察此 10 餘位詞人，可以發現，主要是兩類人，一

類是人品低下者，他們或爲姦佞，或攀附權貴之人，如曾覿、張掄爲孝宗潛邸舊人，朝廷幸臣，〔註17〕史達祖夤緣權臣韓侂冑，而陳從古早年坐法免職，晚年以貪墨不才罷〔註18〕，故而爲選詞者所不齒，因此未入《百家詞》；一類是遊走於江湖之上的詞人如姜夔、劉過、蘇泂、嚴仁、孫惟信等人，這類詞人雖多有詞名，卻無仕宦經歷，不在《百家詞》遴選之列，原因或許在此。

　　再次，詞集叢書的編刻還反映了南宋時期詞壇的詞學觀念，反映了其時詞壇趨雅的發展趨勢。在南宋後期的詞學理論家那裏，尚雅更成了一種主流的認知，張炎《詞源》卷下謂：「詞欲雅而正，志之所之，一爲情所役，則失其雅正之音。耆卿、伯可不必論，雖美成亦有所不免。如『爲伊淚落』，如『最苦夢魂，今宵不到伊行』，如『天便教人，霎時得見何妨』，如『又恐伊，尋消問息，瘦損容光』，如『許多煩惱，只爲當時，一晌留情』，所謂淳厚日變成澆風也。」「詞要清空，不要質實。清空則古雅峭拔，質實則凝澀晦昧。姜白石詞如野雲孤飛，去留無跡。吳夢窗詞如七寶樓臺，眩人眼目，碎拆下來，不成片段。此清空質實之說。夢窗《聲聲慢》云：『檀欒金碧，婀娜蓬萊，遊雲不蘸芳洲。』前八字恐亦太澀。如《唐多令》云：『何處合成愁。離人心上秋。縱芭蕉不雨也颼颼。都道晚涼天氣好，有明月、怕登樓。前事夢中休。花空煙水流。燕辭歸、客尚淹留。垂柳不縈裙帶住，謾長是，繫行舟。』此詞疏快，卻不質實。如是者集中尚有，惜不多耳。白石詞如《疏影》、《暗香》、《揚州慢》、《一萼紅》、《琵琶仙》、《探春》、《八歸》、《淡黃柳》等曲，不惟清空，又且騷雅，讀之使人神觀飛越。」沈義父《樂府指

〔註17〕曾覿入《宋史·佞倖傳》，張掄「字材甫，履貫未詳。周密《武林舊事》載乾道三年三月高宗幸聚景園，知閣張掄進《柳梢青》詞，蒙宣賜。淳熙六年三月再幸聚景園，掄進《壺中天》慢詞，賜金杯盤法錦。是年九月，孝宗幸絳華宮，掄進《臨江仙》詞，則亦能文之士。又王應麟《玉海》曰，張掄爲《易卦補遺》，其說曰，易以初上二爻爲定體，以中四爻爲變。繫辭謂之中爻，先儒謂之互體。所謂雜物撰德，辨是與非，八卦互成，剛柔相易之道，非此無見焉。則掄亦留心於經術。又，張端義《貴耳集》曰，孝宗朝幸臣雖多，其讀書作文不減儒生，應制燕間，未可輕視。當倉卒翰墨之奉，豈容宿撰。其人有曾覿、龍大淵、張掄、徐本中、王抃、劉弼，當時士大夫，少有不遊曾、龍、張、徐之門者，則掄亦狎客之流。然《宋史·佞倖傳》僅有曾覿、龍大淵、王抃，不列掄等，則但以詞章邀寵，未亂政也。」（《四庫全書總目》卷一百十六）

〔註18〕事見周必大：《朝散大夫直秘閣陳公從古墓誌銘》，《文忠集》卷三十四。

迷》：「余自幼好吟詩。壬寅秋，始識靜翁於澤濱。癸卯，識夢窗。暇日相與倡酬，率多填詞，因講論作詞之法。然後知詞之作難於詩。蓋音律欲其協，不協則成長短之詩。下字欲其雅，不雅則近乎纏令之體。用字不可太露，露則直突而無深長之味。發意不可太高，高則狂怪而失柔婉之意。思此，則知所以爲難。子侄輩往往求其法於余，姑以得之所聞，條列下方。觀於此，則思過半矣。」「凡作詞，當以清眞爲主。蓋清眞最爲知音，且無一點市井氣。下字運意，皆有法度，往往自唐宋諸賢詩句中來，而不用經史中生硬字面，此所以爲冠絕也。學者看詞，當以周詞集解爲冠。」「康伯可、柳耆卿音律甚協，句法亦多有好處。」張炎與沈義父尚雅的詞學觀，可以看作是南宋後期詞學理論的一個代表性觀念。

而在詞的寫作與詞集的編刻上，崇雅也從南宋開始成爲詞壇的一個主流。伍崇曜《樂府雅詞跋》謂：「填詞雖小道，實源於風雅。故黃魯直序晏幾道《小山詞》，稱其樂府『可謂狹邪之大雅』；黃昇《中興詞選》謂張于湖集，舊名《紫微雅詞》；酮陽居士嘗輯《復雅》；周草窗善爲詞，題其堂曰『志雅』；張玉田《詞源》亦稱詞欲雅而正。端伯此集曰《樂府雅詞》猶此志也。」〔註19〕酮陽居士的《復雅歌詞序》或可看作是南宋前期詞壇復雅風尙的一面旗幟：

> 孟子嘗謂「今之樂猶古之樂」。論者以爲今之樂，鄭、衛之音也，烏可與《韶》、《夏》、《濩》、《武》比哉！孟子之言，不得無過。此說非也。《詩》，三百五篇，商、周之歌詞也，其言止乎禮義，聖人刪取以爲經。周衰，鄭、衛之音作，詩之聲律廢矣。漢興，制氏猶傳其鏗鏘。至元、成間，倡樂大盛，貴戚、五侯、定陵、高平、外戚之家，淫侈過度，至與人主爭女樂，而制氏所傳，遂泯絕無聞矣。《文選》所載樂府詩，《晉志》所載《碣石》等篇，古樂府所載其名三百，秦漢以下之歌詞也。其源出於鄭、衛，蓋一時文人有所感發，隨世俗容態而有所作也。其意趣格力，猶以近古而高健。更五胡之亂，北方分裂，元魏、高齊、宇文氏之國，咸以戎狄強種，雄據中夏，故其謳謠，淆糅華夷，焦殺急促，鄙俚俗下，無復節奏，而古樂府之聲律不傳。
>
> 周武帝時，龜茲琵琶工蘇祗婆者，始言七均；牛洪、鄭譯因而

〔註19〕金啓華等：《唐宋詞集序跋彙編》，第354頁。

演之，八十四調，始見萌芽。唐張文收、祖孝孫討論郊廟之歌，其數於是乎大備。迄於開元、天寶間，君臣相與爲淫樂，而明宗猶溺於夷音，天下薰然成俗。於是才士始依樂工拍彈之聲，被之以詞，句之長短，各隨曲度，而愈失古之「聲依詠」之理也。溫、李之徒，率然抒一時情致，流爲淫豔猥褻不可聞之語。

　　吾宋之興，宗工巨儒，文力妙天下者，猶祖其遺風，蕩而不知所止。脫於芒端，而四方傳唱，敏若風雨，人人歆豔咀味於朋遊尊俎之間，以是爲相樂也。其蘊騷雅之趣者，百一二而已。以古推今，更千數百歲，其聲律亦必亡無疑。屬靖康之變，天下不聞和樂之音者，一十有六年。紹興壬戌，誕敷詔音，弛天下樂禁。黎民歡忻，始知有生之快。謳歌載道，遂化爲國。由是知孟子以「今樂猶古樂」之言，不妄矣。〔註20〕

　　峒陽居士的這篇序文力倡騷雅，反對淫豔猥褻之音，在許多詞人的序跋中亦有著相似的表達。而以「雅」名詞集，更是宋室南渡以後詞壇尚雅風尚日濃的典型體現。南渡之初，蹙迫的國勢促使詞人和詞學批評者把關注的目光投向詞壇，作爲北宋後期徽宗詞壇俗詞大行其道風氣的一種延續，南宋初年的詞壇仍然深受俗詞的影響，南北宋之交的著名詞論家王灼在其《碧雞漫志》中所說的「今少年妄謂東坡移詩律作長短句，十有八九，不學柳耆卿，則學曹元寵。」〔註21〕或可謂是一種眞實的記錄。然而，正是在對這種俗詞大行其道的背景之下，對於「雅」的追求愈來愈成爲詞壇創作和批評的主導方向。此一時期的不少詞總集和詞人別集即以雅相尚，以雅定名，如不著姓名的《復雅歌詞》、曾慥的《樂府雅詞》、張孝祥的《紫微雅詞》、程垓的《書舟雅詞》，趙彥端的《寶文雅詞》等。與之相應，詞集叢書的的編刻亦多以雅相尚，如《典雅詞》之刻，更是以「典雅」直接命名，而「《六十家詞》，……中間如秦少游、高竹屋、姜白石、史邦卿、吳夢窗，此數家格調不侔，句法挺異，俱能特立清新之意，刪削靡曼之詞，自成一家，各名於世。」〔註22〕其中所收秦觀等數家「格調不侔，句法挺異，俱能特立清新之意，刪削靡曼之詞」，亦當入雅詞之列。

〔註20〕施蟄存：《詞籍序跋萃編》，北京：中國社會科學出版社，1994年版，第658～659頁。

〔註21〕王灼：《碧雞漫志》卷二，《詞話叢編》本。

〔註22〕張炎：《詞源》卷下，《詞話叢編》本。

第二節　明代中後期詞集的編刻與詞壇生態

在由唐至清的千年詞史鏈條上，明詞的歷史定位問題引得的譏議最多，輕者或謂明詞少有專門之家，「明詞專家少，粗淺、蕪率之失多，誠不足當宋元之續。」〔註23〕「蓋明詞無專門名家，一二才人如楊用修、王元美、湯義仍輩，皆以傳奇手爲詞，宜乎詞之不振也。」〔註24〕「詞自宋元之後，明三百年無擅長者。排之以硬語，每與調乖；竄之以新腔，難以譜合。至於崇禎之末，始具此體。」〔註25〕而重者則云：「有明一代，詞曲混淆，等乎詩亡。」〔註26〕「詞興於唐，盛於宋，衰於元，亡於明，而再振於我國初，大暢厥旨於乾嘉以還也。」〔註27〕又云：「詞至於明，而詞亡矣。伯溫、季迪，已失古意。降至升菴輩，句琢字煉，枝枝葉葉爲之，益難語於大雅。自馬浩瀾、施閬仙輩出，淫詞穢語，無足置喙。明末陳人中能以穠豔之筆，傳淒婉之神，在明代便算高手。然視國初諸老，已難同日而語，更何論唐、宋哉。」〔註28〕而更多的，「明詞中衰」，幾成定評。然三百年明詞，並非一無是處，乏善可陳，僅從可知的詞集數量上看，「明詞家數，因總集之罕傳，一時未易得其統計。然即據《蘭皋》選本，及《明詞綜》約略計之，亦有六七百家。」〔註29〕民國時期趙尊嶽孜孜搜討，輯成《惜陰堂匯刻明詞》（又名《明詞彙刊》），共得詞籍文獻凡 268 種，349 卷，其中別集 256 種，總集 9 種，詞譜 2 種，詞話 1 種，數量之大，由此可見一斑。而饒宗頤初纂、張璋總纂之《全明詞》（中華書局，2004 年），得詞家凡 1390 餘人，詞作約 2 萬首，在此基礎之上，周明初、葉曄所輯之《全明詞補編》（浙江大學出版社，2007 年）更輯得「詞人達六二九人，詞作五〇二一首，其中《全明詞》未收詞人四七一人之詞作三〇七六首，已收詞人一五九人之詞作一九四五首。」〔註30〕而《補編》所輯亦未可謂全，因爲「傳世的明人著述浩如煙海，分藏在各地大小圖書館，甚

〔註23〕況周頤：《蕙風詞話》卷五，屈興國輯注：《《蕙風詞話輯注》，南昌：江西人民出版社，2000 年版，第 215 頁。
〔註24〕吳衡照：《蓮子居詞話》卷三，《詞話叢編》，第 2461 頁。
〔註25〕朱彝尊：《水村琴趣序》，《曝書亭集》卷四十，《四部叢刊》本第 2 冊，第 4 頁。
〔註26〕蔣兆蘭：《詞說》，《詞話叢編》，第 4637 頁。
〔註27〕陳廷焯：《白雨齋詞話》卷一，《詞話叢編》，第 3775 頁。
〔註28〕陳廷焯：《白雨齋詞話》卷三，同上第 3823 頁。
〔註29〕趙尊嶽：《惜陰堂匯刻明詞記略》，《明詞彙刊》附錄。
〔註30〕周明初：《全明詞補編》後記，《全明詞補編》，杭州：浙江大學出版社，2007 年。

至有許多流散在海外，而明人別集總目之類的書籍也未見編纂行世，所以明人著述的家底至今尚未查清。要想將存世的全部明人集資一一過目翻檢，永遠只能是個奢念。對方志、家乘等中明詞的搜採剛剛開始，戲曲、小說中明詞的搜採尚未進行。所以這部《全明詞補編》所收，遠遠不是《全明詞》未收詞的全部。」〔註31〕

　　數量的多寡或許可以從一個方面證明明詞並非一無是處。而若論其特色，亦多有可觀之處，趙尊嶽最初發表於 1936 年 8 月 13 日《大公報》副刊上的《惜陰堂匯刻明詞記略》對明詞之特色作了這樣的歸納：「（一）明代開國時，詞人特盛，且詞家亦多有佳作。如劉基、高啓、楊基、陶安、林鴻諸作，均多可取。雖諸家多生於元季，尚沐趙宋聲黨之遺風，然劉高諸詞，竟可磨兩宋之壁壘，而姑蘇七子等，要亦多能問者，不可不謂爲開國時風氣所使然也。（二）明代亡國時，詞人特多，尤極工勝，以視南宋末年，幾有過之，殊無不及。且煌煌巨著，如曹元方、王屋、曹堪諸家，均積至數百首，更視稼軒、後村爲富。而夏存古、陸鉦、陳臥子諸作，雄奇凄麗，更奪水雲諸賢之席。蓋甲申之變，內亂外患，相迫而來，忠義之流，勢窮力促，或揮魯陽之戈（陳、夏均以儒生起義），或勵薇葛之節（陸係國亡後餓死），而要多託於變徵之音，其人固大節凜然，其詞自亦純金璞玉矣。（三）一代大臣，多古文之士，會昌一品，晏氏珠玉，人所共喻。明代亦然。若李東陽、王越、顧鼎臣、王鏊之流，無不有詞籍，且亦多可存之作。而夏言之賜閒堂，卷帙至富，學蘇彌得其神趣。嚴嵩之鈐山堂，亦別麗之以蘭荃。此誠唐宋以來所罕見。即蔡京、湯思退等，亦當退避三舍，是足見一時臺閣風會之所趨尚矣。（四）明代武職，多有能詞者，若任環之力抗倭寇、蔡道憲之不屈闖賊、萬惟檀之闔門殉節、孫承宗之巡守宣鎮，均有長短句播芳百世。此與希文巡邊，起塞上秋來之感，武穆陷陣，申黃龍痛飲之情，直可謂異曲而同工者。（五）理學家往往託跡大儒，力屛聲教，初不知考亭之每多秀句，魯齋之亦繼慢聲也。明代之以理學稱者，若邱仲深、薛應旂、陳龍正、陸桴亭諸家，卓然名世，然亦均有詞附集以傳。且其流美之情，正不亞於廣平之梅花作賦。用是可以證小儒迂拘之執，見賢者沖雅之情已。（六）女史詞在宋之李朱大家，昭昭在人耳目。元代即不多，林下詞選，幾難備其家數。而明代訂律拈詞，閨襜彤史，多至數百人，《眾香》一集，甄錄均詳（董氏覆印拙藏本大東書局發行）。

〔註31〕同上。

而筓珈若吳冰仙、徐小淑，煙花若王修微、楊宛之流，所値較豐，又復膾炙
人口，視畾勝瓊之僅存片玉、嚴蕊之僅付詼諧，自又奪過之足資諷籀也。（七）
道流爲詞，白玉蟾要爲首唱，虞道園每紹宗風。然道陵嫡系，初少傳位，惟
正嘉間貴溪張宇初爲天師哲嗣，所著《峴泉集》附詞，闡龍虎之金訣，發丹
華之玉音，斯爲詞人之別裁，亦鳴鶴所不廢者。（八）盲人治詞，無可徵考。
明季南陵盛於斯，因盲坐廢，家居數十年饒有著述，亦事塡詞，羈人亡國，
返聽收視，亦聲黨之傑出，而前此所未聞也。凡上所陳，雖不足盡明詞之概
要，然其特色所在，亦足供研精者考索之資。」〔註32〕從詞人群體的類別出
發，趙氏列舉了明代開國、末代、名臣、武職、理學、女性、道教、盲人等
八類，其中既有在身份特徵上與唐宋時期相同者，更有唐宋所未有者，如盲
人一類，實「前此所未聞」，即以女性詞人群體來說，明代較之於以詞名世的
宋代而言，亦自有其特色，「訂律拈詞，閨襜彤史，多至數百人」，其中亦不
乏膾炙人口之作。而民國時期吳灝編選之《歷代名媛詞選》，收錄的明代女詞
家即達 86 人之多。

在詞學理論和詞學觀念上，明代詞壇，尤其是明代中前期的詞壇，呈現
出尚豔、尚俗的主導傾向，「明人詞體觀念的基本定勢是出於對南宋和元初詞
壇的雅正與清泚的審美理想和審美趣味的反動，趨向於淺俗與香弱。五代時
穠豔的《花間集》與南宋流行的淺近香豔的《草堂詩餘》，成了明人作詞時學
習和仿傚的坎本。這是明人根據社會審美觀念而作的選擇。明代統治者大力
提倡理學，宣揚禁欲主義，但統治者實際上又私下變態地縱欲。不少文人在
通俗文藝中公開聲言反對理學思想對於人性的桎梏，爲人的情慾需要作大膽
的辯護。明人也沿襲五代和北宋人將詞體作爲表現私人生活場景的工具，所
以他們在論詞時公然反對南宋人『雅正』的論詞主張。如王世貞便鮮明地表
示對豔詞的讚賞態度，不願披著儒者的僞裝，而『寧爲大雅罪人』。他說：『蓋
六朝諸君臣，務裁豔語，默啓詞端，實爲濫觴之始。故詞須宛轉綿麗，淺至
儇俏，挾春月秋花於閨襜內奏之，一語之豔，令人魂絕，一字之工，令人色
飛，乃爲貴耳。至於慷慨磊落，縱橫豪爽，抑亦其次，不可作耳。作則寧爲
大雅罪人，勿儒冠而胡服也。』」〔註33〕總體看來，尚俗、尚豔的詞學觀念在
明代中前期甚爲流行，然在萬曆以後的明代後期，這種情況發生了改變，尚

〔註32〕趙尊嶽：《惜陰堂匯刻明詞記略》，《明詞彙刊》附錄。
〔註33〕謝桃坊：《中國詞學史》，成都：巴蜀書社，2002 年版，第 141 頁。

雅崇正的詞學觀念開始在其時的詞學家和詞人那裏實現了一定程度的回歸，一些詞人和詞學家儘管對詞雖依然以「小道」「末技」等稱之，但對詞體地位、功能等的認識已經有了很大的改變。如多被詞家稱爲明詞第一的明季詞人陳子龍，即是如此，他在《三子詩餘序》對詞體之功能與特徵作了這樣的體認：「詩與樂府同源，而其既也，每迭爲盛衰。豔辭麗曲，莫盛於梁陳之季，而古詩遂亡。詩餘始於唐末，而婉暢穠逸，極於北宋；然斯時也，並律詩亦亡。是則詩餘者，匪獨莊士之所當疾，抑亦風人之所宜戒也。然亦有不可廢者。夫風雅之旨，皆本之情，情之作必託於閨幨之際。代有新聲，而窮想擬議，於是以溫厚之篇，含蓄之旨，未足以寫哀而宣志也。思極於迫琢而纖刻之辭來，情深於柔靡而婉戀之趣合，志溺於燕情而妍綺之境出，態趨於蕩逸而流暢之調生；是以縷裁至巧而若出自然，警露已深而意會未盡。雖曰小道，工之實難，不然何以世之才人，每濡首而不辭也。」〔註34〕儘管在序中依然謂詞爲「小道」，且謂「詩餘者，匪獨莊士之所當疾，抑亦風人之所宜戒也」，「然亦有不可廢者」，因爲「風雅之旨，皆本之情，情之作必託於閨幨之際」。而在另一篇詞序中，陳子龍也表達了相似的觀點：「宋人不知詩而強作詩，其爲詩也，言理而不言情，故終宋之世，無詩焉。然宋人亦不免於有情也，故凡其歡愉愁怨之致，動於中而不能抑者，類發於詩餘，故其所造獨工，非後世可及。蓋以沉摰之思而出之必淺近，使讀之者驟遇之如在耳目之前，久誦之而得沉永之趣，則用意難也。以嬛利之詞而制之實工練，使篇無累句，句無累字，圓潤明密，言如貫珠，則鑄調難也。其爲體也纖弱，所謂明珠翠羽，尚嫌其重，何況龍鸞。必有鮮妍之姿，而不藉粉澤，則設色難也。其爲境也婉媚，雖以警露取妍，實貴含蓄有餘不盡，時在低回唱歎之際，則命篇難也。惟宋人專力事之，篇什既多，觸景皆會，天機所啓，若出自然，雖高談大雅，而亦覺其不可廢，何則，物有獨至，小道可觀也。」〔註35〕故在詞體功能的體認上，陳子龍已然不同於此前詞家的認識。而在具體的創作實踐上，陳子龍的作品也多能一改綺豔之姿。如陳廷焯評陳子龍的兩首詞說：「陳臥子《山花子》云：『楊柳淒迷曉霧中。杏花零落五更鐘。寂寂景陽宮外月，照殘紅。蝶化綵衣金縷盡，蟲銜畫粉玉樓空。惟有無情雙燕子，舞

〔註34〕陳子龍：《三子詩餘序》，《安雅堂稿》卷三，臺灣：偉文圖書出版社有限公司，1977年版，第191～193頁。
〔註35〕陳子龍：《王介人詩餘序》，同上，第194～195頁。

東風。』淒麗近南唐二主，詞意亦哀以思矣。又江城子後半闋云：『楚宮吳苑草茸茸。戀芳叢。繞游蜂。料得來年，相見畫屏中。人自傷心花自笑，憑燕子、罵東風。』亦綿邈淒惻。」〔註36〕而這種在詞學實踐上不同於中前期詞壇的情況並不止於陳子龍一人，如況周頤《眉廬叢話》云：「陸鈺，字眞如。萬曆戊午舉人，改名蓋誼，字忠夫，晚號退庵。甲申乙酉遭變，隱居貢師泰之小桃源。未幾，絕食十二日卒。其詞曰《陸射山詩餘》。陸宏定，字紫度，眞如公次子，高潔不仕，其詞曰《憑西閣長短句》。皆清雋高渾，與明詞纖庸少骨者不同。」〔註37〕況氏謂陸鈺父子詞作「皆清雋高渾，與明詞纖庸少骨者不同」，評價高低且不去論，而晚明詞風之轉變由陸氏父子可見一斑。趙尊岳為所輯盧象升（1600～1638）《盧忠烈公詞》作的提要云：「遺集附詞七首，風格遒上，如《丁丑重九次范希文》《漁家傲》起拍云：『怪是重陽風雨惡。東籬把菊寒酸作。醉掾當歌吹落帽。皆寂寞。人間漫說登高樂。』遒勁有致。又《西江月·次秦少游》下半闋云：『別館疏櫳風細，孤幃繡榻香寒。昔時雲雨夢中難。欲覓佳期已晚。』雖涉側豔，而眞率似北宋人語。又《漁家傲》換頭云：『畫角一聲天地裂。熊狐蠢動驚魂掣。絕影嬌驄看並逐。眞捷足，將軍應取燕然勒。』雖有失韻，雄而不獷，亦神逼稼軒。於以知其深於詞也。」〔註38〕趙氏亦以「風格遒上」評價盧象升的詞作，且謂其「雄而不獷，亦神逼稼軒」，由此亦可見出盧氏之與明代中前期詞風之不同。

明代後期詞學理論與創作實踐的轉型表明了明代後期詞壇生態的改變，在這樣的情形之下，詞集叢書的編刻也與其時的詞的創作和詞學理論一樣成為詞壇生態環境改變的風向標，一方面反映了詞壇風氣的改變，一方面也對詞壇風氣的改變起到了一定的促動作用。明代後期詞集編刻對於詞壇生態的作用與反作用可從毛晉輯刻的《宋六十家名詞》、《詞苑英華》以及雲間派詞人的詞集《幽蘭草》、《倡和詩餘》等叢刻中得到反映。

毛晉在詞集叢刻史上所佔據的地位舉足輕重，一方面，毛氏所刻詞集叢書是現存最早的詞集叢刻，其詞史意義不言而喻。另一方面從詞集叢刻所輯詞集選擇上亦能見出作者的詞學觀念與其時的詞壇生態和詞學發展趨勢。

〔註36〕陳廷焯：《白雨齋詞話》卷三，《詞話叢編》，第 3824 頁。
〔註37〕孫克強，岳淑珍：《金元明人詞話》，天津：南開大學出版社，2012 年，第 696 頁。
〔註38〕趙尊嶽：《惜陰堂匯刻明詞提要·盧忠烈公詞一卷》，《詞學季刊》第一卷第三號。

　　從詞集的編選看詞壇從崇尚俗豔向雅正的回歸。中前期詞壇之上對於《花間》、《尊前》、《草堂詩餘》等唐宋詞選的追摹甚力，尤其是《草堂詩餘》，明人嗜之尤甚，毛晉云：「宋元間詞林選本幾屈百指，惟《草堂詩餘》一編飛馳。幾百年來，凡歌欄酒榭，絲而竹之者，無不挾譜雀躍，及至寒窗腐儒挑燈閒看，亦未嘗欠伸魚睨，不知何以動人一至此也！」〔註39〕朱彝尊亦謂：「古詞選本，若《家宴集》、《謫仙集》、《蘭畹集》、《復雅歌詞》、《類分樂章》、《群公詩餘後編》、《五十大麯》、《萬曲類編》及草窗周氏《選》，皆軼不傳，獨《草堂詩餘》所收最下最傳，三百年來，學者守爲《兔園冊》，無惑乎詞之不振也。」〔註40〕評論中雖非盡爲平正之語，但能夠反映出明人詞選中所體現出的詞學觀，然而這種觀念在明代中後期有所改觀，陳耀文遴選《花草粹編》，雖然雖然依然以婉媚爲宗，以《花間》、《草堂》爲主要的選取對象，且從體例上仿照《草堂詩餘》，但亦選錄了姜夔、張炎、史達祖、蔣捷等詞人的作品近百首。「在明代《花》、《草》盛行的背景之下，姜夔等風雅派詞人的詞幾乎失傳，而陳耀文仍選取了部分『雅詞』入選，這是對『雅詞』的一種回歸，而這種回歸直接影響到清代浙西詞派朱彝尊等人，使得『雅詞』在經歷了明代詞體的消寂之後，在清代重新成爲論詞之典範。」〔註41〕毛晉的《詞苑英華》在詞集的輯錄上反映了詞集編選的這種新變，在所收的九種詞集中，不但收錄了《花間集》十卷、《尊前集》二卷、《草堂詩餘》四卷、《詞林萬選》四卷，顯示了毛晉對明人詞學偏好的一種承襲，而在此之外，而且輯入了宋黃昇《花庵絕妙詞選》十卷、《中興絕妙詞選》十卷。而《花庵詞選》在體格上，已經明顯非《花》、《草》所可比。「觀升自序，其意蓋欲以繼趙崇祚《花間集》、曾慥《樂府雅詞》之後，故搜羅頗廣。其中如李後主《山花子》一首，本李璟之作，《南唐書》載馮延巳之對可證。亦未免小有疏舛。然升本工詞，故精於持擇。自序稱暇日裒集得數百家，而所錄止於此數。去取亦特爲謹嚴，非《草堂詩餘》之類參雜俗格者可比。」〔註42〕毛晉在輯錄《花》、《草》等基礎之上，又輯錄了《尊前集》、《花庵詞選》二十卷，可以見出毛氏補偏救弊

〔註39〕毛晉：《〈草堂詩餘〉跋》，施蟄存：《詞籍序跋萃編》，北京：中國社會科學出版社，1994 年，第 670～671 頁。

〔註40〕朱彝尊：《詞綜發凡》，《詞綜》。

〔註41〕丁放、鮑菁：《論〈花草粹編〉選詞的主導傾向》，《安徽教育學院學報》，2007年第 5 期。

〔註42〕永瑢等：《四庫全書總目》卷一九八。

的意識。即使如《花間集》，毛晉的認識也並不止於綺豔，在《花間集跋》中，毛晉說：「近來塡詞家輒效顰柳屯田，作閨幃穢媟之語，無論筆墨勸淫，應墮犁舌地獄，於紙窗、竹屋間，令人掩鼻而過，不慚惶無地邪？若彼白眼罵坐，臧否人物，自詫辛稼軒後身者，譬如雷大起舞，縱使極工，要非本色。張宛丘云：幽索如屈宋，悲壯如蘇李。始可與言詞也已矣。亟梓斯集以爲倚聲塡詞之祖。」〔註43〕從跋語中可知，毛晉對於柳永的「閨幃穢媟之語」頗有微詞，而毛氏對於詞的體認則認同於張耒的「幽索如屈宋，悲壯如蘇李」的觀點，而在「雍、熙間，有集唐末、五代諸家詞，命名『家宴』，爲其可以侑觴也。又有名《尊前集》者，殆亦類此，惜其本皆不傳。嘉禾顧梧芳氏，採錄名篇，釐爲二卷，仍其舊名，雖不堪與《花間》、《草堂》頡頏，亦能一洗綺羅香澤之態矣。」「一洗綺羅香澤之態」一語出自胡寅的《酒邊詞序》，是胡寅用來評價東坡詞的，原文爲：「及眉山蘇氏，一洗綺羅香澤之態，擺脫綢繆宛轉之度，使人登高望遠，舉首高歌，而逸懷浩氣，超然乎塵垢之外。於是花間爲皁隸，而柳氏爲輿臺矣。」毛晉藉此句來評論《尊前集》，可見其對綺豔之詞的否定。而在輯錄的《宋六十名家詞》中，毛晉爲諸家詞作所作的跋文亦能見出毛晉力矯俗豔的詞學趨向。

毛晉刻《宋六十名家詞》，篇必有跋，跋文雖多爲三言兩語，但其中亦能明確透露出毛晉對綺麗軟媚詞風的貶抑和對清新俊逸乃至剛健豪壯詞風的激賞。從毛晉對所輯刻諸家詞集所作的跋語看，對於晏殊、歐陽修等搜五代詞風濡染較深的詞家，即使是其詞作中偶有涉綺豔者，毛晉亦能引前人之語，加以迴護，如跋晏殊詞：「間作小詞，其暮子幾道云先公爲詞未嘗作婦人語也。」實際的情形並非如此，趙與時《賓退錄》載：「《詩眼》云：晏叔原見蒲傳正曰：『先君平日小詞雖多，未嘗作婦人語也。』傳正曰：『綠楊芳草長亭路，年少拋人容易去，豈非婦人語乎？』叔原曰：『公謂年少爲所歡乎，因公言，遂解得樂天詩兩句：欲留所歡待富貴，富貴不來所歡去。』傳正筆而悟。余按全篇云：『綠楊芳草長亭路，年少拋人容易去。樓頭殘夢五更鐘，花底離愁三月雨。　　無情不似多情苦，一寸還成千萬縷。天涯地角有窮時，只有相思無盡處。』蓋眞謂所歡者，與樂天『欲留年少待富貴，富貴不來年少去』之句不同，叔原之言失之。」〔註44〕而跋歐陽修的《六一詞》則曰：「集

〔註43〕施蟄存：《詞籍序跋萃編》，第635頁。
〔註44〕趙與時：《賓退錄》，叢書集成初編本。

中更有浮豔傷雅不似公筆者，先輩云疑以傳疑，可也。」至於向稱俗豔的柳永，毛晉跋曰：「耆卿初名三變，後更名永，官至屯田員外郎，世號柳屯田。所製樂章，音調諧婉，尤工於羈旅悲怨之辭，閨帷淫媟之語。東坡拈出『霜風淒緊，關河冷落，殘照當樓』，謂唐人佳處，不過如此。一日，東坡問一優人曰：『吾詞何如柳耆卿？』對曰：『柳屯田宜十七八女郎，按紅牙拍，唱楊柳岸曉風殘月，學士詞須銅將軍鐵綽板，唱大江東去。』言外褒彈，優人固是解人。」至於以豪放著稱於世的蘇辛詞派，毛晉謂：「稼軒晚年來卜築奇獅，專工長短句，累五百首有奇。但詞家爭鬥穠纖，而稼軒率多撫時感事之作，磊砢英多，絕不作妮子態。」而對於陳亮的詞作，毛晉則曰：「余正喜同甫不作妖語媚語，偶閱《中興詞選》得《水龍吟》以後七闋，亦未能超然。但無一調合本集者，或云贋作。蓋花庵與同甫俱南渡後人，何至誤謬若此，或花庵專選綺豔一種。而同甫子沈所編本集，特表阿翁磊落骨幹，故若出二手。況本集云詞選，則知同甫之詞不止於三十闋，既補此花庵所選，亦安得云全豹耶，姑梓之，以俟博雅君子。」〔註45〕而對於南宋姜夔、史達祖、吳文英等南宋騷雅派詞人，毛晉也表現出了推揚之情。在《梅溪詞跋》中，毛晉說：「余幼讀《雙雙燕》詞，便心醉梅溪，今讀其全集，如『醉玉生香』『柳髮梳月』等語，則『柳昏花暝』之句，又不足多矣。姜白石稱其奇秀清逸，有李長吉之韻，益能融情景於一家，會句意於兩得，豈易及耶？」而在《白石詞跋》中亦云：「白石詞盛行於世，多逸『五湖舊約』及『燕雁無心』諸調。前人云：花庵極愛白石，選錄無遺。既讀《絕妙詞選》，果一一具載，真完璧也。范石湖評其詩云：有裁雲縫月之妙手，敲金戛玉之奇聲。予於其詞亦云。」而對於其他一些詞人毛晉所關注的也多是清新之氣，如跋《散花庵詞》云：「叔暘（按，當為「暘」）自號玉林，別號花庵詞客，早棄科舉，雅意讀書，顏其居曰散花庵。嘗選唐宋詞及中興以來詞各十卷，曰《絕妙詞選》。末載自製詞四十首，有總跋云：『其間體制不同，無非英妙傑特之作。』昔遊受齋稱其詩為『晴空冰柱』，樓秋房喜其與魏菊莊友善，以泉石清士目之。余於其詞亦云。」

　　詞譜之學的興起反映了明代中後期詞學發展的新動向，這在毛晉的詞集叢刻中也有所反映。詞譜詞韻之學發端於宋代，王灼的《碧雞漫志》與張炎的《詞源》始肇其源，其中有部分內容涉及到詞調、詞譜、詞韻等方面的內

〔註45〕毛晉：《龍川詞補遺跋》。

容，然其時尚未成專門之學。「詞萌於唐，而大盛於宋。然唐、宋兩代皆無詞譜。蓋當日之詞，猶今日里巷之歌，人人解其音律，能自製腔，無須於譜。其或新聲獨造，爲世所傳，如霓裳羽衣之類，亦不過一曲一調之譜，無裒合眾體，勒爲一編者。元以來南北曲行，歌詞之法遂絕。姜夔《白石詞》中間有旁記節拍，如西域梵書狀者，亦無人能通其說。今之詞譜，皆取唐、宋舊詞，以調名相同者互校以求其句法字數，取句法字數相同者互校以求其平仄。其句法字數有異同者則據而注爲又一體。其平仄有異同者則據而注爲可平可仄。自《嘯餘譜》以下，皆以此法推究。得其崖略，定爲科律而已。」〔註46〕若論系統地對詞譜、詞韻進行專門研究與整理的，則始自明代中後期。在這一時期內，現存的詞譜、詞韻之專書即有周瑛的《詞學筌蹄》（弘治刻本）、張綖的《詩餘圖譜》（萬曆刻本）、謝天瑞的《新鐫補遺詩餘圖譜》（萬曆刻本）、程明善的《嘯餘譜》（天啓刻本）、萬惟檀的《詩餘圖譜》（崇禎刻本）等。其中尤其是《詩餘圖譜》，在張綖編撰完成並於萬曆年間刊刻後，就有明崇禎八年（1635）毛鳳苞訂正、王象晉重刻本（後又收入汲古閣刊《詞苑英華》本），後亦有謝元瑞《詩餘圖譜補遺》六卷，明萬曆二十七年（1597）謝氏刊本，游元涇增訂《增正詩餘圖譜》三卷，明萬曆二十九年（1599）游氏刊本，以及毛晉撰的《詩餘圖譜補略》一卷，汲古閣刊本等。鄒祗謨云：「今人作詩餘，多據張南湖《詩餘圖譜》，及程明善《嘯餘譜》二書。南湖譜平仄差核，而用黑白及半黑半白圈，以分別之，不無魚豕之訛。且載調太略，如《粉蝶兒》與《惜奴嬌》，本係兩體，但字數稍同，及起句相似，遂誤爲一體，恐亦未安。至《嘯餘譜》則舛誤益甚，如《念奴嬌》之與《無俗念》、《百字謠》、《大江乘》，《賀新郎》之與《金縷曲》，《金人捧露盤》之與《上西平》，本一體也，而分載數體。《燕春臺》之即《燕臺春》，《大江乘》之即《大江東》，《秋霽》之即《春霽》，《棘影》之即《疏影》，本無異名也，而誤仍訛字。或列數體，或逸本名。甚至錯亂句讀，增減字數，而強綴標目，妄分韻腳。又如《千年調》、《六州歌頭》、《陽關引》、《帝臺春》之類，句數率皆淆亂。成譜如是，學者奉爲金科玉律，何以迄無駁正者耶。」〔註47〕謝章鋌云：「洪稚

〔註46〕永瑢等：《四庫全書總目》卷一九九。

〔註47〕鄒祗謨：《遠志齋詞衷》，《詞話叢編》本。然張仲謀謂：「鄒祗謨《遠志齋詞衷》、沉雄《古今詞話》等指責張綖《詩餘圖譜》說：『如《彩蝶兒》與《惜奴嬌》，本係兩體，但字數稍同，及起句相似，遂誤爲一體，恐亦未安。』還有學者指責其把《雙雁兒》與《醉紅妝》誤爲一體，把《杏花天》與《於

存亮吉與黃仲則景仁並名，其詞亦不相上下。第稚存早年多沿《嘯餘圖譜》，時有錯拍。」〔註48〕雖是兩則載錄《嘯餘譜》與《詩餘圖譜》有誤的例證，卻從另一個方面證明明代的詞譜之學在清代的影響之大。而毛晉的《詞苑英華》中即輯入了張綖的《詩餘圖譜》。

　　毛晉的詞集叢刻在文獻上的價值厥功甚偉，其所刻《詞苑英華》及《宋六十名家詞》等成為後世學詞者心摹手追的對象，為詞學愛好者依聲填詞提供了極好的範本，明清之際與毛晉同時而稍晚的鄒祗謨在談及其對前人詞集的學習時這樣說：「己丑（1649）庚寅（1650）間，常與文友取唐人《尊前》、《花間》集，宋人《花庵詞選》，及《六十家詞》，摹倣僻調將遍。因為錯綜諸家，考合音節，見短調字數多協，而長調不無出入。以是知刻舟記柱，非善用趙瑟者也。」〔註49〕其中所列諸詞集即是毛晉所刻《詞苑英華》及《宋六十名家詞》所輯錄的詞集。而清代乾隆時期《四庫全書》所輯詞集也有很多來源於毛晉的汲古閣所刻諸詞集，或者以汲古閣所刻作為重要的版本參照對象。儘管四庫館臣對毛晉所刻詞集批評有加，但《四庫全書》對於毛氏叢刻的依賴卻是公認的。

　　中好》誤為一體。實際上這些錯誤均是由王象晉「重刻本」增添附注所造成的，嘉靖本並無錯誤。」（《張綖〈詩餘圖譜〉研究》，《文學遺產》，2010年第5期）

〔註48〕謝章鋌：《賭棋山莊詞話》卷三，《詞話叢編》本。

〔註49〕鄒祗謨：《遠志齋詞衷》，《詞話叢編》本。

第四章　詞集叢刻與清代詞學流派之遞嬗

第一節　《浙西六家詞》之刊刻與浙西詞派

　　浙西詞派在康熙十八年前後漸成氣候，論其原因，論者多歸結爲《樂府補題》等的刊刻。〔註1〕然若深究影響浙西詞派形成之諸多因子，《浙西六家詞》這一詞集的刊刻，實不可不視爲浙西詞派張幟、爭勝於清詞壇坫之上的一道重要津梁。

一

　　康熙十八年（1679），龔翔麟將朱彝尊《江湖載酒集》三卷，李良年《秋錦山房詞》一卷，沈皞日《柘西精舍集》一卷，李符《耒邊詞》二卷，沈岸登《黑蝶齋詞》一卷，以及自己的《紅藕莊詞》二卷合爲一輯，〔註2〕付與剞氏，是爲《浙西六家詞》。龔翔麟《消息》詞序謂：「刻《六家詞》竟，懷竹

〔註1〕 嚴迪昌先生即認爲《樂府補題》與浙派興盛有著重大的關係（參見嚴著《清詞史》，第247～254頁，「《樂府補題》與『浙西』成派的關係」，江蘇古籍出版社，2001年版）；魯竹《〈樂府補題〉與浙西六家的詠物詞──兼論浙西詞派的形成》（載《南陽師範學院學報》，2002年第5期）一文亦有探討。

〔註2〕 《浙西六家詞》初刻爲十卷，龔翔麟《紅藕莊詞》第三卷「乃續刻於日下者」（邵璸《紅藕莊詞跋》，《浙西六家詞》，《四庫全書存目叢書》集部425，第99頁）

垞、柘西、南潯在日下，秋錦在濠上，效陳西麓允平體」詞曰：「橘雨初消，杏簷還濕，籬花新黃。雁字風刀，一繩吹斷，樓小斜照長。」則詞集之刊刻完畢當在是年秋日。

儘管清人蔣景祁說：「浙爲詞藪，『六家』特一時偶舉耳，故未足概浙西之妙」，〔註3〕李符《江湖載酒集序》也說龔翔麟刻朱彝尊《江湖載酒集》的原因是「慮其稿之散漫而易失，亟授剞氏。蓋先詩與文以行矣」，由此中所言看，詞集的刊刻或許帶有一定的促迫性，然《浙西六家詞》的刊刻卻非一種偶然性的行爲，而是以朱彝尊爲領袖、李良年、李符、沈皞日、沈岸登、龔翔麟等人爲羽翼的一個詞人群體相與唱和的階段性總結。

朱彝尊《魚計莊詞序》謂：「曩予與同里李十九武曾，論詞於京師之南泉僧舍，謂小令宜師北宋，慢詞宜師南宋，武曾深然予言。是時，僧舍所作頗多，錢唐龔衡圃，遂以吾兩人所著，刻《浙西六家詞》。」〔註4〕從眾多的詞人詞作中，龔翔麟選取了朱彝尊、李良年二人之作入詞集叢刻，表明龔氏在刊刻眾人詞集時當是有所擇取的，而並非倉促爲之。厲鶚謂：「侍御（龔翔麟）爲太常卿佳育子，風流淹雅，少日喜爲樂章，出入梅溪、白石諸公。太常開藩江左，署有瞻園。禾中朱檢討彝尊、李徵士良年、上舍符、沈明府皞日、上舍岸登，皆在賓榻。酒闌棋罷，相與唱和。刻《浙西六家詞》行於時。」〔註5〕朱彝尊等人俱爲龔佳育幕中僚客，而龔佳育開藩江左在康熙十六年，從《浙西六家詞》所收各家詞作看，集中即多有朱彝尊等人相與唱和之作。然若以幾人交往而論，六人定交的時間則更早。

六人中，朱彝尊與李良年、李符爲同里故舊，而「蘅圃交竹垞最早，爲倚聲最先」〔註6〕在前此四年的康熙十二年，朱彝尊已入龔佳育幕中，且與龔翔麟成忘年之交。李符爲龔翔麟所作《紅藕莊詞序》謂：「詞至晚宋極變而工，一時名流，往往託跡西泠，篇章傳播最盛。數百年來殘譜零落，未有起而搜集者。竹垞工長短句，始留意搜訪，十得八九。當其客通潞時，蘅圃與之朝夕，悉取諸編而精研之。」〔註7〕據楊謙所纂《朱竹垞先生年譜》所載：朱彝尊康熙十二年「秋，客潞河龔僉事（佳育）幕中」十三年「留潞河」，十

〔註3〕蔣景祁：《刻〈瑤華集〉述》，《瑤華集》，康熙二十五年刻本，第1頁。
〔註4〕朱彝尊：《曝書亭集》，上海：世界書局，1937年版，第490頁。
〔註5〕厲鶚：《東城雜記》，北京：中華書局，1958年版，第61頁。
〔註6〕《賭棋山莊詞話》卷十一，《詞話叢編》，第3464頁。
〔註7〕龔翔麟：《浙西六家詞》，濟南：齊魯書社，1997年版，第99頁。

四年「九月自潞河奔喪回裏」，十五年「復客潞河」，十六年「龔僉事擢江寧南布政司，先生偕至江寧」，十七年「夏，自江寧應召入都」。〔註8〕康熙十三年朱彝尊有《鴛鴦湖棹歌》一百首，其序謂：「甲寅歲暮，旅食潞河，言歸未遂，爰憶土風，成絕句百首。」〔註9〕從康熙十二年秋至十七年夏的近五年時間中，除卻其中數月因嗣父朱茂暉故去而奔喪回裏外，其餘時間均在龔佳育幕中。幾年中，朱彝尊與龔翔麟等人朝夕相處，相互切磋研磨詞集，進而形成「竹垞超倫絕群，以匹迦陵，洵無愧色，餘子皆當斂袵。然而李氏武曾、分虎〔符，《耒邊詞》〕，沈氏融谷〔暤日，《柘西精舍集》〕，覃九〔岸登，《黑蝶齋詞》〕，機雲競爽，咸籍並稱。竹垞先登，蘅圃〔龔翔麟《紅藕莊詞》〕後勁，浙西風雅，允冠一時」的壯盛局面，〔註10〕浙派之名以此風行。

　　由此而言，而詞集的刊刻確可謂爲浙派形成中之一重要關捩。在詞集刊刻之前，朱彝尊等人相與唱和，切劘詞藝，業已形成一個同聲相應、同氣相求的詞人群體，然尚無一個名稱以統領這個詞人群體，因此，《浙西六家詞》的刊刻可謂是水到渠成之事，既是對朱彝尊等人詞的創作的階段性總結，也是爲浙西詞派之定名、群體之形成所作的一個提綱挈領性的總結與提升，清人陳對鷗謂：「國初以來，江左言詞者，無不以迦陵爲宗，家嫻戶習，一時稱盛，然猶有《草堂》之餘。自《浙西六家詞》出，瓣香南宋，另開生面。於是四方承學之士，從風附響，知所指歸。」〔註11〕應當說，《浙西六家詞》的刊刻起到了開宗立派的標舉之作用，自《浙西六家詞》刊刻之後，浙西詞派之名始風行天下，而浙派作爲清代詞學壇坫之上影響最大的一個流派也自此宣告正式形成。由此而言，《浙西六家詞》的刊刻也絕非偶然之舉。

二

　　明季清初，詞壇多崇尚南唐、北宋，而對南宋詞作多有貶黜，徐珂謂：「明崇禎之季，詩餘盛行，人沿竟陵一派。入國朝，合肥龔鼎孳、眞定梁清標，皆負盛名。而太倉吳偉業尤爲之冠，其詞學屯田、淮海，高者直逼東坡，王士禎以爲明黃門陳子龍之勁敵。自餘若錢塘吳農祥、嘉興王翃、周篔，亦有

〔註8〕　朱彝尊：《曝書亭詞》，廣州：廣東人民出版社，1987年版，附錄四，第449～450頁。
〔註9〕　朱彝尊：《竹垞文類》，濟南：齊魯書社，1997年版，第313頁。
〔註10〕　《賭棋山莊詞話》卷十一，《詞話叢編》，第3462頁。
〔註11〕　《詞苑萃編》卷之八，《詞話叢編》，第1951頁。

名於時。其後繼起者，有前七家、後七家，前十家、後十家之目。前七家者，華亭宋徵輿、錢芳標，無錫顧貞觀，新城王士禎，錢塘沈豐垣，海鹽彭孫遹，滿洲性德也。徵輿字轅文，其詞不減馮章。芳標字葆酚，原出義山，神味絕似淮海。貞觀字華峰，號梁汾，考聲選調，吐華振響，浸浸乎薄蘇、辛而駕周、秦。士禎字貽上，號阮亭，別號漁洋山人，尤工小令，逼近南唐二主。豐垣字遹聲，其詞柔麗，源出於秦淮海、賀方回。孫遹字羨門，多唐調，士禎撰倚聲集，推爲近今詞人第一，嘗稱其吹氣若蘭，每當十郎，輒自愧儈父。性德原名成德，字容若，其品格在晏叔原、賀方回間。更益以華亭李雯、錢塘沈謙、宜興陳維崧三家，遂爲十家。雯字舒章，語多哀豔，逼近溫、韋。謙字去矜，步武蘇、辛，而以五代北宋爲歸。維崧字其年，鬱青霞之奇氣，譜烏絲之新制，實大聲宏，激昂善變者也。同時與其年齊名者，爲秀水朱彝尊。彝尊字錫鬯，號竹垞，當時朱陳村詞，流遍宇內，傳入禁中。彝尊又別出新意，集唐人詩成數十闋，名蕃錦集，殊有妙思，士禎見之，以爲殆鬼工也。然彝尊詞一宗姜、張，其弟子李良年、李符輔佐之，而其傳彌廣。」〔註12〕六家詞的合刻，不僅在詞派的群體形成上爲浙西詞人群體樹起了大纛，且在理論和創作實踐上爲這一群體自立於詞壇之上作了全面的展示。陳廷焯謂：「國初多宗北宋，竹垞獨取南宋，分虎（李符字分虎）、符曾（李良年字武曾，符曾誤）佐之，而風氣一變。」〔註13〕朱彝尊《江湖載酒集》開篇第一首《解佩令·自題詞集》即倡言向南宋詞人張炎學習，詞曰：「十年磨劍，五陵結客，把平生、涕淚都飄盡。老去塡詞，一半是，空中傳恨。幾曾圍、燕釵蟬鬢？ 不師秦七，不師黃九，倚新聲、玉田差近。落拓江湖，且分付、歌筵紅粉。料封侯、白頭無分！」「不師秦七，不師黃九，倚新聲、玉田差近」，推尊南宋，標舉姜張，不啻爲朱彝尊詞的創作的一個宣言，這也是浙西群體的的一個共同選擇。這種選擇同樣也可以從《浙西六家詞》所輯其他各家詞集的序言中得到眞切反映。

在幾家詞序中，各序言多不約而同地將所批評的對象比之於南宋諸詞人。龔翔麟爲沈皞日所作《柘溪精舍集序》謂：「吾友沈子融谷，精於詞久矣。況之古人，殆類王中仙、張叔夏。叔夏嘗謂『中仙詞極嫺雅，有白石意

〔註12〕《近詞叢話》，《詞話叢編》，第 4222 頁。

〔註13〕陳廷焯著，屈興國校注：《白雨齋詞話足本校注》，濟南：齊魯書社，1983 年版，第 244 頁。

趣。』仇山村亦云：『叔夏詞律呂協洽，當與白石老仙相鼓吹。』是二家之詞，非深於情者，未必能好。即好之而不善學，亦未必能似。今融谷情之所至，發爲聲音，莫不纏綿諧婉，誦之可以忘倦。雖其博綜樂府，兼括眾長，固不盡出於二家。然體格各有所近，不位置融谷於二家之間不可也。」〔註14〕龔氏認爲沈皞日的詞作體格近於南宋著名詞人王沂孫、張炎二人，並引用張炎和仇遠的話表明其推尊南宋詞人之意，字裏行間流露出對於王沂孫等人詞風的認可。對於同是浙西平湖人的沈岸登，朱彝尊爲其詞集《黑蝶齋詞》所作的序亦稱：「詞莫善於姜夔。宗之者張輯、盧祖皋、史達祖、吳文英、蔣捷、王沂孫、張炎、周密、陳允平、張翥、楊基，皆具夔之一體。自後得其門者寡矣。其惟吾友沈覃九乎？覃九鮮交遊，故無先達之譽，又所作詞不多，人或見其一二，輒忽之。然其《黑蝶齋詞》一卷，可謂學姜氏而得其神明者矣。」〔註15〕將姜夔視作是詞壇之最，朱彝尊對於姜夔的推揚不可謂不高，同時亦指出了由姜夔所衍生的以姜夔爲宗，張輯、盧祖皋、史達祖、吳文英、蔣捷、王沂孫、張炎等人爲羽翼的一個詞壇宗派，從中亦能見出竹垞對南宋詞的推尊，這種推尊也在朱彝尊爲李符詞集《耒邊詞》所作的序言多有體現：「二十年來，詩人多寓聲爲詞。吾里若右吉、庾清、青士、山子、武曾，咸先予爲之者也。逮予客大同，與曹使君秋嶽相倡和，其後所作日多，謬爲四方所許。然自諸子外，鄉黨之論或不爾也。使君既歸倦圃，李子分虎時時過從相與論詞，其後分虎遊屐所向，南朔萬里，詞帙之富，不減予曩日，殆善學北宋者。頃復示予近稿，益精研於南宋諸名家，而分虎之詞愈變而愈工。」〔註16〕李符與兄李繩遠、李良年並稱「嘉興三李」，是浙西六家詞中一重要寫手，其詞的創作先學北宋而後轉學南宋，朱彝尊在序言中對於李符的這種轉型不無贊許之意。李符之兄李良年對於詞的體認，可從曹貞吉爲其詞集《秋錦山房詞》所作序中得以展現：「秋錦論詞必盡掃蹊徑，獨露本色。嘗謂南宋詞人如夢窗之密，玉田之疏，必兼之乃工。今讀是集，洵非虛語。」〔註17〕序中所言李良年雖對南宋詞人周密、張炎有所批評，但字裏行間仍然可以看出其於南宋詞的偏愛。關於龔翔麟詞學之偏好，李符的《紅藕莊詞序》稱其詞曰：「盡觀所製，大率以石帚爲宗，而旁及於梅溪、碧山、玉

〔註14〕龔翔麟：《浙西六家詞》，濟南：齊魯書社，1997年版，第48頁。
〔註15〕同上，第86頁。
〔註16〕同上，第63頁。
〔註17〕同上，第36頁。

田、蘋洲、蛻岩、西麓各家之體格」,〔註18〕從詞學淵源上看,龔翔麟的詞學觀亦以南宋諸家為依歸。

遍觀諸家之詞序,可以見出,推尊南宋,標舉姜張,是浙西詞人的共同選擇,《浙西六家詞》的刊刻,數篇詞序對於各家詞的創作傾向的歸納也即是浙西詞派諸詞人詞學觀念的集中展現。這種展現也非常明顯地寓涵在其詞的創作實踐中。

南宋中後期,姜夔的崛起,於豪放婉約之外別立一宗,繼之者張輯、趙以夫、柴望、張炎、王沂孫等人不絕如縷,遂成姜張一派。姜張詞派在詞的創作上有著非常明顯的特色,清人郭麐謂:「姜、張諸子,一洗華靡,獨標清綺,如瘦石孤花,清聲幽磬,入其境者,疑有仙靈;聞其聲者,人人自遠。」〔註19〕是可視為對姜張詞派風格的恰當總結。若以題材而論,詠物為主且特色鮮明的創作主調是這一詞派的突出特點。推尊姜張諸人的浙西六家在創作實踐上也明顯地體現出這一特徵。

細檢《浙西六家詞》,不難發現,詠物之作在六家詞集中所佔的比重極大。僅從《浙西六家詞》所輯朱彝尊《江湖載酒集》中即能發現,凡 213 首詞,詠物之作近 50 首,佔了近 1 / 4,所詠之物亦遍及生活的各個方面。既有花鳥魚蟲如荼蘼、梅、枯荷、雁、紅豆、落葉、杏花、蟹、蟬、鷺鷥、白蓮、鴛鴦、螢、玉蘭、孔雀、蜻蜓、黃梅花、芭蕉、蓴、柳、水蓼花、橄欖、葦、山鷚、白楊梅、河豚、荔子、鴨、水仙、白鴨等,亦有描繪身體髮膚者如額、耳、肩、臂、掌、乳等,既有生活穿戴之物如鞋、釵等,亦有日常吃食如冬瓜、芋、蛤蜊等,其所詠寫之內容涉及十分廣泛。浙西六家詞的其他五位詞人在詞的題材選擇上也有著相似的特徵。

李符為龔翔麟《紅藕莊詞》所作《一翦梅》詞曰:「江南江北總相思。說《藕莊詞》似草窗詞。」題詞中稱龔翔麟的詞與南宋遺民詞人周密的詞相似,周密在南宋詞人中與姜張引為同調,汪森曰:「鄱陽姜夔出,句琢字煉,歸於醇雅。於是史達祖、高觀國羽翼之,張輯、吳文英師之於前,趙以夫、蔣捷、周密、陳允衡、王沂孫、張炎、張翥傚之於後,譬之於樂,舞簡至於九變,而詞之能事畢矣。」〔註20〕因此在詞的創作傾向上,龔翔麟亦同於南宋姜張

〔註18〕龔翔麟:《浙西六家詞》,第 99 頁。

〔註19〕《靈芬館詞話》,《詞話叢編》,第 1503 頁。

〔註20〕《詞綜序》,朱彝尊,汪森《詞綜》,上海:上海古籍出版社,1978 年版,第

諸家，依歸雅正，長於詠物。以其《紅藕莊詞》前二卷題材計，凡 137 首詞，詠物之作 36 首，亦占 1／4 強，所涉物類亦同於竹垞，內容十分廣泛。所詠最爲集中的爲花鳥魚蟲類，有緋桃、玉蘭、海棠、孔雀、芭蕉、落花、白蓮、蕈、蟬、梅影、收香鳥、青帶鳥、菱、蓼花、龍涎香、黃葵、珍珠蘭、牽牛花、鷓鴣、蟹、金魚、盆景等，而其他或以幾首不同詞調的詞詠寫同類題材，如珥、指環、釧等，或以同一詞調分詠數物，如以《釣船笛》分詠漁庵、釣磯、蓑衣、篛笠、背篷等亦頗見特色。

　　比勘李符、李良年、沈皞日、沈岸登等其餘四家之詞，亦可發現他們詞的創作在題材的選擇上同朱彝尊和龔翔麟有著共同的傾向與特徵。限於篇幅，茲不贅述。總起而言，以南宋詞人爲楷模，浙西詞派在創作實踐上展示了浙西詞派作爲一個文學創作群體的共性，爲浙西詞派群體特徵的張揚作了具體的詮釋，是促動浙西詞派形成的一個重要因子。

　　綜上所言，《浙西六家詞》詞集的刊刻在詞派之定名、理論之張幟、創作特徵之凸顯等方面都爲浙西詞派的形成奠定了重要的基礎，是影響浙西詞派形成的重要因素。

第二節　王昶的《琴畫樓詞鈔》與浙派中期的詞集編刻

　　如果說《浙西六家詞》的編刻標誌著浙西詞派的正式確立，那麼在乾嘉時期，厲鶚、王昶等人在詞學上的轉型則標誌著浙派中期的新變。厲、王等人不但在詞學理論上對朱彝尊、汪森等人有所突破和發展，且在詞學實踐上亦體現出浙派的新變，如厲鶚與好友查爲仁合箋《絕妙好詞箋》。而王昶的《明詞綜》、《國朝詞綜》與《琴畫樓詞鈔》等的編撰則更能顯示出其在浙派新變中的重要作用與影響。

　　王昶官至刑部右侍郎，〔註 21〕爲官有政聲，於學亦多能，不但工詩古文

---

1 頁。

〔註21〕王昶（1725～1806），字德甫，一字蘭泉，又字琴德，號述庵。江蘇青浦（今屬上海）人。乾隆十九年（1754）進士。南巡，召試，授內閣中書，充軍機章京。三遷刑部郎中。三十二年，察治兩淮運鹽提引，以漏言奪職。適雲貴總督阿桂帥師討緬甸，疏請發軍前自效。四十一年，師凱還，擢昶鴻臚寺卿，仍充軍機章京。三遷左副都御史，外授江西按察使，後歷官陝西按察使、雲南布政使、江西布政使等，皆有政聲。五十四年，內遷刑部侍郎。五十八年，以老乞罷，上許之，方歲暮，諭俟來歲春融歸里。昶歸，遂以「春融」名其

詞，通經，且讀朱子書，兼及薛瑄、王守仁諸家之學。搜採金石，平選詩文詞，一生著述甚豐。《清史稿‧藝文志》載其主要的著述有《魏石經毛詩殘字》一卷、《青浦縣志》四十卷、《征緬紀聞》一卷、《塾南書庫目錄》六卷、《金石萃編》一百六十卷、陳子龍《忠裕集注》三十卷、《春融堂集》六十八卷、《湖海詩傳》四十六卷、《述庵論文別錄》一卷、《湖海文傳》七十五卷、《青浦詩傳》三十二卷、《西湖柳枝詞》五卷、《明詞綜》十二卷、《國朝詞綜》四十八卷、《琴畫樓詞鈔》二十五卷等。又著有《西崦山人詞話》三卷（稿本）等，其中尤以《金石萃編》與《明詞綜》等大得聲稱於世，而在詞集叢書的遴選與編編刻上，王昶所編刻的《琴畫樓詞鈔》二十五卷與《練川五家詞》五卷亦有聲於詞壇。

《琴畫樓詞鈔》刊刻於乾隆四十三年（1778），25 種 25 卷。所收錄詞人詞集分別為張梁《澹吟樓詞》、厲鶚《樊榭山房詞》、陸培《白蕉詞》、張四科《響山詞》、陳章《竹香詞》、朱方藹《小長蘆漁唱》、王又曾《丁辛老屋詞》、吳烺《杉亭詞》、汪士通《延青閣詞》、吳泰來《疊香閣琴趣》、江昱《梅鶴詞》、儲秘書《花嶼詞》、趙文哲《妍雅堂詞》、張熙純《疊華閣詞》、陸文蔚《採薲詞》、過春山《湘雲遺稿》、朱昂《綠陰槐夏閣詞》、江立《夜船吹笛詞》、朱澤生《鷗邊漁唱》、吳元潤《香溪瑤翠詞》、王初桐《杯湖欸乃》、宋維藩《滇遊詞》、吳錫麒《有正味齋詞》、吳蔚光《小湖田樂府》、楊芳燦《吟翠軒初稿》等共 25 家詞人 25 種，人各一卷。而在《琴畫樓詞鈔自序》，王昶明確地表達了自己對詞這種詩體的認識和其輯刻《琴畫樓詞鈔》的目的與意義：

> 文章之交，日出不窮，詩四言變而之五言，又變而之七言古詩，繼又變為五七言律體及於絕句。唐之末造，詩人間以其餘音綺語，變為填詞。北宋之季，演為長調，變愈甚，遂不能復合於詩。故詞至白石、碧山、玉田，與詩分茅設蕝，各極其工，非嗜古愛博、性情蕭曠之士，孰能幾於此？然自元、明來三、四百年，往往以詩為詞，粗屬媟褻之氣乘之，不復能如南宋之舊。而宋末詩人，於社稷滄桑之故，江湖萍梗之意，隱然見於言外，豈非變而復於正，與騷雅無殊者歟？國初竹垞、秋錦諸公出，刊浙西六家，世稱雅正。而如錢葆酚、魏禹平諸家，散佚頗眾，識者猶以為恨焉。

堂。嘉慶元年，詣京師賀內禪，與千叟宴。四年，復詣京師謁高宗梓宮。十一年，卒。《清史稿》有傳。

　　余少好倚聲。壬申、癸酉間，寓朱氏蘋華水閣，益研練於四聲、
二十八調，海內知交，以詞投贈者甚夥，歷今二十餘年，積置篋衍。
新涼，官事稍暇，汰其粗屬媟褻者，存二十五家，曰琴畫樓詞鈔。
此其人皆嗜古好奇，性情蕭曠，與余稱江湖舊侶者。其守律也嚴，
取材也雅，蓋白石、玉田、碧山之繼別，由是可以考文章之變，而
五十年間詞家略備於此。後之論者，藉以見詞學之盛，而不復散佚
爲恨也，豈不善哉？〔註22〕

　　身爲浙派後勁，王昶在詞學觀念與詞學思想上對浙派宗主朱彝尊等人的
繼承和發展，從自序中可以得到明顯的體現，而《琴畫樓詞鈔》對作者與詞
作的遴選亦能見出王昶的詞學新主張。

　　朱彝尊作爲浙派前期的領袖與盟主，〔註23〕在詞學實踐和理論上多有著
述。其《曝書亭詞》（包括《江湖載酒集》、《靜志居琴趣》、《茶煙閣體物集》、
《蕃錦集》四種）和《詞綜》三十四卷，以及十多種詞集序跋（包括《詞
綜發凡》等）反映了朱氏在詞學實踐和理論上的建樹。以詞學觀念而言，
朱氏論詞推尊南宋，標舉姜張，崇尚醇雅，《詞綜發凡》謂：「世人言詞，
必稱北宋。然詞至南宋，始極其工，至宋季而始極其變，姜堯章氏最爲傑
出。」〔註24〕而其《詞綜》之編選，在《四庫全書總目》那裏也得到了很高
的評價：「是編著錄唐宋金元詞通 500 餘家，於專集及諸選本外，凡稗官野紀
中有片詞足錄者，輒爲採掇。故多他選未見之作。其詞名句讀爲他選所淆
舛，及姓氏爵里之誤，皆詳考而訂正之，其去取亦具有鑒別。蓋彝尊本工於
填詞，平日以姜夔爲詞家正宗，而張輯、盧祖皋、史達祖、吳文英、蔣捷、
王沂孫、張炎、周密爲之羽翼。謂自此以後，得其門者或寡。又謂小令當
法汴京以前，慢詞則取諸南渡。又謂論詞必出於雅正，故曾慥錄《雅詞》，鮦
陽居士輯《復雅》。又盛稱《絕妙好詞》甄錄之當。其立說大抵精確，故其

〔註22〕王昶：《琴畫樓詞鈔自序》。
〔註23〕朱彝尊（1629～1709），字錫鬯，號竹垞，晚號小長蘆釣師，又號金風亭長，
　　　　浙江秀水（今浙江嘉興）人。康熙十八年，試鴻博，除檢討。同修《明
　　　　史》。二十年，充日講起居注官。典試江南，稱得士。入值南書房，賜紫禁
　　　　城騎馬。彝尊兼有眾長，著《經義考》、《日下舊聞》、《曝書亭集》。又嘗選
　　　　《明詩綜》，或因人錄詩，或因詩存人，銓次爲最當。《清史稿·文苑一》有
　　　　傳。
〔註24〕朱彝尊：《詞綜發凡》，朱彝尊、汪森編《詞綜》，上海：上海古籍出版社，
　　　　1978 年版，第 10 頁。

所選能簡擇不苟如此，以視《花間》、《草堂》諸編，勝之遠矣。」〔註25〕四庫館臣對不但對《詞綜》的文獻學貢獻作了總結，且對朱彝尊的詞學思想作了全面的梳理，而這些觀點也被王昶所直接繼承。《琴畫樓詞鈔自序》中「詞至白石、碧山、玉田，與詩分茅設蕝，各極其工，非嗜古愛博、性情蕭曠之士，孰能幾於此」之論，即可見其對南宋和姜張等人的推崇。不僅如此，王昶在對朱彝尊詞學思想繼承的同時，在詞學思想和實踐上又有所修正和推進。

一、詩詞同一的詞學主張

詞爲「小道」或「詩餘」之觀念由來已久，至清代前期，仍多有沿襲，即如朱彝尊也多有此論：「詞者，詩之餘，然其流既分，不可復合，有以樂章語入詩者，人交訕之矣。」〔註26〕「詞雖小道，爲之亦有術矣，去《花庵》、《草堂》之陳言，不爲所役，俾滓窳滌濯，以孤技自拔於流俗，綺靡矣，而不戾乎情；鏤琢矣，而不傷夫氣，然後足與古人方駕矣」〔註27〕「詞雖小技，昔之通儒鉅公，往往爲之。蓋有詩所難言者，委曲倚之於聲，其辭愈微，而其旨益遠。善言詞者，假閨房兒女之言，通之於《離騷》、變《雅》之義，此尤不得志於時者所宜寄情焉耳。」〔註28〕儘管朱氏將詞比之於《離騷》等，認爲詞是「有詩所難言者」，「不得志於時者所宜寄情焉耳」，但我們不得不承認，在朱氏的詞學觀念中，仍然認爲詞爲「小道」、「詩餘」，上引諸多詞序中的言論即可爲證。這種觀點後爲汪森所修正：「自有詩而長短句即寓焉，《南風》之操，《五子之歌》是已。周之《頌》三十一篇，長短句居十八；漢郊祀歌十九篇，長短句居其五；至短簫鐃歌十八篇，篇皆長短句：謂非詞之源乎？……古詩之於樂府，近體之於詞，分鑣並騁，非有先後。謂詩降爲詞，以詞爲詩之餘，殆非通論矣。」〔註29〕然而在王昶看來，汪森的修正並不徹底：「汪氏晉賢敘竹垞太史《詞綜》，謂詞長短句本於『三百篇『，並漢之樂府。其見卓矣，而猶未盡也。蓋詞實繼古詩而作，而詩本於樂，樂本乎音，音有清注、高下、輕重、抑揚之別，乃爲五音十二律以著之，非句有長短，

〔註25〕永瑢等：《四庫全書總目》卷一九九，第1825頁。

〔註26〕朱彝尊：《紫雲詞序》，《曝書亭集》卷四十，《四部叢刊》初編本，第332頁。

〔註27〕朱彝尊：《孟彥林詞序》，《曝書亭集》卷四十，第333頁。

〔註28〕《陳緯雲紅鹽詞序》，《曝書亭集》卷四十，第332頁。

〔註29〕汪森：《詞綜序》。

無以宣其氣而達其音。故孔穎達《詩正義》謂風、雅、頌有一、二字爲句，及至八、九字爲句者，所以和以人聲而無不協也。」〔註30〕而在更多的詞序中，王昶對詞爲詩之苗裔這一觀點多加申說：「蓋以詞者，樂之條理，《詩》之苗裔，舉一端而六藝居其二焉，故論次之不遺餘力也。淺夫俗士輒以小道薄技目之，何足以仰窺聖言之大哉？蓋天地之元音播於樂，著於詩，隋唐以後，詩多不可以入樂，而後長短句以興。宋《大晟樂書》四聲八十四調所載甚詳。然則詞者詩學之遺，其不可以易視明矣。」〔註31〕「詞乃《詩》之苗裔，且以補《詩》之窮，余故表而出之，以爲今之詞即古之《詩》，即孔氏穎達之謂長短句，而自明以來，專以詞爲詩之餘，或以小技目之，其不知詩樂之源流，亦已僭矣。」〔註32〕而在前引《琴畫樓詞鈔自序》中也謂：「詩四言變而之五言，又變而之七言古詩，繼又變爲五七言律體及於絕句。唐之末造，詩人間以其餘音綺語，變爲填詞。北宋之季，演爲長調，變愈甚，遂不能復合於詩。」從上述所臚列的諸多內容看，王昶在詞學觀念上已經超越了浙派前期朱彝尊等人，而是走到了詩詞同一的地步。

二、高人雅士的群體選擇

前已有言，浙派標舉雅正，推尊姜張，然對於「雅」的標準的理解和要求，浙派中期的王昶與前期的朱彝尊卻有所差異。朱彝尊等人更注重句意和語言的醇雅，所謂「句琢字煉，歸於醇雅」〔註33〕，然王昶對於「雅」的理解卻從「醇雅」發展到了「騷雅，是超越一切之上的高標」，「關涉詞意、詞人，顯得具體」，且「具有較爲豐富的審美內涵」。〔註34〕的確，浙派前期朱彝尊等人對於「雅」的體認多止於詞句，而王昶的「雅」卻不僅僅止乎此，而是將「雅」推及到了詞意，甚而詞人。如上文所引《琴畫樓詞鈔自序》中所說的南宋詞人「於社稷滄桑之故，江湖萍梗之意，隱然見於言外」者，即是騷雅詞意的具體體現。至於對於詞人的要求，上文中也有明確的表述，所謂「詞至白石、碧山、玉田，與詩分茅設蕣，各極其工，非嗜古愛博、性情

〔註30〕 王昶撰，陳明潔等點校：《〈國朝詞綜〉自序》，《春融堂集》，上海：上海文化
　　　　出版社，2013 年，卷 41，第 742 頁。
〔註31〕 王昶：《吳竹橋〈小湖田樂府〉序》，《春融堂集》，卷 41，第 738 頁。
〔註32〕 同註 30。
〔註33〕 汪森：《詞綜序》。
〔註34〕 彭國忠：《試論王昶詞論對浙派的發展——以稿本〈西崦山人詞話〉爲論》，
　　　　《蘭州大學學報》，2011 年第 3 期。

蕭曠之士，孰能幾於此？」而在其爲江昱詞所作的序中，作者更是對於詞壇的雅士給予了高度的認可：「余常謂論詞必論其人，與詩同。如晁端禮、万俟雅言、康順之，其人在俳優戲弄之間，詞亦庸俗不可耐。周邦彥亦不免於此。至姜氏夔、周氏密諸人，始以博雅擅名，往來江湖，不爲富貴所薰灼，是以其詞冠於南宋，非北宋之所能及。暨於張氏炎、王氏沂孫，故國遺民，哀時感事，緣情賦物以寫閔周哀郢之思，而詞之能事畢矣。世人不察，猥以姜、史同日而語，且舉以律君。夫梅溪乃平原省吏，平原之敗，梅溪因以受黥，是豈可與白石比量工拙哉！譬猶名倡妙伎，姿首或有可觀，以視瑤臺之仙，姑射之處子，臭味區別，不可倍蓰算矣。」〔註35〕序中以知人論世的方法對宋代詞壇作者的高下給予了評價，認爲，在宋代詞人中，只有姜夔、周密、張炎、王沂孫等才能稱得上是「雅士」：「姜氏夔、周氏密諸人，始以博雅擅名，往來江湖，不爲富貴所薰灼，是以其詞冠於南宋，非北宋之所能及。暨於張氏炎、王氏沂孫，故國遺民，哀時感事，緣情賦物以寫閔周哀郢之思，而詞之能事畢矣。」而如晁端禮、万俟詠等人，「其人在俳優戲弄之間，詞亦庸俗不可耐」，甚至連周邦彥也難以入雅士之列。至於向來「姜史」並稱的史達祖，因其曾經做過南宋權臣韓侂胄的堂吏，負責撰擬文書，開禧三年，韓侂胄被殺，史達祖亦受牽連而受黥刑。因此在王昶看來，史達祖在人格上絕不可以與「往來江湖，不爲富貴所薰灼」姜白石相提並論，二人「譬猶名倡妙伎，姿首或有可觀，以視瑤臺之仙，姑射之處子，臭味區別，不可倍蓰算矣」。

在這樣的思想指導下，《琴畫樓詞鈔》在作者的遴選上也有著鮮明的傾向性。王昶一生交遊甚廣，而「海內知交，以詞投贈者甚夥，歷今二十餘年，積置篋衍。新涼，官事稍暇，汰其粗屬媟褻者，存二十五家，曰琴畫樓詞鈔。」在廣泛搜求朋輩詞作的基礎上，編者選取了二十五家，並題名爲「琴畫樓詞鈔」，從文意中看，王昶所收集的詞人詞作數量應該是相當多的，而編者最終只輯取了二十五家，那麼什麼樣的詞人詞作才能入選這二十五家之內呢？「此其人皆嗜古好奇，性情蕭曠，與余稱江湖舊侶者。其守律也嚴，取材也雅，蓋白石、玉田、碧山之繼別。」也就是說，只有像姜夔、張炎、王沂孫這樣的「嗜古好奇，性情蕭曠」的高人雅士，才能入選詞集。如位列二十五家一二位的張梁與厲鶚，即是高人雅士的典型：張梁「卜居吾里，有保閒堂、淡

〔註35〕王昶：《江賓谷〈梅鶴詞〉序》，《春融堂集》卷41。

吟樓、學圃居、叢桂讀書堂、鶴徑風漪草堂、花陰館、藕香亭、一松齋、書
巢，備水竹花藥之勝，又兄農部別業，本高文恪公竹窗，在杭州西溪，是梅
竹最深處。每年上元後，輒往探梅，至雜花俱謝，綠陰如幄乃歸。過中秋，
復往看秋山紅葉，歲以爲常。工琴，遇好山水及花月佳時，一彈再鼓，鶴爲
起舞。望之者以擬柴桑之處士，松陵之散人。時侄得天司寇方貴，或勸之出
山，清要可立致，笑不答也。晚歲專修淨土，至八十三而終。其詩宗法王、
孟、韋、柳，間效山谷、誠齋，以見新異云。」〔註36〕而厲鶚「性情孤峭，
義不苟合。讀書搜奇愛博，鉤新摘異，尤熟於宋、元以來叢書稗說。以孝廉
需次縣令，將入京，道經天津，查蓮坡先生留之水西莊，觸詠數月，同撰
《周密絕妙好詞箋》，遂不就選而歸。揚州馬秋玉兄弟延爲上客。嗣後來往竹
西者凡數載。馬氏小玲瓏山館多藏舊書善本，間以古器名畫，因得端居探
討。所撰《宋詩紀事》、《遼史拾遺》。極爲詳洽，今皆錄入《四庫》書中。其
先世家於慈谿，故以四明山樊榭爲號。所作幽新雋妙，刻琢研煉，五言尤
勝，大抵取法陶、謝及王、孟，韋、柳，而別有自得之趣，瑩然而清，窅然
而邃，擷宋詩之精詣，而去其疏蕪。時沈文愨公方以漢、魏、盛唐倡於吳
下，莫能相掩也。予（按，王昶）於戊辰歲（1748）在長洲趙君飲谷小吳船
遇之，辱爲亡年交。嗣啓徵君過吳，必訪余於朱氏頻花水閣。凡三年，而徵
君下世矣。至其詞直接碧山、玉田。」〔註37〕再如二十五家之一的王初桐，
有詞集《蠪蟄山人詞集》四卷（包括《杯湖欸乃》三卷、《杏花村琴趣》一
卷），吳省蘭《蠪蟄山人詞集序》云：「王七自小工詞，冠時出，流連於月榭
花臺之會，粉滴酥搓；跌宕於鈿箏檀板之間，弩張劍拔。清雄骨氣，共石帚
而抗行；華瞻才情，與夢窗而平睨。」〔註38〕而江立「性耽文素，又愛倚
聲，與其兄弟名譽略同。遊西湖，慕姜石帚馬塍之勝，卜築數椽，攜細君同
居。數年資盡，家亦落，乃還邗上。余在魚通，適其叔太守恂歡知夔州府，
數以書問訊，並寄其詞。蓋氣誼之篤，近時所罕。詩不多作，故無專集行
世。」〔註39〕從以上所臚列數人看，王昶所遴選的詞作者多性情蕭散自然，
可入高人雅士之列。

〔註36〕王昶：《湖海詩傳》卷一，《續修四庫全書》1625 冊，第 540 頁。
〔註37〕王昶：《湖海詩傳》卷二，同上第 543 頁。
〔註38〕吳省蘭：《蠪蟄山人詞集序》。
〔註39〕王昶：《湖海詩傳》卷一八，《續修四庫全書》1626 冊，第 36 頁。

三、浙派詞人詞集的匯輯與全面呈現

　　從詞人群體的選擇上看，「王昶的詞學貢獻主要表現在匯輯選編的工作中。首先是乾隆四十三年（1778）輯刊了《琴畫樓詞鈔》二十五卷。這是一部類似清初聶先、曾王孫彙編的《百名家詞鈔》的總集。所輯錄的均是自雍正以來的當代人的詞作，可以上接《百名家詞鈔》。但王昶選輯的標準是帶有強烈的『浙派』傾向的，所以，這實際上又只能說是中期『浙派』的名家詞鈔。除了如儲秘書等個別詞人不能限稱爲『浙派』外，基本上包羅了該派中期的代表人物。至於吳錫麒其時僅三十三歲，《詞鈔》選輯的是這位『浙派』中期向後期轉折的名詞人的早年作品。吳蔚光、楊芳燦也尚年輕，他們後來詞創作的實踐已漸脫出了『浙派』的路數。」〔註40〕的確，從王昶所遴選的作者看，大抵多爲浙派士人，厲鶚爲浙派中堅自不待言，其中更如朱方藹則爲朱彝尊族孫，吳蔚光嘗論其詞曰：「鴛湖遺響妙猶聞，清似寒泉麗似雲。老向梧桐鄉里住，當時樽酒共論文。」〔註41〕謂其爲「鴛湖遺響」，則爲浙派無疑。再如吳蔚光，雖然嚴迪昌先生謂其「後來詞創作的實踐已漸脫出了『浙派』的路數」，但其《小湖田樂府》則儼然浙派風格。同時人席佩蘭、趙同鈺等爲其題辭曰「借花寄草託微波，風調原如白石多。三十六陂秋色裏，冷香飛出小紅歌。」「不師柳七兼秦七，肯學草窗和夢窗。一片野雲飛不定，並無清影落秋江。」〔註42〕「姜張風格本超然，寫遍蠻方十分箋。一洗人間箏笛耳，玉簫吹徹彩雲邊。」〔註43〕各家不但謂其詞中多比興寄託之作，且其詞風調多如姜夔、張炎、周密、吳文英等，則儼然浙派之苗裔。今觀其詞，從題材看，體物寄託之作亦不在少數，而其《沁園春》詠美人四首，則更是自覺追摹朱彝尊、厲鶚等浙派前輩。其詞序曰：「詞家此調賦美人者，初間有之。至竹垞前輩集中，侔形揣稱，盡態極妍。樊榭徵君影、聲、心三闋，則幾於突過前人矣。乙酉春就試浙江，名流麕集，亡友高東井邀予補詠骨、舌數端，諾而未踐，高稿嗣亦散失。約十有八年癸卯，追憶曩事，恍疑隔世。又竊謂美人之所以爲美者，其秀在神，其豔在光，其清在氣，其媚在姿，何乃都未

〔註40〕嚴迪昌：《清詞史》，南京：江蘇古籍出版社，1990年版，第330～331頁。
〔註41〕吳蔚光：《詞人絕句》，程郁綴、李靜：《歷代論詞絕句箋注》，北京大學出版
　　　　社，2014年版。
〔註42〕席佩蘭：《〈小湖田樂府〉題辭》，同上。
〔註43〕趙同鈺：《〈小湖田樂府〉題辭》，同上。

之及，將毋徒得皮與骨邪？鄙製既就，固不敢遠希朱、厲兩公，近亦恐難勝高，然自覆視，頗未墮落粗媟，流傳後代，萬一不朽業爾。」按，據詞序可知，此詞作於乾隆癸卯（1783），時作者 41 歲，已入中年，序中一以朱彝尊、厲鶚為楷模，則儼然浙派無疑。

至若二十五家中之吳錫麒，則無論是詞論還是詞學實踐，都推尊雅正，明顯為浙派嫡傳。「吳穀人《露蟬詞序》云：『詞者既限之長短，復拘以聲律。片言未協，則病其啞鐘，隻字未諧，則譏同濕鼓。故必選勝以定質，蕩滓以證音。而後宛轉入情，案衍式度。蓋閭娥之產，非繪為篡繹，不能見其娥妒孀也，般輸之巧，非漸乎矩鑿，不能美乎輪奐也。』又《銀藤詞序》云：『倚聲之道，雅正為難。質實者連蹇而滯音，浮華者苟縟而喪志。其或猛起奮末，徒規於虎賁，陰淫案衍，漸流為爨弄。翾其返矣，又何稱乎。』又《竹滬漁唱序》云：『詞之道情慾其幽，而韻欲其雅。摹其履舄，則病在淫哇。雜以箏琶，則流為儈楚。』又《嚴敘》云：『以綺麗之傷骨，而力洗穠纖，以奮勵之滯音，而務懲偏宕。採湘丸以植骨，援飆藹以流竭。騰其餘絢，足煥採於雲藍，習其恒姿，亦奮秀於山綠。』又《陳敘》云：『詞以韻流，當效玉田之雅。詞以情勝，須兼竹屋之疾。』」〔註44〕「錢唐吳穀人錫麒祭酒應制詩賦，一時紙貴，而《有正味齋集》，頗傷彫琢。洪稚存所謂青綠溪山，尚未蒼古也。惟長短句，則洵為作手。自敘《佇月樓分類詞選》有云：『慕竹垞之標韻，緬樊榭之音塵，竊謂字詭則滯音，氣浮則滑響，詞俚則傷雅，意褻則病淫。』循究斯言，可以知其意旨與造詣矣。集中體物諸作，佳處真不讓朱、厲獨步。若祭酒者，亦善學浙派。而為其錚錚者歟。」〔註45〕「乾嘉之際，吳穀人一時獨步。純雅中而有眉飛色舞之致，當與竹垞把臂入林。」「谷人著作，一以雅正為宗。論者譏其有過煉之弊，轉傷真氣。獨倚聲鍊字鍊句，歸於純雅。亦間有疏朗處，以暢其機，盡美矣，又盡善也。」〔註46〕「詞欲雅而正，故國初自秀水後，大半效法南宋，而得其形似。谷人先生天生一枝大雅之筆，益以才藻，合者可亞於樊榭，微嫌才氣稍遜。」〔註47〕

其實，即使是嚴迪昌先生所說的「不能限稱為『浙派』」的儲秘書，與浙派也並非全無瓜葛。今觀其詞集，其中詠寫蘭、桂、菊、白蓮、秋海棠，甚

〔註44〕江順詒：《詞學集成》卷六，《詞話叢編》本。
〔註45〕謝章鋌：《賭棋山莊詞話》卷九，《詞話叢編》本。
〔註46〕陳廷焯：《詞壇叢話》，《詞話叢編》本。
〔註47〕陳廷焯：《白雨齋詞話》卷四，《詞話叢編》本。

而漏聲、蛩聲等體物之作亦不在少數，如其《疏影‧白蓮》：「淩波步穩，似群仙縹緲，來泛明鏡。隔浦相逢，倩影亭亭，未許嫣紅偷並。吳娃蕩槳來深處，看水面、輕妝相映。想嬋娟、欲謝穠華，洗盡小朱慵粉。　　容易菱歌唱晚，更珠房淚濕，碧雲深隱。幾許清芬，一片冰心，付與沙鷗消領。西風拂拂吹殘月，彷彿見、玉容初醒。最憐他、有恨無言，空對冷波千頃。」詞之清雅明麗，或可與張炎《水龍吟‧白蓮》一詞相較：「僊人掌上芙蓉，涓涓猶濕金盤露。輕妝照水，纖裳玉立，飄颻似舞。幾度消凝，滿湖煙月，一汀鷗鷺。記小舟夜悄，波明香遠，渾不見、花開處。　　應是浣紗人妒。褪紅衣、被誰輕誤。閒情淡雅，冶容清潤，憑嬌待語。隔浦相逢，偶然傾蓋，似傳心素。怕湘皋佩解，綠雲十里，卷西風去。」由是言之，從詞學實踐上，儲秘書在詞學傾向上也多有浙派相通之處。

四、詞集文獻的保存與整理

　　《琴畫樓詞鈔》在詞集文獻的保存與整理方面，實有功於詞林。在《自序》中，王昶一再申言，從詞集叢書的編撰初衷看，是因為看到了國初許多詞人的詞集散佚而頗以為憾：「國初竹垞、秋錦諸公出，刊浙西六家，世稱雅正。而如錢葆酚、魏禹平諸家，散佚頗眾，識者猶以為恨焉。」於是官事之餘，將自己所積攢的「江湖舊侶」的詞作加以董理，「由是可以考文章之變，而五十年間詞家略備於此。後之論者，藉以見詞學之盛，而不復散佚為恨也」。於此而言，王昶《琴畫樓詞鈔》的詞集保存之功，確可謂大，從身份、地位上看，《琴畫樓詞鈔》所輯詞人多非名公鉅卿，若非有賴於叢刻的輯錄，其詞集散佚的可能性非常之大，如上文所論列之張梁、厲鶚、王初桐、江立諸人，俱非顯官名宦，再如過春山，字葆中，號湘雲，吳縣（今屬江蘇）人。諸生。有《湘雲遺稿》。「湘雲家居市井，性愛邱樊，獨與沙斗初、吳企晉、朱適庭、張昆南諸君為友。博通群籍，尤精於新、舊《唐書》，嘗為補遺糾誤，未及成而卒。惠徵君定宇極稱之。年才二十有九。楊石漁磊《寄懷》詩云：『花藥圖書並賞音，筆床茶灶伴微吟。最憐小閣聯床語，多病臂懷出世心。』其標格可知矣。詩宗劉音虛、王龍標及王、孟、韋、柳、錢、郎，澄鮮幽逸，妙悟天然，自出清襟，不由襲取，玉樓早賦，賞識者希。」〔註48〕

〔註48〕王昶：《湖海詩傳》卷十二，《續修四庫全書》1625 冊，第 656 頁。

第三節　吳中詞派的詞集編刻與吳中詞派

　　清詞號爲中興，其中一個重要的指標便是各地詞人群體數量之眾，實乃前此數代難以比擬，而作爲南方詞壇之一重要組成部分，吳中詞人群體在清詞復興中亦佔有著相當的地位，僅以數量而言，吳中詞派成員爲近 70 人，若將吳中地域以外的吳派詞人包括在內，在其成員數量則近 90 人。〔註49〕從發展過程看，吳中詞派經歷了一個歷時性的衍生、嬗變的過程，在這個嬗變的過程中，王嘉祿的《吳中七家詞》與戈載的《宋七家詞選》兩種詞集叢書的輯刻與吳中詞派有著密切的關係。

一、王嘉祿的《吳中七家詞》

　　《吳中七家詞》輯刻於道光二年（1822），分別爲戈載《翠薇雅詞》、沈彥曾《蘭素詞》、朱綬《湘弦別譜》、陳彬華《瑤碧詞》、吳嘉洤《秋綠詞》、沈傳桂《清夢庵二白詞》和王嘉祿《桐月修簫譜》。然其中沈傳桂《清夢庵二白詞》因故未刻，叢刻中有目無詞，朱綬《湘弦別譜自序》謂：「壬午春日，戈君順卿、王君井叔議刻《吳中六家詞》，而徵余所作。」〔註50〕故此年所刻只有戈載等六家，而沈傳桂《清夢庵二白詞》直至道光二十五年（1845）才單刻行世。

　　戈載等七人生平仕履略述如下：

　　戈載（1786～1856），字寶士，又字弢甫、孟博，號順卿，一作潤卿。吳縣（今江蘇蘇州）人，諸生。有《翠薇花館詞》、《詞林正韻》、《宋七家詞選》等。

　　沈彥曾，字士美，號蘭如，長洲（今江蘇蘇州）人，有《蘭素詞》。

　　朱綬（1789～1840）字仲環，一字仲潔，號酉生，元和（今江蘇蘇州）人。道光十一年（1831）舉人。嘗佐梁章鉅幕，章奏多出其手。以詩古文著稱，有《知止堂詞》三卷。

　　陳彬華（1790～1857？）字元之，號小松，吳縣（今江蘇蘇州）人。有《綺玉》、《瑤碧詞》。

　　吳嘉洤（1790～1865），字清如，又字澂之，吳縣（今江蘇蘇州）人，道

〔註49〕見沙先一：《清代吳中詞派研究》，附錄一《清代吳中詞派詞人小傳》。

〔註50〕朱綬：《湘弦別譜自序》，《知止堂詞》，光緒甲午（1894）湖南思賢書局刊本。

光十八年進士，有《儀宋堂文集》十卷等。

沈傳桂（1792～1849）字隱之，一字閏生，號肝若，一號迦叔，長洲（今江蘇蘇州）人。道光十二年舉人，曾官松陵縣教諭。有《清夢盦二白詞》五卷。

王嘉祿（1797～1824），字綏之，號井叔，芑孫子，長洲（今江蘇蘇州）人，諸生，有《多讀書齋集》。《近詞叢話》謂：王井叔客揚州數年，文采富豔，傾動時流。好塡詞，所著名《月底修簫譜》（按，當爲《桐月修簫譜》），倚聲家頗傳誦之。未幾構疾遽卒，年猶未及三十也。彌留時，與其婦曹夫人相訣，約三年即見，至期，曹夫人果亦香消玉殞矣。

七人者，名位俱不甚顯達，在詞學理念和創作實踐上，卻有著共同的傾向，其於詞學宗尚上沿襲浙派，推尊南宋。同時人蔣敦復謂：「吳中七子，朱君酉生，識余最早，且有知己之感。州試時，欲拔余冠軍，某刺史不從，拂衣而出，寄聲道珍重。余少年塡詞，喜豪放，和迦陵悵恨詞五首，跌盪淋漓。百字令詠垓下起句云：『拔山已矣，忽英雄氣盡，今朝兒女。』以此自負。有攜余詩詞質酉生，歎曰：『此群才氣，非我輩所能企及，獨倚聲一門外漢耳。』緣此絕不塡詞者十餘年。後避人之南匯，客主四篁二尹所，四篁示以張叔夏山中白雲詞，一夕和三十餘首，四聲悉依原作，成一冊曰山中和白雲。四篁錄示戈君順卿，求指疵，順翁驚詫云：『此是詞家射雕手，尚何疵可指耶。』後七子詞皆得讀之。酉生宗夢窗，閏生宗梅溪，井叔宗碧山，余草窗、竹屋，各有專尚。順翁詞集最富，不名一家，惟用心於律，訂萬氏之訛，他人或苦之，彌津津樂道也。晚年自袁江歸住山塘老屋，提唱後學。余自知持論與之不甚合，竟不往見。順翁知余詞未刻本，手錄十餘首，稱賞不置云。」〔註51〕蔣敦復列七子所宗吳文英、史達祖、王沂孫、周密、高觀國等人，俱爲南宋詞壇重要作手，向爲浙派所推尊。然吳中詞派之於浙派，又「表現出既親和又游離的特點」〔註52〕，這種游離也未嘗不可以理解爲戈載等吳中詞人對浙派的發展和新變。而這種發展與新變主要地體現爲吳中七子對於律與韻的嚴格堅守，而在這種堅守中又體現出吳中詞人群體顯豁的群體意識。顧千里的《吳中七家詞序》中即對七子的詞學實踐作了明確的理論總結與解讀：

〔註51〕蔣敦復：《芬陀利室詞話》卷二，《詞話叢編》本。

〔註52〕沙先一：《吳中詞派與嘉道詞風》，《文學評論》，2004年第1期。

　　詞始於唐，盛於五代、宋、元，衰於明。蓋明人於此大抵不過強作解事，而二百餘年，幾失其傳。逮我朝乃有起而振之者，前若浙西，後則琴趣，卓犖諸君，駸駸乎步武玉田、草窗之後，以繼其薪火。而近日吾吳七家，亦其選也。七家者，爲戈子順卿、沈子蘭如、朱子酉生、陳子小松、吳子清如、沈子閏生、王子井叔，英年隨肩，妙才把臂，生同里閈，長共筆硯。凡於詩古文詞罔不互相切劘，必詣最勝。其論詞之旨，則首嚴考律，次辨於韻，然後選字鍊句、遣意命言從之。聞諸子嘗盡取凡有詞以來專集若干、類選若干，旁及乎散見小說筆記者又若干。博考精究，以求夫律之出入，韻之分合，以暨其字、其句、其意、其言，如是者得之，如是者失之，權衡矩矱，於斯大備，輕重方圓，未之或差。是故諸子之詞，平奇濃淡，各擅所長，而無一字無來歷，則七家未有不同也。今將合刊出以問世，過辱以卑耳之馬推予，屬之以序。予與諸子往多世交之雅，東西奔走，接跡稍疏，昨暫返里，相與譚藝，間及倚聲。予因舉「鴛鴦繡出從君看，不把金針度與人」，以爲詞有字焉、句焉、意焉、言焉，所謂繡鴛鴦也，而所謂金針者，其在律與韻乎？是故名家之詞，試執律韻以相繩，則斤斤然弗敢逾累黍。而置而讀之，但覺其字句意言之足以妙天下。殆若握管而填，緣手而成，初不知何爲律何爲韻也者？譬猶善歌者聲聲歸宮，字字入調，使人移情，而莫尋其分刌節度之跡也。詞非若此，固不足稱一時之盛，唯若此，則鴛鴦方出而金針爰謝，奈人之有從看而無度與何！予故弗惜饒舌，拈而出之：「此實唐宋到今一線孤傳之金針也，諸子度得之矣，曷不更以與天下之思度者。」是爲序。壬午穀雨後五日。〔註53〕

　　顧千里的詞序，傳達出這樣幾個明確的信息，一是《吳中七家詞》的輯刻是對吳中詞人群體的明確定位，爲吳中詞派的確立起到了張旗樹幟的作用。在此之前，吳中文人群體中亦有填詞者，然多非以詞名家，而是以學術或詩名家，如「前吳中七子」錢大昕、曹仁虎、王昶、趙文哲、王鳴盛、吳泰來、黃文蓮等人，多是以學術或詩文著稱於世，如其中的錢大昕、王鳴盛二人俱以精通經史著稱，錢大昕「在『吳派』學者中，學識最博，成績最大。他於經、史、天文、曆算、音韻、訓詁、金石無不精通，江藩《漢學師承記》卷三稱讚錢氏『不專治一經而無經不通，不專攻一藝而無藝不精』。著有《潛研堂文集》、《詩集》、《養新錄》、《二十二史考異》、《疑年錄》等。詞未見專

〔註53〕顧千里：《吳中七家詞序》。

集。」〔註54〕王鳴盛「幼從沈德潛學詩，又侍惠棟問經義，是『吳派』漢學的嫡傳高弟。……詩文集外，最著名的是《蛾術編》一書，另有《十七史商榷》一百卷等。詞有《謝橋詞》二卷僅四十一首。」〔註55〕而「『七子』中以詩雄稱一時的曹仁虎（1731～1787），字萊殷，號習庵，嘉定人，乾隆二十八年（1763）進士，累遷右庶子，升侍講學士。其詞遠不如詩。又黃文蓮，字星槎，上海人，著有《聽雨樓集》，精地志碑版，詞失傳。」〔註56〕「七子」中王昶、趙文哲、吳泰來雖則有詞傳世，如前所述，王昶編《琴畫樓詞鈔》將吳泰來的《疊香閣琴趣》與趙文哲的《妍雅堂詞》輯入叢書當中，三人向來被視作是浙派之苗裔。由是而言，「『前吳中七子』的創作以詩歌為主，其共稱亦緣於詩歌，雖不廢詞作，但他們詞論主張、創作風格並不具備趨同性，對聲律也缺少必要的關注。」〔註57〕職是之故，吳中詞人群體的正式確立與吳中詞派的正式確立則自「後吳中七子」戈載等人始，而顧千里的《吳中七家詞序》則不啻為一篇吳中詞派開宗立派的宣言。序中說：「詞始於唐，盛於五代、宋、元，衰於明。蓋明人於此大抵不過強作解事，而二百餘年，幾失其傳。逮我朝乃有起而振之者，前若浙西，後則琴話，卓犖諸君，駸駸乎步武玉田、草窗之後，以繼其薪火。而近日吾吳七家，亦其選也。」從顧千里這段文字的表述看，《吳中七家詞》的編刻有著非常明確的用意，即為吳中詞人群體作一次詞集的匯刻，而這種匯刻即仿照清初以來《浙西六家詞》和《琴畫樓詞鈔》這樣兩部詞集叢書而進行的。前已有論，《浙西六家詞》與《琴畫樓詞鈔》可謂浙西詞派在中前期的兩個標誌性詞集叢書，其於浙西詞派有著張旗樹幟的重要意義。而顧千里謂此《吳中七家詞》即是有步武《浙西六家詞》和《琴畫樓詞鈔》的意味，而所為者何人？吳中詞人也。如前所論，前此吳中詞人群體向來被視為浙派之屬，未作為一個獨立的詞派加以對待。而將之作為一個獨立的詞派即自顧千里開始。

　　二是對於吳中詞人群體詞學傾向的明確梳理。既然被稱作為一個獨立的詞人群體，那麼吳中詞派詞學理論與實踐有何獨特之處呢？顧千里亦作了總結：「其論詞之旨，則首嚴考律，次辨於韻，然後選字鍊句、遣意命言從之。」為了達到律與韻的要求，「諸子嘗盡取凡有詞以來專集若干、類選若干，旁及

〔註54〕嚴迪昌：《清詞史》，第333頁。
〔註55〕同上。
〔註56〕同上，第335頁。
〔註57〕沙先一：《清代吳中詞派研究》，北京：人民文學出版社，2004年版，第50頁。

乎散見小說筆記者又若干。博考精究，以求夫律之出入，韻之分合，以暨其字、其句、其意、其言，如是者得之，如是者失之，權衡矩矱，於斯大備，輕重方圓，未之或差。」由此在詞學理論上戈載等人謹持音律，作為七子之首的戈載曾謂：「詞以協音為先，音者譜也，古人按律製譜，以詞定聲。故玉田生平好為詞章，用功逾四十年，錘煅字句，必求協乎音律。觀《詞源》一書，可知用功之所在。今世之往往視詞為易事，酒連興豪，引紙揮筆，不知宮調為何物。即有知玉田為正軌者，而所論五音之數，六律之理，則又茫乎在雲霧中。」〔註58〕故有論者謂：「順卿謹於持律，剖及豪芒。道光間吳越詞人從其說者，或不免晦澀窴離，情文不副。然實為聲律諍臣，不可就便安而偭越也。」〔註59〕而這種謹於持律的論詞觀點也為吳中同道沈傳桂等人所認可：「詞之為道，意內言外，選音考律，務在精研。予幼即嗜此，朋侶翕集，互相唱酬。忽忽中年，身世多故。秋碧雁語，春紅鵑啼。側軫哀弦，恨淡歡渺。其幽淒窈迴，則如明妃遠嫁，楚客孤吟，塞草湘花，動增騷屑。至若美人遲暮，蟬鬢飛蓬，酒倦燈闌，不無根觸。緣情之什，半屬傷心。長夏閉門，檢理舊製，十存其四，授諸梓人。世事蒼涼，交知零替，誇無白司馬，誰肯為商婦琵琶泣下者。此中甘苦，與嶺上白雲共之而已。」〔註60〕同樣，王嘉祿的詞學傾向亦同於戈載，王大隆在為《桐月修簫譜》所作的跋文中這樣說：「嘉祿，字綏之，號井叔，長洲人，諸生，為芑孫季子，家學湛深，清才綺麗。當嘉慶道光間，吳中詞流極盛，戈載倡陰陽清濁之辨，而朱綬、沈傳桂輩和之。嘉祿駿軒其間，為同輩推挹無異辭。朱綬謂四聲嚴密，無一不與古人之製調相合；海鹽黃燮清謂婉轉幽媚，情景俱深，味之紆徊無極，皆確論也。嘉祿曾兩遊揚州，先主江都令陳文述，後主鹾使曾煥。二公揅持風雅，為一時領袖，而嘉祿迭為上賓，多交方聞之士，故詩格詞境亦經累變，其詩曰《嗣雅堂集》，已刊行，而詞則無傳，今得鈔本校印以存吳中名家之一云。」〔註61〕在戈載的倡導下，謹持音律成了吳中詞壇詞人們的一致追求，即使是早期並不謹守音律的王嘉祿在戈載的引導下也於音律嚴格遵守，朱綬為王嘉祿的《桐月修簫譜》所作的序中說：「壬午春日，王君井叔將刻其自為詞而命序於綬，夫綬無以益井叔也，無已則舉其填詞之要序之曰：自九宮八十一調

〔註58〕《詞學集成》卷三，《詞話叢編》本。
〔註59〕《復堂詞話》，《詞話叢編》本。
〔註60〕沈傳桂：《二白詞自序》。
〔註61〕王大隆：《桐月修簫譜跋》，《桐月修簫譜》，《丁丑叢編》。

之譜不傳，而世所爲詞類皆長短歌謠耳。吾友戈順卿氏始力尋古人之秘奧，
即堆絮園舊律，釐正誤謬，而陰陽清濁，辨疑似於芒忽之際，庶幾其詞矣。
井叔言詞初不主律，於去年之冬始極論之，積十日得數十篇。綬與順卿讀之，
均無以難也。且四聲之細，無一不與古人之製調相合，是又本戈氏之說而愈
加以嚴密者歟。近年來填詞之學，吾吳爲盛，戈氏首發音律之論，綬與沈閏
生氏持之，得井叔而知爲學之未有盡也。於詞且然，由此以精究九宮八十一
調之變，雖謂大晟雅樂至今日而復興可矣，而世之率爾操觚者其亦知所返
乎？」〔註62〕不僅僅王嘉祿，吳嘉洤在結識戈載前後詞學的變化也能看出吳
中詞壇風氣的形成與戈載有著極大的關係：「予少時喜漢魏六朝之學，稍長又
習爲歐蘇曾王之文，樂府古近體之作，於詞則好之而未暇爲之也。泊交朱君
環之、沈君隱之，兩君皆工於詞，予始稍稍爲之成章而已。繼交戈君順卿，
乃始精究陰陽清濁之分，九宮八十一調之變。又以暇日遍覽南宋以來諸大家
之集，互參博考，而知諸子所論撰，殆無累黍異。後每得一解，必蘄合乎古
人之繩尺而止。」〔註63〕正是在戈載的倡導和引領下，吳中詞壇論詞作詞謹
守音律的風氣漸趨形成，由此也成爲吳中詞派區別於浙西詞派等其他派別的
鮮明特徵。

二、戈載的《宋七家詞選》

如果說《吳中七家詞》的選刻是吳中詞派張旗樹幟的一部「當代」詞的
典範的話，那麼，在時隔十數年之後戈載所編選的《宋七家詞選》則是一部
體現吳中詞派詞學觀念的「古代」詞作典範的彙編。《宋七家詞選》最早編刻
於道光十七年（1837），前有王敬之、王國佐所作序，每卷之後有戈載所作跋，
此本於光緒十一年（1885）經秀水杜文瀾校注後重刊，首頁有嘉興金吳瀾題
「曼陀羅華閣重刊宋七家詞選」，並刪除王國佐所作序，增有金吳瀾光緒十一
年所爲序。後世蒙香室叢書本、上海掃葉山房叢書本等多從此二本出。這部
選集式的詞集叢編，所選七人分別是：周邦彥、史達祖、姜夔、吳文英、周
密、王沂孫、張炎。除了周邦彥外，史達祖等六人俱爲南宋詞人。7人人各一
卷，戈載《宋七家詞選序》謂：「詞學至宋，盛矣備矣。然純駁不一，優劣迥
殊。欲求正軌，以合雅音，惟周清眞、史梅溪、姜白石、吳夢窗、周草窗、

〔註62〕朱綬：《桐月修簫譜序》。
〔註63〕吳嘉洤：《秋綠詞自序》。

王碧山、張玉田七人，允無遺憾。暇日擇其句意全美，律韻兼精者，各爲一卷，名曰『七家詞選』。」〔註64〕所選各家詞作多寡不一，最多者爲吳文英117首，最少的爲王沂孫，41首。

　　從《詞選》編撰的初衷看，此選的第一目的即是爲詞學入門者提供一個典範，王國佐《宋七家詞選序》謂：「然使韻與律具在，而詞之何以爲雅，何以爲正，無所取法。則學者將何自入門乎？此詞選之又不可廢者也。夫詞之南北宋極其盛矣。汲古閣刻《宋名家詞》，專集多所未收，已有六十家之多。而黃茅白葦，採擷爲難。順卿曾擇其佳者，爲《六十家詞精選》。茲復於其中取出周清眞、史梅溪、姜白石、吳夢窗四家，益以周草窗、王碧山、張玉田三家，掇其菁華，歸於粹美，凡訛謬舛錯之處，參稽博考惟善是從。庶幾古人之名章雋句始見其眞，而韻與律稍有疏者，必汰去之以見謹嚴。此眞詞家之津梁也。」〔註65〕然此種「詞家之津梁」乃是經過戈載遴選的韻律謹嚴的詞作，即便如所選諸家，於韻律有不嚴謹之處，亦不在選取之列。戈載在《梅溪詞》跋語中說：「周清眞善運化唐人詩句，最爲詞中神妙之境。而梅溪亦擅其長，筆意更爲相近。予嘗謂梅溪乃清眞之附庸，若仿張爲作詞家主客圖，周爲主，史爲客，未始非定論也。張功甫序云：『情辭俱到，能事無遺。有瑰奇警邁，清和閒婉之長，妥帖輕圓，特其餘事。姜白石亦歎其奇秀清逸，有李長吉之韻，蓋能融情景於一家，會句意於兩得者。』集中如《東風第一枝》、《壽樓春》、《湘江靜》、《綺羅香》、《秋霽》，皆推傑構，正不獨汲古閣所稱『醉玉生春』、『柳髮梳月』也，惟《雙雙燕》一首，亦膾炙人口，然美則美矣，而其韻庚、青雜入眞、文，究爲玉瑕珠類。予此選律韻不合者，雖美弗收，故是詞割愛從刪。至各奔異同之處，兩可者亦不論。」〔註66〕史達祖的《雙雙燕》向來被推爲史達祖的代表作，甚而成爲梅溪詞的一個標簽，誠然如此，因其用韻不嚴，戈載在遴選《梅溪詞選》的時候也不予選取。王敬之的《序》中亦以律嚴韻謹來評述戈載的《宋七家詞選》：「今世詞家無不思以前人雅音爲法，而考究其何以符乎雅音，往往略舉而不能詳，是故其塡詞也，或丘工琢句，按諸四聲而調不諧，或徒求合律，誦至終篇而義未豁，蓋塡詞不失之放則失之拘，比必然也。然而塡詞之不工由於讀詞之無法，讀詞之無法由於

〔註64〕戈載：《宋七家詞選序》，《宋七家詞選》。
〔註65〕王國佐：《宋七家詞選序》，《宋七家詞選》。
〔註66〕戈載：《梅溪詞跋》，《宋七家詞選》。

選詞之未精。朱氏《詞綜》意取美備，不暇考聲韻之參差；萬氏《詞律》意取嚴謹，不能擇詞旨之工致，學者或取前人之誤筆以自文，或仿前人之凡語以自安，以此希望雅音，豈可得哉？戈子順卿以詞學提倡江左者三十年矣，其為詞也，調歸官譜，字嚴起煞，講明切究，遙繼紫霞玉田，而匯諸家之能事，暢南宋之宗風，則又結響清超，舒情綿渺，非淺學所可望，見能為雅音者，庶幾其知雅音。今所選七家詞，蓋雅音之極則也，律不乖迕，韻不龐雜，句擇精工，篇取完善，學者由此而求之漸至神明乎，規矩或免於放與拘之失，而亦不至引誤筆以自文，效凡語以自安乎？」

　　而從詞選編撰的另外一個目的看，戈載宣傳自己的詞學主張，亦即吳中詞派的詞學思想，也可從詞選的編選當中體現出來。作為產生於道光時期的一部詞選，《宋七家詞選》體現了鮮明的吳中詞派的特徵。從詞學影響上看，以戈載為首的吳中詞人群體受當時的詞壇風氣的影響也十分顯見。《聲執》卷下謂：「戈順卿《宋七家詞選》，作於清道光間。其時比興說創於常州，戈氏為吳中七子之一，雖仍衍浙西之緒，求南宋之雅音，然已知所謂騷雅遺意，且已知尊清真。特其論清真者，仍不免隔靴搔癢，不如周濟謂之集大成為有真知灼見爾。然戈氏之論夢窗，則已能知之，所謂『運意深遠，用筆幽邃，貌觀之雕繢滿眼，而實有靈氣存乎其間』，固與周濟之說，如枹鼓之相應也。彼自謂欲求正軌，以合雅音，則惟周、史、姜、吳、周、王、張，允稱無憾。蓋於北宋雖未能深窺，而於南宋已得奧窔，故其言多中肯綮也。戈氏於詞，辨律審音，均極精粹。故其所選，無律不迭、韻不合者。然所選之詞，與他本不同之字，多無根據，且有擅改之跡。杜文瀾曾言之，後人率以此相詆。然而『律不乖迕，韻不龐雜，句擇精工，篇取完善』，王敬之所以稱之者，確非過情之譽。則其為世推重，非無故矣。」〔註67〕嘉道之時，自清初以來一直在詞壇上具有重要影響的浙西詞派雖進入後期，漸呈式微之勢，然其餘風所及，吳中詞人群體亦不能不受影響，更何況吳中詞人群體向來多被視為浙派之苗裔。朱彝尊等人標舉南宋，推尊姜張，遂成浙西一派，及至中後期，厲鶚、吳錫麒、郭麐等浙派中堅，雖仍稱頌南宋姜張等人，但從其詞學視野上看，已較之於前期浙派有了發展，而非僅僅拘執於姜張，如浙派中期之砥柱厲鶚，即在姜張雅正之外，擴大到了北宋的周邦彥，其在《吳尺鳧玲瓏詞序》中說：「兩宋詞派，推吾鄉清真，婉約深秀，律呂諧協，為倚聲家

〔註67〕《聲執》卷下，《詞話叢編》本。

所宗。自是里中之賢，若俞青松、翁五峰、張寄閒、胡葦航、范藥莊、曹梅南、張玉田、仇山村諸人，皆分鑣競爽，爲時所稱。元時嗣響，則張貞居、淩柘軒。明瞿存齋稍爲近雅，馬鶴窗闌入俗調，一如市儈語，清眞之派微矣。本朝沈處士去矜號能詞，未洗鶴窗餘習，出其門者波靡不返，賴龔侍御蘅圃起而矯之。尺鳧《玲瓏簾詞》蓋繼侍御而暢其旨者也。尺鳧之爲詞也在中年以後，故寓託既深，攬擷亦富，紆徐幽邃，惝恍綿麗，使人有清眞再生之想。」〔註68〕序中不但盛推北宋名家周邦彥，且以「寓託既深」評吳焯（字尺鳧）的詞，從詞學觀點上看，顯然已非初期浙派所能牢籠。而至嘉道之時，浙派在詞學理論上呈現出更爲包容的特點，不但不獨尊姜張，且不局限於南宋，如浙派後期之中堅郭麐即云詞有四派：「詞之爲體，大略爲有四：風流華美，渾然天成，如美人臨妝，卻扇一顧，花間諸人是也。晏元獻、歐陽永叔諸人繼之。施朱傅粉，學步習容，如宮女題紅，含情幽豔，秦、周、賀、晁諸人是也。柳七則靡曼近俗矣。姜、張諸子，一洗華靡，獨標清綺，如瘦石孤花，清笙幽磬，入其境者，疑有仙靈，聞其聲者，人人自遠。夢窗、竹屋，或揚或沿，皆有新雋，詞之能事備矣。至東坡以橫絕一代之才，淩厲一世之氣，間作倚聲，意若不屑，雄詞高唱，別爲一宗。辛、劉則粗豪太甚矣。其餘麼弦孤韻，時亦可喜。溯其派別，不出四者。」〔註69〕論中不但將花間及秦、周、賀、晁諸人列爲經典，更對多爲詞家視爲別調的蘇軾大加推揚，謂其「間作倚聲，意若不屑，雄詞高唱，別爲一宗」。作爲與浙派後期時間相當的詞學家，戈載的詞學觀亦不僅僅局限於前期浙派詞人推尊姜張、標舉南宋的觀點，而是能夠有所開拓和發展。其所選七家即不僅有南宋姜張等人，亦將周邦彥納入到自己所認爲的經典系列中來，認爲：「清眞之詞，其意淡遠，其氣渾厚，其音節又復清妍和雅，最爲詞家之正宗。所選更極精粹無憾，故列爲七家之首焉。」〔註70〕戈載不但選輯了周邦彥的詞作，而且將其列爲七家之首，由此足以見出選詞者對周氏詞作的偏愛。而在對吳文英詞作的遴選上，也能體現出作者對浙派詞學思想的發展。吳文英自張炎《詞源》中首倡「清空」之說後，吳文英的詞便被打上了晦澀的標籤：「詞要清空，不要質實。清空則古雅峭拔，質實則凝澀晦昧。姜白石詞如野雲孤飛，去留無

〔註68〕厲鶚：《吳尺鳧玲瓏詞序》，《樊榭山房文集》卷四。
〔註69〕郭麐：《靈芬館詞話》卷一，《詞話叢編》本。
〔註70〕戈載：《清眞詞跋》，《宋七家詞選》。

跡。吳夢窗詞如七寶樓臺，眩人眼目，碎拆下來，不成片段。此清空質實之說。」〔註71〕朱彝尊所引領的早期浙派，推尊姜張，標舉南宋，認為「詞莫善於姜夔」，〔註72〕而自己作詞則「不師秦七，不師黃九，倚新聲玉田差近〔註73〕」，並認為吳文英等人則是效法姜夔且「具夔之一體」者。〔註74〕而在戈載看來：「夢窗從吳履齋諸公遊，晚年好填詞。以綿麗為尚，運意深遠，用筆幽邃，鍊字鍊句，迥不猶人。貌觀之雕繪滿眼，而實有靈氣行乎其間，細心吟繹，覺味美於回，引人入勝。既不病其晦澀，亦不見其堆垛。此與清真、梅溪、白石並為詞學之正宗，一派真傳，特稍變其面目耳。猶之玉溪生之詩，藻采組織而神韻流傳，旨趣永長，未可妄譏其獺祭也。」〔註75〕戈載儼然有給吳文英翻案的意味，不但認為吳文英的詞「運意深遠，用筆幽邃，鍊字鍊句，迥不猶人」，而且其詞的「雕繪滿眼」只是一種表象，「實有靈氣行乎其間，細心吟繹，覺味美於回，引人入勝」，仔細品味之下，覺得吳文英的詞既不晦澀，也不堆垛，故而可與周邦彥、史達祖、姜夔「並為詞學之正宗」。於是在《宋七家詞選》中，戈載在周清真、史梅溪、姜白石之後即選輯了吳文英的詞作，且在七家詞中，吳文英選詞最多，達到 117 首，由此亦可見出戈載對吳文英的偏愛。

　　如果說《宋七家詞選》從作者群體的選擇上即可看出作者作為吳中詞派的詞學傾向，那麼在韻律上的嚴格恪守，亦是吳中詞派有別於浙派的一個顯性標誌。前已有言，在對韻律的審核上，戈載幾乎達到了一種苛刻的地步，即使是像史達祖《雙飛燕》那樣名動古今的代表作，在戈載看來，雖然「膾炙人口，然美則美矣，而其韻庚、青雜入真、文，究為玉瑕珠纇。予此選律韻不合者，雖美弗收，故是詞割愛從刪。」然在選詞的過程中，矯枉過正的現象亦時或有之。杜文瀾謂：「戈順卿典簿載，江蘇吳縣人，由諸生官國子監典簿。以詞學提倡江南北者三十年。所著詞林正韻三卷，取李唐以來韻書，以校兩宋詞人所用，博考互證，辨晰入微，足補菉斐軒之遺，永為詞家取法。

〔註71〕張炎：《詞源》卷下。

〔註72〕朱彝尊：《黑蝶齋詞序》，《浙西六家詞》。

〔註73〕朱彝尊：《解珮令・自題詞集》。

〔註74〕朱彝尊《黑蝶齋詞序》云：「詞莫善於姜夔，宗之者張輯、盧祖皋、史達祖、吳文英、蔣捷、王沂孫、張炎、周密、陳允平、張翥、楊基，皆具夔之一體。基之後，得其門者寡矣。」

〔註75〕戈載：《夢窗詞跋》。

又選宋七家詞，採取精當，核律亦嚴。惟宋詞用韻太寬，往往不分四呼七音，而以鄉音意爲通轉。選中有佳詞韻誤者，輒改其韻。未免自信過深，招人訾議。余擬就所選各詞，改還原文，注明出韻，俾後人知所棄取。更以宮調注於眉端，以便觀覽。甫脫稿，尚未付刊。典簿所撰翠薇花館詞多至三十九卷，專主審音協律，致眞意轉漓。」〔註76〕杜文瀾曾校注《宋七家詞》，於戈載的詞學觀亦多有認同，然對戈載在選詞時「選中有佳詞韻誤者，輒改其韻」亦有微詞，認爲其「未免自信過深，招人訾議」。而晚清詞學大家鄭文焯對於戈載的隨意改詞的行爲更是批評有加：「汲古毛氏，始刻夢窗甲乙丙丁稿，隨得隨入，不復詮第，踳駁錯複。至戈順卿選宋七家詞，乃稍稍訂正，苦無善本，足資佳證，戈氏又黯淺寡聞，繆託聲家，動以意竄易，於毛刻之訛敓塙可斠訂者，漫無關究。秀水杜氏，墨守一先生言，粗爲勘正，附會實多。驗其擬改擬補，疏妄等誚，專輒之敝，厥失惟鈞，耳爲心師，徒自棄於高聽爾。夫君特爲詞，用雋上之才，別構一格，拈均習取古諧，舉典務出奇麗，如唐賢詩家之李賀，文流之孫樵、劉蛻，錘幽鑿險，開逕自行，學者匪造次所能陳其細趣也。今加搜校，黜戈砭杜，略復舊觀，其所蓋闕，以俟宏達。」〔註77〕鄭文焯對毛晉、戈載和杜文瀾等人在《夢窗詞》刊刻、編選和校注中校勘不精，甚至隨意竄易、附會的問題提出了嚴厲的批評，有鑑於此，才有了《夢窗詞》的批校。

　　儘管在選輯《宋七家詞選》時，戈載有隨意竄易的做法，但是其文獻校讎之功亦不當抹殺。首先，在詞集版本的遴選上，戈載能廣收眾本，尤其是重視選本的校勘作用，在對詞集文獻的比勘中，能夠參稽眾多選本，體現出較爲宏闊的視野。如清眞詞，戈載在《清眞詞跋》中說：「清眞詞凡有三本：一曰《美成長短句》，一曰《清眞集》，一曰《片玉集》。《片玉》爲晉陽強煥所輯，搜羅最富。汲古又補遺十餘首，可謂完璧矣。然子晉刻時，欠校讎之功訛謬頗多。幸其詞散見於各集。余因將《花庵詞選》、《樂府雅詞》、《陽春白雪》、《樂府指迷》、《詞源》、《草堂詩餘》、《花草粹編》、《歷代詩餘》、《詞綜》、《詞潔》、《詩餘圖譜》、《詞律》、《詞苑》，詞話諸書，參互考訂，擇其善者從之。個詞下俱未注出處，以省繁重。」〔註78〕從其中所列的諸多詞選與

〔註76〕杜文瀾：《憩園詞話》卷二，《詞話叢編》本。

〔註77〕鄭文焯：《大鶴山人詞話》，《詞話叢編》，第4335頁。

〔註78〕戈載：《清眞詞跋》，《宋七家詞選》。

詞話諸書看，戈載的搜羅誠可謂豐富了。不僅僅《清眞集》，《宋七家詞選》中的其他六種，戈載也以這些選本作爲參校對象，如王沂孫的《花外集》，「詞名《花外集》，一名《碧山樂府》。原有二卷，今鮑氏刻入《知不足齋叢書》者，僅五十一闋，似非完璧。補遺復得十四闋，予因取各選本互校之，從其是者。如《淡黃柳》『料青禽、一夢春無著』，『著』，《絕妙好詞》作『幾』，失韻。《掃花遊》『自一別漢南』，『自』字諸本落去。鮑刻則闕而未補其字。又『迢遞歸夢阻』，『遞』字，《歷代詩餘》作『遙』，此字宜仄。《長亭怨慢》『泛孤艇、東皋過遍』，『遍』，《詞綜》作『訊』，失韻。」〔註79〕從其所出校之諸多問題看，戈載所發現之錯訛處的確是有問題的。如跋語中所言《淡黃柳》『料青禽、一夢春無著』一句失韻與否，鄭文焯在其《絕妙好詞校錄》中說：「《淡黃柳》下闋『料得青禽一夢春無幾』，此句不迭。按白石自度此曲『怕梨花落盡成秋色』，『色』字是韻，中仙專學石帚，豈於此未之深考邪？姚梅伯校本謂『秋色』本作『秋苑』，引碧山此句不迭爲證。然嘉泰本固作『秋色』，《詞律》從同。按戈《選》碧山詞是闋『幾』字據舊本校改作『著』，可知姜詞是韻。」〔註80〕孫人和校本《花外集》引鄭文焯之校語，並加按語云：此處似當協韻，但戈氏多以意改。鄭氏雖從戈說，亦未言其所據之本也。再如《掃花遊》「自一別漢南」一句，「自」字有無問題，周濟《宋四家詞選》中說：「『一別』句本應五字，減一字耳。紅友《詞律》未及是，誤忘校檢也。按此類甚多，若依紅友，即應另列一體矣。」〔註 81〕孫人和《花外集》校本中引周濟之校語，並加按語云：「明抄本、舊抄本、《詞綜》、《歷代詩餘》並無空格，坱本、戈選並作『自』，而不言其所據，今依鮑本、王本，其實止菴之說，未可非也。」《聽秋聲館詞話》卷十三「《詞綜》訛脫」一條亦言：「《掃花遊》云：『怎知道、只一別漢南，遺恨多少。』落隻字。」〔註82〕

當然，戈載的《宋七家詞選》在詞集的選擇與輯錄上，除上述臆改等毛病外，還有一些不足之處，如其「詳於南宋者，以詞至南宋始極其精也。其實北宋慢詞如淮海、屯田，並臻極詣，亦治詞家所不容捨也。戈選不收，猶爲缺憾。」〔註83〕儘管如此，作爲一家之選，《宋七家詞選》在選本中亦當有

〔註79〕戈載：《花外集跋》，《宋七家詞選》。
〔註80〕鄭文焯撰：《絕妙好詞校錄》，瀋陽：遼寧教育出版社，2001 年版，第 2 頁。
〔註81〕周濟：《宋四家詞選》，《叢書集成初編（補印本）》本，第 75 頁。
〔註82〕《聽秋聲館詞話》卷十三，《詞話叢編》本。
〔註83〕《詞說》，《詞話叢編》本。

其一定的位置：「填詞之學，既始於讀詞，則所讀之選本宜審矣。約而言之，茗柯《詞選》，導源風雅，屏去雜流，途軌最正，世所稱陽湖派者，實本於茲。第墨守者，往往含有蘇辛氣味。不知詞貴清遒，不尚豪邁，可以不必。周止菴宋四家詞選，議論透闢，步驟井然，洵乎闇室之明燈，迷津之寶筏也。其後戈順卿氏又選宋七家詞匯爲一編。學者隨取一家，皆可奉爲師法，就此成名。至如宋人選本，惟周草窗絕妙好詞選，最爲精粹，可作案頭讀本，他可勿論也。」

第四節　《同聲集》與常州詞派

　　在清詞流派史上，若論對後世詞學的影響，浙派而外，毋庸置疑，常州詞派是影響最大的一個詞學流派了。常州詞派「倡導於武進張皋文、翰風兄弟，發揚於荊溪周止菴氏，而極其致於清季臨桂王半塘、歸安朱彊村」。〔註84〕尤其是張惠言、張琦兄弟，在詞派的開創上，其篳路藍縷之功，實不可不謂大，張氏兄弟《詞選》的選刻，對詞壇的影響很大，「張氏兄弟之前，無常州詞派之目。迨張氏《詞選》刊行之後，戶誦家弦，由常而歙，由江南而北被燕都，更由京朝士大夫之聞風景從，南傳嶺表，波迷兩浙，前後百數十年間，海內倚聲家，莫不沾漑餘馥，以飛聲於當世，其不爲常州所籠罩者蓋鮮矣！」〔註85〕的確，在張惠言兄弟所編《詞選》的影響下，嘉道詞壇宗之者蔚然成風，《同聲集》的編刻就是嘉道之時常州詞派漸成風氣時的產物。

　　《同聲集》，爲遞刻本詞集叢書，選輯者爲張曜孫，〔註86〕刻印者爲王鴻，〔註87〕首刻於道光二十四年，其時所刻爲王曦的《鹿門詞》與吳廷鉁的

〔註84〕龍榆生：《論常州詞派》，《龍榆生詞學研究論文集》，上海：上海古籍出版社，1997 年版，第 387 頁。

〔註85〕同上，第 388 頁。

〔註86〕張曜孫（1808～1863），字仲遠，一字升甫，晚自號復生，武進（今屬江蘇）人，卒於同治二年，年五十六。張琦次子，張惠言從子，道光二十三年舉人，官至湖北候補道，有《謹言愼好之居詩集》等。

〔註87〕王鴻（1806～？），又名王鵠，字子梅，直隸天津人，後來寄籍長洲，其父王大淮曾爲曲阜令。曾官聊城縣丞。有《喝月樓詩錄》、《天全詩錄》。徐世昌《晚晴簃詩匯》曾謂：「子梅詩才氣橫溢，隸事精覈，惟貪多塡砌，時失之冗。自言學詩先學杜，後學蘇，則不流於輕率。自名集曰《鑄蘇》。有句云：『誰得鑄蘇眞面目，我先飲杜易肝腸。』蓋自道其得力如此。」

《塔影樓詞》，其後又續刻潘曾瑋等 7 家 7 種，故前後所刻爲 9 家詞人 9 種詞集。具體細目如下：

《鹿門詞》，王曦撰；《塔影樓詞》，吳廷鈗撰；《玉泫詞》，潘曾瑋撰；《聽雨齋詞》，汪士進撰；《桐華仙館詞》，王憲成撰；《冰璽詞》，于胡魯承齡撰；《海南歸棹詞》，劉耀椿撰；《無著詞》，龔自珍撰；《梅笙詞》，莊士彥撰。

各詞家仕履略作梳理如斯：

王曦（1796～1847），字季旭，太倉（今屬江蘇）人。諸生。張曜孫姊張紈英夫。王曦一生，偃蹇不遇，光緒《武陽志餘》卷十一記載：「張紈英，字若綺，（張）琦第五女，適太倉王曦。曦高才不遇，偃蹇以卒。紈英依弟曜孫以居，撫子臣弼成立。」王曦工詞與傳奇，有傳奇《東海記》。

吳廷鈗（1785～1849），廷鈗爲吳贊榜名，字惠欽，號偉卿，一字彥懷，常熟（今屬江蘇）人，道光六年（1826）進士，散館改刑部主事，官至刑部員外郎，工書，善詩詞，有《塔影樓詩集》。

潘曾瑋（1819～1886），字寶臣，一字季玉，號玉泫，江蘇吳縣人，潘世恩四子，廕生，賜員外郎，官至布政使銜記名道員。有《正學編》、《自鏡齋文鈔》、《玉泫詞》、《詠花詞》、《養閒草堂圖記》、《橫塘泛月圖記》等十多種。

汪士進（1796～1858），字逸雲，武進（今屬江蘇）人，與吳頡鴻、莊縉度等並稱爲「毗陵後七子」，道光二十三年（1843）舉人，以文章名世，著述等身，僅存麟爪耳。

王憲成（？～1867），字仲文，號蓉洲，常熟（今屬江蘇）人。道光二十五（1845）年進士，官戶科給事中、福建汀章龍道，有《桐華仙館詞》一卷。

于胡魯承齡（1814～1865），字子久，一字叔度，號尊生，滿洲鑲黃旗人。道光十六年（1836）進士，官至貴州按察使，卒於任上，有《大小雅堂詩集》。

劉耀椿（1784～1858），字莊年。安丘（今屬山東）人。嘉慶二十五年（1820）進士，選庶吉士。歷官潁上、阜陽知縣、六安知州、安慶知府、福建興泉永道兼金廈兵備道。

龔自珍（1792～1841），字爾玉，又字璱人，更名易簡，字伯定；又更名鞏祚，號定盦，又號羽琌山民，仁和（今浙江杭州）人，嘉慶二十三年（1818）舉人，道光九年成進士。歷官宗人府主事、禮部主客司主事、祠祭司行走等。有《定盦文錄》十二卷、《定盦外錄》十二卷等。

　　莊士彥（1803～1871），字眉生，又作梅生，一字於彥，江蘇陽湖人。縉度弟。諸生。有《紅薇館燼餘草》（稿本）六卷。

　　若論《同聲集》的編撰緣起，張曜孫作於道光二十四年冬十二月的《同聲集序》交代得最爲明瞭：

　　　　唐之季世，樂府之律，製爲新詞，因名曰詞，遂目詞爲詩餘。夫詩者，思也，思者，志之所發，故曰在心爲志，發言爲詩。太史公曰：詩三百篇，大抵皆賢人君子發憤感激之所爲也，故其文則情辭相比，其法則比興互用，其用歸於興觀群怨，而極於履中蹈和，各得其性情之正。故詩有六義，一不足達其志，故六之，志之隱情，之摯思，之沉微幽眇而不可已，質言不達也，文言之文言不達也，寓言之擬之議之錯之綜之，委曲以將之，優柔以喻之，上以風化下，下以風刺上，美善惡惡巽而善入於以感發懲創，通於神明，詞亦猶是也。然其文小，其體近，其志愈穩，其思愈深，於是抑揚以曼其聲，假藉以麗其辭，短長以流其韻，凡以達其難言之志，而發其難顯之思，故詩所不能達者，詞達之，其旨近於風，其用長於比興，自宋以來，多工爲詞者，厥後漸失其旨，而佚蕩噍殺之音作，識者卑其體乃薄而不爲。先子暇焉嘗與先世父皋文先生取唐宋諸家詞，導其源流，備其正變，爲《詞選》二卷，海內翕然宗之者，然其旨約，其格嚴，爲之者或苦其拘而不能騁，而嘉慶詞人，其上者往往出此後，有作者，勿可誣也。余感盛衰明晦之故，即一藝之細，不能或遁而苟得其旨，雖紛紜淆亂，歷千變而不可易顯，非有揭而明之者，亦安足恃於《詞選》之書，舊有附錄七家，所以明源流之故，通古今之變，後之爲者，闕而未錄，余嘗欲取嘉慶詞人之合者，匯爲一編，名曰《同聲集》，以著一家之言，備後來採擇，適長洲王子梅刻王季旭《鹿門詞》成，又取吳偉卿《塔影樓詞》刊之。偉卿、季旭皆受法於先子者，因舉平日所聞於先子者，序其端屬彙編之。他日蒐集諸家，以次編茸，繼《詞選》以傳。《易》曰：同聲相應同氣相求，語曰：君子以文會友，其子梅之意也。夫名曰同聲，亦各從其類也。

　　　　道光二十四年冬十二月陽湖張曜孫。〔註88〕

〔註88〕張曜孫：《同聲集序》，《同聲集》，清道光至同治遞刻本。

由張序可知，《同聲集》的編刻首倡於張曜孫，適逢王鴻（字子梅）刊刻王曦（字季旭）的《鹿門詞》，故又取吳廷鈴的《塔影樓詞》一併刊之。而這只是詞集叢編刊刻的開始，按照張曜孫的打算，「他日蒐集諸家，以次編葺，繼《詞選》以傳」，故道光二十四年，《同聲集》首刻所收詞家詞集共二人二種，其後，又陸續輯入了潘曾瑋的《玉洤詞》、汪士進的《聽雨齋詞》、王憲成的《桐華仙館詞》、于胡魯的《冰蠶詞》、劉耀椿的《海南歸棹詞》、龔自珍的《無著詞》和莊士彥的《梅笙詞》，前後共輯刻 9 人 9 種。

從張曜孫和王鴻所輯錄的詞人的籍貫看，九位詞人並非俱爲常州籍士人，如首刻二人王曦與吳廷鈴二人，一爲太倉人，一爲常熟人，那麼，張曜孫何以將王曦等人的詞集輯錄到一起加以刊刻呢？原因或在在於，這些人雖然並非常州籍，但多與常州詞派多有淵源。張曜孫謂「偉卿、季旭皆受法於先子者」，則二人與張琦爲師徒關係。其於常州詞派的影響可以想見。而潘曾瑋等人雖亦非常州籍士人，但也深受《詞選》的影響。潘氏《玉洤詞自序》謂：「余弱冠即學爲詞，當時儕輩謬相推許，輒自矜惜，及見張皋文、翰風兩先生《詞選》，讀其所爲序，乃悟嚮之所作，如滅燭夜行，雖馳逐畢生，不離幽室，今而後始識康莊也。夫詞雖文章餘事，必本諸性情，歸於風雅，六書以『意內言外謂之詞』。蓋作者緣情造意，有感斯通，因物寓言，雖微必中，故使讀者於此反覆流連，有興觀群怨之思而不能自己焉，斯爲工矣。至於摹繢風月，刻畫蟲魚，雖炫異騖新，取悅時尚，不過雕琢曼辭以自飾，曷足貴乎？」〔註 89〕自序中謂其見到張惠言和張琦所編《詞選》之後，深悟從前之所作詞「如滅燭夜行，雖馳逐畢生，不離幽室」，從而在詞學觀念上發生了轉變，深深認同於張惠言、張琦的詞學思想，認爲詞作能夠有興觀群怨的功能，才能稱得上工致，而那些只能夠描繪風月，僅以詞采取勝的詞作則不足爲貴。而在《潘曾瑋刊詞辨序》中潘氏更是直言「子久與余，皆取法於張氏」。於此看來，張曜孫所輯諸家雖有一些非常州籍詞人，但與常州詞派多有瓜葛，楊萬里曾於江西詩派云：「詩江西也，非人皆江西也。人非皆江西，而詩曰江西者何？繫之也。繫之者何？以味不以形也。」〔註 90〕正是詩風的相似與認同，使得諸家自覺地形成爲一種詩歌流派——江西詩派。張曜孫所輯諸家詞亦是如此，王易謂：「《同聲集》錄清人吳廷鈴、王曦、潘曾瑋、汪士進、王憲成、

〔註 89〕潘曾瑋：《玉洤詞自序》，《玉洤詞》，清咸豐四年潘氏刻本。
〔註 90〕楊萬里：《江西宗派詩序》，《誠齋大全集》卷七九。

承齡、劉耀椿、龔自珍、莊士彥諸家詞，大致以浙派朱彝爲宗，間有主張北宋者。」〔註91〕實則並非如此，張曜孫所輯諸家詞風更多地接近於常州詞派，而非浙西詞派。

　　從詞學傾向上看，不僅選刻者張曜孫作爲張琦之子、張惠言張惠言之侄，可視作是常州詞派之苗裔，即連其所選輯之諸家在詞學觀上亦對張惠言的詞學思想多有認同。《介存齋論詞雜著》附錄《潘曾瑋刊詞辨序》謂：

　　　　余向讀張氏《詞選》，喜其於源流正變之故，多深造自得之言。
　　張氏之言曰：「詞者蓋出於唐之詩人，採樂府之音，以製新律，因繫
　　其詞，故曰詞。傳曰：意內而言外謂之詞。其緣情造端，興於微言，
　　以相感動。極命風謠，里巷男女哀樂，以道賢人君子幽約怨悱不能
　　自言之情。」竊嘗觀其去取次第之所在，大要懲昌狂雕琢之流弊，
　　而思遵之於風雅之歸。沿襲既久，承學之士，忽焉不察，余甚病之。
　　嘗欲舉張氏一書，以正今之學者之失，而世之人，顧弗之好也。友
　　人承子久儀部好爲詞，嘗與余上下其議論，自三唐兩宋，迄於元之
　　季世，條分縷晰，未嘗不以余言爲然。蓋子久與余，皆取法於張氏。
　　暇出所錄介存周氏《詞辨》二卷，屬爲審訂。介存自序，以爲曾受
　　法於董晉卿，亦學於張氏者。介存之詞，貳於晉卿。而其辨說，多
　　主張氏之言，久欲刻而未果。其所選與張氏略有出入，要其大旨，
　　固深惡夫昌狂雕琢之習而不反，而亟思有以釐定之，是固張氏之意
　　也。因樂爲敍而刊之，以副子久之屬。介存之論詞云：見事多，識
　　理透，可爲後人論世之資。詩有史，詞亦有史。世之譚者，多以詞
　　爲小技而鄙夷之。若介存者，可謂知言也夫。原本總十卷，不戒於
　　水，存止二卷。今刊本，子久所錄也。道光二十七年歲次丁未孟夏
　　月，吳縣潘曾瑋。〔註92〕

　　潘曾瑋《序》中不但對張惠言的詞學觀深表認同，而且說，與他有同樣的看法的還有好友于胡魯承齡，這也或是張曜孫輯錄于胡魯承齡詞的一個原因。而潘曾瑋在《與小珊論詞》中亦云：「樂府久不作，詞衰六百年。要與論厥始，古人有眞傳。意內而言外，妙在比興先。……嗟哉時所尙，習俗久相沿。聲律背古初，門戶昧當前。」認同於意內言外、比興寄託。

〔註91〕王易：《詞曲史》，北京：東方出版社，1996年第1版，第388頁。
〔註92〕周濟：《介存齋論詞雜著》，《詞話叢編》本。

在詞的創作上，各家詞人也多能踐行常州詞派的詞學觀念，如張琦對吳廷鍬《塔影樓詞》所作的評價是：「託興遙深，用筆曲折，選言明淨，已得詞家三昧矣。」〔註93〕張曜孫《塔影樓詞序》云：「道光甲申，先子官山左，偉卿依居二年，與王子季旭□受詞於先子。此卷即先子所所點定者，偉卿後舉進士，入翰林，遂專力詞賦，不復爲詞。甲辰，余謁選都下，依偉卿以居，既爲刊試帖詩鈔，復爲梓其詞，會子梅善季旭詞，刊之，來索此稿，將並刊焉。因寫付子梅，而錄先子評語於卷首，計距作詞之日已二十年，而先子捐館忽忽十二年矣。歲月不居，修名安在，俯仰今昔，顧黯然因序其端，而並記於此。」〔註94〕據張曜孫在《塔影樓詞序》中所介紹的情況看，吳廷鍬曾經受詞於張琦，受到張琦的影響應該可以想見，而張琦給予吳詞的評價即是「託興遙深，用筆曲折」，由此亦能看出是深受常州詞派影響的結果。

同吳廷鍬一樣，王曦也曾受業於張琦，且爲張琦之婿，故其詞之風格也多出於常州詞派。其詞的創作也多有高情遠韻：「前歲次兒承祐回自都門，得近人詞數帙，遙情逸韻，妙雜仙心，慢詞不及錄，錄小令數闋於此。……太倉王季旭明經曦鹿門詞《踏莎行》云：『樹杪風嘶，窗前月透。一尊誰伴離人酒。近來情緒更堪憐，影兒也比當時瘦。春意全闌，春情非舊。迢迢又聽征程漏。今宵有夢待如何，不如和夢都無有。』」〔註95〕

而潘曾瑋詞的創作在風格上也多認同於常州詞派。張曜孫評潘曾瑋的《玉泩詞》云：「其思深，故其言近旨遠，其志隱，故如幽匪藏以《國風》《小雅》之心，《離騷》《九歌》之詣，約之於短章片什之內，闔闢回互，纏綿反覆以寓之。所以獨振正聲，一空時習也，積之厚者流必光不有蘊之誰爲發之，誦詩讀書，以知其人，良有以也。」〔註96〕張氏將潘氏之詞比附爲《國風》、《小雅》與《離騷》、《九歌》，認爲其詞言近旨遠，有所寄託。而杜文瀾在其《憩園詞話》中引錄了潘曾瑋的數首詞作，並認爲潘曾瑋的詞作「寄託遙深，纏綿宛轉」，今迻錄如下：

> 季玉觀察曾瑋，太傅公季子。由太常寺博士，奉特旨賞員外郎，補刑部奉天司，升福建司郎中，督辦團防回籍。與顧子山、吳平齋兩觀察，倡泰西會防之議。航海入都，商之政府，始得力保上

〔註93〕張琦：《塔影樓詞》卷首，《同聲集》。
〔註94〕張曜孫：《塔影樓詞序》，《同聲集》。
〔註95〕丁紹儀：《聽秋聲館詞話》卷十二，《詞話叢編》本。
〔註96〕張曜孫：《玉泩詞序》，《同聲集》。

海。又會商吳曉帆方伯，籌款二十餘萬金，稅輪船赴皖，以迎李伯相之師，江南所由底定也。蘇城初復，英將戈登幾爲變，急棹小艇躬往說之，理喻萬端，盡一晝夜，始欣然受賞去。積功賜之花翎，布政使銜，記名道臺。乃淡於名利，築草堂於蘇城之百花巷，顏曰養閒，其志可見。少年時，即好爲詞章，諸兄科名鼎盛，君則翩翩裙屐，詩酒徜徉，尤專心於意內言外之學。伯仲之詞，間有不肯害意而出入者，君獨恪守律呂，同人詡爲白眉。所刊《玉涂詞》百餘闋，陽湖張仲遠觀察錄三十闋刊入《同聲集》中。今錄《菩薩蠻》七闋云：「芙蓉帳外燒銀燭。畫屏雙坐人如玉。相見定成歡。此時明月圓。　　好春容易度。只怕春光去。海燕正孤飛。妒他雙影樓。」又「輕雲冉冉籠殘月。橫風吹散梨花雪。香夢已闌珊。覺來驚晚寒。　　尊中春酒綠。惆悵陽關曲。門外送君行。別離無限情。」又「登樓一望傷心碧。行人不見關山隔。清淚濕羅衣。忍看雙燕飛。　　離愁千萬縷。簾外風還雨。野水漲紅橋。怎教魂不銷。」又「相思不語香閨裏。時光虛度如流水。惜別又經年。歲寒霜雪天。　　瑣窗人寂寂。欲問無消息。心事訴誰知。一鉤新月遲。」又「東風吹醒桃花浪。雙堤一夜溪痕長。何日是歸程。盼將春水平。　　欲歸仍未得。依舊長相憶。遙望玉門西。可憐人跡稀。」又「征鴻不到邊城遠。迢迢萬里音書斷。脈脈倚薰籠。燭銷殘淚紅。　　別時曾記否。記得春將暮。春去又春回。望君君未歸。」又「鄰家同戍遼陽轉。昨宵猶說瓜期緩。底事苦淹留。憶君愁復愁。　　香銷銀篆冷。恨也無人省。夢影不分明。月華何處清。」此七闋寄託遙深，纏綿宛轉，與《握蘭》《金荃集》之二十首，同一機杼。其前後結第三字均用平聲，尤得方山尉遺意。又集中有《洞仙歌》詠葉詞十二闋，皆沉雄之語。戴文節公極激賞，以爲可成一代巨手。惜限於篇幅，不甚備錄。其長調，《如此江山‧和人畫蘭之作》云：「天涯休怨同心少，湘花可憐幽靚。院宇風清，闌干月瘦，都做十分清冷。依稀倩影。怕謝覽丰姿，對伊難稱。付與豪端，者回愁緒更思省。　　知音珍重有幾，憶黃瓷貯好，芳意消領。楚佩痕遺，瑤琴韻遠，不與綺羅人並。香魂喚醒。共脈脈無言，幾番銷凝。漫訴飄零，畫中春自永。」又《憶舊遊‧題嘯筠遊仙別錄》

云:「記香天跨蝶，蕊府殮珠，小夢遊仙。別有瑤琴曲，聽天風環佩，仙韻珊珊。玉京醉落何許，雙袖拂寒煙。惜麗景如塵，華年如水，能幾留連。　　纏綿。但成恨懺，綺業情根，九品臺前。蘭麝心香爇，護癡雲依檻，圓月當筵。招來半空鸞鶴，重話碧城緣。莫說與維摩，紛紛散作花滿天。」此二詞抑揚如意，無纖塵犯其筆端。《如此江山》用去上聲三處，《憶舊遊》後結第四字用入聲，勘律之細，尤為近所罕覯。此外長調、小令，悉可播之管絃，自足壽世。季玉未刊詞稿，尚裒然成帙。項見和恩竹樵方伯七夕詞二闋，調寄《訴衷情》云:「仙家歲月異人間。彈指便經年。一年一度相見，小別即團欒。塵世裏，盼良緣。會常難。爭如天上，今夕雙星，並駕雙鸞。」「耕慵織懶此時情。銀漢鵲橋平。世間競設瓜果，乞巧向中庭。新月瘦，彩雲停。碧天澄。合歡樓上，戲賭穿纖，若個聰明。」此為酬應之作，走筆而成，其天趣自不可及。俞蔭甫太史評云:「第一首前闋，無人道過，壓倒古今矣。」此詞和者甚眾，惜皆無存，亟錄之以誌一時雅興。〔註97〕

　　同潘曾瑋一樣，王憲成的詞作亦有所寄託，「前歲次兒承祐回自都門，得近人詞數帙，遙情逸韻，妙雜仙心，慢詞不及錄，錄小令數闋於此。……常熟王蓉洲觀察憲成《桐華仙館詞》《祝英臺近》云:『洛城鐘，梁苑樹。中有恨無數。脈脈相思，不記幾朝暮。盼他安石榴開，玉人歸未，甚瘦損、腰圍不顧。信頻誤。便算清夢分明，夢醒總無據。彩筆書空，猶自背人語。早知春去無蹤，當時悔煞，怎容易、送將春去。』」〔註98〕而後世論者亦能從莊士彥所存詞作中看出寄託的痕跡，「莊士彥字眉生，生平不詳，以詞中流露隻言半語度之，似科場蹭蹬，晚歲猶依人作幕客，稿前有同治十年五月題記，稱:『余前作《紅薇館詞》二卷，自嘉慶甲戌至同治癸亥，刪存共二百十首，今於甲子年起至庚午、辛未，又得詞共八十四闋，匯錄一帙，以續前卷之後。』士彥填詞不甚循格律，但求形似而已，旨在藉此述事抒懷，頗婉約清麗，不似六七十老翁語。」〔註99〕

　　至若龔自珍詞的創作，儘管多有論者謂其詞不可以常浙二派所牢籠，但

〔註97〕杜文瀾:《憩園詞話》卷二，《詞話叢編》，第2883～2884頁。
〔註98〕丁紹儀:《聽秋聲館詞話》卷十二，《詞話叢編》本。
〔註99〕崔建英:《崔建英版本目錄學文集》，南京:鳳凰出版社，2012年，第389頁。

其詞作中所受到的常州詞派的影響也多是顯而易見的。夏孫桐即謂其「《無著詞》一篇，皆實事也，其事深秘，有不可言者。」〔註100〕其實，不僅僅是《無著詞》，即如《影事詞》中所載諸詞，亦多有案可查，如《暗香》《摸魚兒》二詞，即其早期情事之寫照。《暗香・姑蘇小泊作也。紅燭尋春，烏篷夢雨，一時情事，是相見之始矣》云：「一帆冷雨，有吳宮秋柳，留客小住。笛裏逢人，仙樣風神畫中語。我是瑤華公子，從未識露花風絮。但深情一往如潮，愁絕不能賦。　　花霧。障媚嫵。更明燭畫橋，催打官鼓。瑣窗朱戶，一夜烏篷夢飛去。何日量珠願了，月底共商量簫譜？持半臂親來也。忍寒對汝。」《摸魚兒・二月八日，重見於紅茶花下，擬之明月人手，彩雲滿懷》云：「笑銀釭一花宵綻，當筵即事如許。我儂生小幽并住，悔不十年吳語。憑聽取，未要量珠，雙角山頭路。生來蓬戶。只阿母憨憐，年華嬌長，寒暖仗郎護。　　箏和笛，十載教他原誤。人生百事辛苦。五侯門第非儂宅，剩可五湖同去。卿信否？便千萬商量依分付。花間好住。倘燕燕歸來，紅簾雙卷，認我寫詩處。」

　　《同聲集》所輯九家詞人詞作，其保存詞集文獻之功，亦當予以足夠的肯定。從前面所梳理的諸家生平仕履情況看，九人大多或階銜不高，或僅為諸生，一生坎壈，如王曦「高才不遇，偃蹇以卒」，莊士彥也僅為諸生。這些社會地位並不太高的士人，其個人文集，若不賴於叢書的刊刻與流佈，則多會湮沒無聞或散佚不見。《同聲集》中所載錄諸家，除了潘曾瑋、龔自珍等人在詞集之外尚有詩文集存世之外，其他各家文集多罕有存世者。如吳廷鈐，今檢國內各藏書機構，除北京大學圖書館藏有道光二十一年所刻《塔影樓試帖》4 卷，與蘇州大學圖書館藏有清光緒十一年重刻本《塔影樓律賦》（不分卷）等外，其他詩文則未見有傳世者。甚至一些詞家，其生平事蹟，都很難為人所知。然有賴於張曜孫與王鴻的輯刻之功，王曦、吳廷鈐等人的詞集得以保存到現在。

〔註100〕孫文光、王世芸：《龔自珍研究資料集》，合肥：黃山書社，1984 版，第 173 頁。

第五章　清代詞集叢刻與詞學文獻學

第一節　清代中前期詞集叢刻的文獻價值與詞學貢獻

　　就詞集的保存與傳播而言，叢書類的詞集編刻較之於單行本作用尤為顯著。「從詞集傳播的歷史狀況來看，詞集的傳播實多賴於叢編。」〔註1〕「詞集的命運，散刻則易佚，匯刻則易存，因此詞集匯刻，就保存文獻而言，歷來受到重視。」〔註2〕的確，詞集叢刻保存與傳播詞集文獻之功實堪嘉許，然其功用卻並不止乎此。從具體的內容承載看，詞集叢刻的出現還與一個時代的詞運消長、詞體觀念的遞變等有著十分緊密的聯繫。於此而言，詞集叢刻是一個兼具文獻學與詞學雙重意義的重要命題。以具體的發展歷程看，中國古代的詞集叢刻始於宋，〔註3〕成於明，盛於清代及民國。尤其是自明清易代以迄民國時期，詞集叢刻不但搜採繁夥，而且多辨審精覈之刻，茲以清代近300年間的詞集叢刻為觀照對象，具論其匯輯刊刻歷代詞集之諸層面特徵，以見出其文獻價值與詞史之貢獻。

一

　　清代前期的詞集叢刻留存至今的並不為多，總數不過七八種，主要的有

〔註1〕王兆鵬：《詞學史料學》，第101頁。
〔註2〕吳熊和：《吳熊和詞學論集》，第404頁。
〔註3〕陳振孫《直齋書錄解題》卷二十一《笑笑詞集》下注云：「自《南唐二主詞》而下，皆長沙書坊所刻，號《百家詞》。其前數十家，皆名公之作，其末亦多有濫吹者。市人射利，欲富其部帙，不暇擇也。」則在至遲到南宋後期，已有書坊為漁利而編輯刊刻詞集叢書。此當為詞集叢刻出現之最早著錄。

侯文燦輯刻的《十名家詞集》、孫默所編刻的《國朝名家詩餘》、龔翔麟所輯刻之《浙西六家詞》、聶先、曾王孫所選輯之《百名家詞鈔》、侯晰所選編之《梁溪詞選》等。儘管數量不可謂多，但其編選特徵卻非常突出，其於文獻保存之價值和清詞發展史的意義亦甚為顯著。

順康二世，詞壇昌隆，文人學士相與唱和，倚聲填詞，所存甚夥。而存留至今的詞作，據《全清詞・順康卷》及《補編》所輯錄數量看，即有詞作者 2000 多家，詞作逾 6 萬首。清初詞壇佳製林立，詞集刊刻亦稱繁盛，「這時的選家多具有清醒的『中興意識』，選詞重心較多地落在近代和當代，而不是像北宋選家那樣，始終把目光盯在晚唐五代，只仰望前朝。清初大量的選本都冠以『本朝』、『國朝』、『昭代』、『熙朝』字樣，僅採清詞」〔註4〕，詞集叢刻亦是如此，其「當代性」的特徵亦十分明顯。此期的詞集叢刻，除侯文燦所輯之《十名家詞集》為宋元人詞集之匯刻外，孫默所編刻的《國朝名家詩餘》等均為時人詞集之匯刻。

《國朝名家詩餘》為清代前期布衣孫默所輯刻的「清代第一部『今』詞總集的匯刻」〔註5〕。前後歷時十四載，搜羅十七家，〔註6〕凡四十卷。從其所收錄的詞人詞作看，俱為清初詞壇之上的重要作手，其中不乏如陳維崧等開詞壇一派風氣者。《浙西六家詞》亦是「今」人之作的合集，康熙十八年（1679），龔翔麟將好友朱彝尊、李良年、沈皞日、李符、沈岸登及己作合為一輯，付與剞氏，是為《浙西六家詞》。《浙西六家詞》刊刻之後，浙西詞風漸趨流行，並進而壯大為影響清代中後期詞壇至為深遠的一個最大的流派。

清代前期兩部詞選型的叢刻，亦是對時人詞作的匯刻。一部是《百名家詞鈔》，聶先、曾王孫編刻。該詞鈔「最完備的版刻為 108 家，因為是分批多處刊刻，所以近今已有『自來藏者無獲全帙者』之歎」〔註7〕。其中所收錄詞人吳偉業、龔鼎孳、曹溶等一百餘家，並無先後次序，然於清初詞壇之

〔註4〕 蕭鵬：《群體的選擇——唐宋人詞選與詞人群通論》，第466頁。

〔註5〕 嚴迪昌：《清詞史》，第83頁。

〔註6〕 四庫館臣在將《國朝名家詩餘》輯入《四庫全書》時，「本來不知何故已經刪掉了程康莊，卻題為《十五家詩餘》。所謂十五家者，即又刪掉了龔鼎孳的《香嚴詞》。究其原因，應是乾隆時以龔氏為貳臣，故開四庫館刪去龔詞。」（張宏生：《總集纂集與群體風貌——論孫默及其〈國朝名家詩餘〉》，《中山大學學報》，2006年第1期）

〔註7〕 嚴迪昌：《清詞史》，第329頁。

名流悉數囊括。另一部是《梁溪詞選》，則由無錫人侯晰所編刻。所收詞作者
20 人，人各一卷，另附《中秋倡和詞》一卷。其所輯錄者俱為清代初期梁溪
（即今之無錫）詞人，其中不乏如秦松齡、嚴繩孫、顧貞觀等在清初卓然一
家者。

　　就編選刊刻的目的而言，清初詞集叢刻的編刻多有保存當代詞集的明確
目的性，孫默所輯之《國朝名家詩餘》對國初詞人詞作保存之努力於鄧漢儀
《序》中可以具見：「黃山孫子無言以窮巷布衣，留心雅事，每有佳製，務
極搜羅，如饑渴之於飲食，甚至命舟車、裹糧糗，不憚冒犯霜露、跋涉山川
以求之。故此十五家之詞，皆其浮家泛宅，殫力疲思而後得之者。」〔註8〕同
樣地，《浙西六家詞》與《梁溪詞選》兩部詞集的刊刻也有著保存詞集，以防
散佚的明確目的。儘管清人蔣景祁說：「浙為詞藪，『六家』特一時偶舉耳，
故未足概浙西之妙」，〔註9〕李符亦謂：「竹垞能文章，能詩，至於詞，亦無勿
能……其有蘅圃（按，龔翔麟字蘅圃）慮其稿之散漫而易失，亟授剞氏，蓋
先詩文以行矣。」〔註10〕由此中所言看，詞集的刊刻或許帶有一定的促迫
性，然《浙西六家詞》的刊刻卻非一種偶然性的行為，而是以朱彝尊為領
袖，李良年、龔翔麟等人為羽翼的一個詞人唱和群體詞的創作的階段性總
結。龔翔麟為防諸家詞作因日久而散，急於付之手民，其保存詞集的用意確
為十分顯見。

　　清初諸詞集叢書的刊刻反映了詞壇創作的原生態，以之可以觀清初詞運
之盛。如《國朝名家詩餘》，其編輯初衷是集一百名家詞，以成一編，但最終
只輯了 17 家。儘管如此，此集「雖標榜聲氣，尚沿明末積習。而一時倚聲佳
製，實略備於此，存之可以見國初諸人文采風流之盛。」〔註11〕《百名家詞
鈔》則「是一部最能反映康熙中期以前『英才怒生，作者林立』的詞人蔚起
盛況的總集」，「是考察清初期詞百花齊放的『中興』景象的巨帙標炳，是
『皇朝定鼎四十餘年，禮樂文章，蔚然周漢，而長短填詞，尤稱極盛』（曾

〔註 8〕鄧漢儀：《十五家詞序》，《十五家詞》，《景印文淵閣四庫全書》本，臺北：臺
　　　　灣商務印書館，1986 年版，第 1494 冊，第 5 頁。

〔註 9〕蔣景祁：《刻〈瑤華集〉述》，《瑤華集》，《四庫禁燬書叢刊》，北京：北京出
　　　　版社，2000 年版，集部第 37 冊，第 8 頁。

〔註10〕李符：《江湖載酒集序》，《浙西六家詞》，《四庫全書存目叢書》，濟南：齊魯
　　　　書社，1997 年版，集部第 425 冊，第 3 頁。

〔註11〕永瑢等：《四庫全書總目》卷一九九，第 1826 頁。

《序》）的一個力證」。〔註12〕《浙西六家詞》與《梁溪詞選》雖在卷帙數量
上遠少於《百名家詞鈔》，但作爲地方詞集的匯刻，其於地方詞集文獻的全面
保存亦可謂功莫大焉。如《梁溪詞選》於清初無錫地方詞集的保存之功亦堪
稱道，「全書所錄，惟對岩之《微雲堂詞》、梁汾之《彈指詞》、藕漁之《秋水
詞》猶見傳本，餘皆不可得見。侯氏掇拾之功，粲然可徵，蓋足以光邑乘
矣。」〔註13〕由此，窺一斑而見全豹，從無錫一地詞人創作之盛，概可想見
其時詞壇的全貌。

二

　　雍乾以始的清代中葉，詞集叢刻趨多，且日漸精細，留存至今的詞集叢
刻數量有十數種，較之清代前期的數量要多，較爲著名的有王昶所輯之《琴
畫樓詞鈔》、《練川五家詞》，王嘉祿所輯之《吳中七家詞》等，而所輯詞集特
徵也與清初有所不同。

　　如果說清初的《國朝名家詩餘》等詞集叢刻的輯刻更多的是著眼於其「當
代」的名家，那麼此期的詞集叢刻則是著眼於更爲普泛化的詞人群體，此期
所輯刻之諸多詞集作者名位多不顯達，如盛熙祚輯刻《棣華樂府》的盛氏三
兄弟盛禾、盛楓、盛本栯，爲朱彝尊之甥，其中僅有盛楓曾官安吉州學正，
「以雅不喜遊大人門，故名不大顯」〔註14〕，其他二人則於史不載。再如：
周暟所輯之《黃山二布衣詞稿》（又稱《布衣詞合稿》）所輯方成培與周暟二
人俱爲布衣之士；唐樹義所輯《楚四家詞》之作者劉淳、張其英、王柏心、
蔡俌等人，多不顯達；袁通所輯《三家詞》之作者高文照、錢枚等人亦名位
不高。即使是王昶所輯之《琴畫樓詞鈔》，其中的不少作者如張四科、江立等
也都名位不顯。據此可以見出，此期詞集叢編的刊刻有向中小詞作家傾斜的
傾向。

　　就具體的詞學傾向而言，這一時期詞集的編刻頗受浙派詞風的牢籠。清
代中期，以厲鶚爲首的浙西詞派大盛於時，流風所向，作詞、評詞者亦多爲
浙派所牢籠。因此，從詞人的遴選到詞集的編刻，都明顯地帶有浙西詞派的

〔註12〕嚴迪昌：《清詞史》，第328～329頁。
〔註13〕潘景鄭：《鈔本梁溪詞選》，《著硯樓讀書記》，瀋陽：遼寧教育出版社，2002
　　　　年版，第627頁。
〔註14〕李桓輯：《國朝耆獻類徵初編》，周駿富輯《清代傳記叢刊》，臺北：明文書局，
　　　　1985年版，第163冊，第603頁。

色彩。如王昶所輯之《琴畫樓詞鈔》，其自序謂：「國初竹垞、秋錦諸公出，刊浙西六家，世稱雅正。而如錢葆馚、魏禹平諸家，散佚頗眾，識者猶以為恨焉。……其人皆嗜古好奇，性情蕭曠，與余稱江湖舊侶者。其守律也嚴，取材也雅，蓋白石、玉田、碧山之繼別。」〔註15〕以編選的初衷而言，王昶輯刻《琴畫樓詞鈔》，保存五十年間的詞家創作，實緣於清初《浙西六家詞》的刊刻，而其所遴選之詞家「守律也嚴，取材也雅，蓋白石、玉田、碧山之繼別」，也多帶有明顯的浙西詞派的傾向。其所輯錄二十五家詞人中不但有清代中期浙派之大纛厲鶚，而且大部分詞人如陸培、張四科、陳章、朱方藹、江昱、江立等亦為浙派中人。

至若盛熙祚輯刻於乾隆二年（1737）年的《棣華樂府》，其中所收錄者為檇李盛楓、盛禾、盛本柟三兄弟詞集，「三人皆嘉興籍，師承朱彝尊。雖名位不顯，作詞卻有章法」〔註16〕，其為浙派之苗裔自不必言，更有《黃山二布衣詞稿》，所輯二位詞人雖籍非浙西，然於浙派之風亦多所濡染，如其中之一作者方成培，「尤嗜長短句倚聲。筆力柔豔，才思幽麗，仿白石、玉田格派，雜之本集，幾不能辨」〔註17〕。再以王嘉祿所輯刻之《吳中七家詞》為例，其所輯錄之戈載、沈彥曾、朱綬、陳彬華、吳嘉淦諸人，其詞風所向，亦一如浙派，以南宋玉田、草窗為楷模，顧廣圻《吳中七家詞序》謂：「詞始於唐，盛於五代、宋、元……逮我朝，乃有起而振之者，前若浙西，後則琴話，卓犖諸君，駸駸乎步武玉田、草窗之後，以繼其薪火，而近日吾吳七家亦其選也。」〔註18〕其繼軌浙西、宗奉南宋的特徵於顧序或可見一斑。

浙派之外，清代中期的詞集叢刻亦於其時的學風沾溉頗多。乾嘉時人長於考據的樸學之風，對詞壇多有影響，其時的不少詞人如王昶等於考據之學多有所得。而「樸學的學術特色是力求屏蔽主體，主張從材料、事實出發，通過文字、音韻、訓詁、校勘、考證等手段，探本求源，取真求實。這一重考據的學風，因得到清朝最高統治者的重視和提倡，加之四庫館臣的大力

〔註15〕王昶：《琴畫樓詞鈔自序》，《春融堂集》卷四十一，嘉慶丁卯（1807）刻本。
〔註16〕馬興榮、吳熊和、曹濟平主編：《中國詞學大辭典》，杭州：浙江教育出版社，1996年版，第303頁。
〔註17〕汪啓淑：《方後岩傳》，《清代傳記叢刊》第086冊，第481頁。
〔註18〕顧廣圻：《吳中七家詞序》，《思適齋集》卷十三，《續修四庫全書》第1491冊，第101頁。

推衍和弘揚，逐漸從邊緣走向中心，成為有清一代的主流學術，在詞學方面則催生出詞籍整理、詞韻修訂、詞律編纂和詞樂研討等重要的研究內容」〔註19〕。囿於這一時期詞學批評的轉型，詞集叢刻的輯錄亦因之而發生變化，在詞集叢刻中闌入詞韻、詞譜之書，成為這一時期詞集叢刻的一個亮點。如秦恩復輯刻於嘉道之際的《詞學叢書》，其中即收錄了宋元時期的幾部詞選和詞韻之書如《樂府雅詞》、《陽春白雪》、《詞源》、《詞林韻釋》等。葉申薌的《天籟軒五種》中不但收錄了《閩詞鈔》等詞的選集，也收入了《天籟軒詞譜》五卷、《詞韻》一卷。其實，不但在詞集的編選上體現出重音律的特徵，在具體的詞的創作和詞學批評中，其時的不少詞人亦一以音律為準的，體現出明顯的重視音律的特徵。如黃山二布衣之一方成培「從事於音律之學者十餘年。考之經史以導其源；博覽百家之言以達其流，舉數百年晦蒙之業，別白焉而定一尊。作《詞塵》五卷，……豈惟詞家之圭臬，實啟後世之言律呂者」〔註20〕。其在詞韻上的貢獻於《香研居詞塵》一書可以具見。顧廣圻在《吳中七家詞序》也於吳中七詞人謂：「其論詞之指，則首嚴於律，次辨於韻，然後選字鍊句、遣意命言從之。」〔註21〕吳中七詞人的論詞傾向由顧序或可見出，而在具體的創作上，戈載、沈彥曾等重音律的特徵亦十分突出。

第二節　晚清詞集叢刻的匯輯類型與詞史意義

　　有清一代，號為詞學中興，不但詞人詞作眾多，詞集叢刻亦可謂興盛有過於前代，不但數量眾多，而且品類豐富，誠如近人葉恭綽所謂：「百十年來以地望結集者，如《粵西詞見》、《湖州詞錄》之類；以聲氣結集者，如《薇省同聲集》、《題襟集》之類；以品類結集者，如《百花詩餘》、《閨秀詞鈔》之類。」〔註22〕而在近300年的時間中，晚清70年的詞集叢刻更可謂大盛。以現今所見數十種清人詞集叢刻論，晚清即有20餘種，佔了整個清代的近二分之一，其數量與品類亦多可稱道之處，實為有清一代詞學昌隆之一重要明證。

〔註19〕陳水云：《乾嘉學派與清代詞學》，《文藝研究》，2007年第5期，第58頁。
〔註20〕程瑤田：《香研居詞塵序》，《香研居詞塵》，《叢書集成初編》本，第1～2頁。
〔註21〕顧廣圻：《吳中七家詞序》。
〔註22〕葉恭綽：《矩園餘墨》，瀋陽：遼寧教育出版社，1997年，第172頁。

一、晚清詞集叢刻對宋元詞集的匯刻與整理

匯刻宋元舊本，自明代之後漸成風氣，明末毛晉輯刻《宋六十名家詞》與《詞苑英華》，所收前人詞集甚眾，是宋元之後第一次大規模的詞集叢刻，詞學貢獻巨大。然其中篇章字句錯訛、校勘不精等不足亦多為四庫館臣所詬病。晚清七十年間，董理宋元詞集者益呈勃興之勢，不僅在所收詞集的種類上能夠補苴前賢所未錄，亦且在詞集的校勘整理等方面能夠超軼前賢，於詞集文獻的保存整理厥功甚偉，重要者如王鵬運的《四印齋所刻詞》、《四印齋匯刻宋元三十一家詞》、江標的《宋元名家詞》、丁丙所輯刻之《西泠詞萃》等，就中以王鵬運、江標等人影響最大，貢獻亦多。

王鵬運（1849～1904），字幼霞，一字祐遐，自號半塘老人，晚號鶩翁，廣西臨桂人。王鵬運一生於詞用力甚勤，「光緒間，士夫漸喜治詞曲，而咸推鵬運為大宗」，〔註23〕不惟創作上收穫頗豐，與鄭文焯、朱孝臧、況周頤稱「晚清四大家」，有「晚清四大家」魁首之目，亦且在詞集搜集整理上成就斐然。其所輯校刊刻之《四印齋所刻詞》、《四印齋匯刻宋元三十一家詞》等，搜探甚富，校勘益精，向來為世所重，所謂「旁搜博採，精彩絕倫，雖虞山毛氏弗逮也」。〔註24〕《四印齋所刻詞》初刻於光緒七年（1881）初刻時僅有《白石道人詞集》等四種，後歷10餘年，漸有增輯，遂成目今所見收錄24種詞集之面目。嗣後，王鵬運又於光緒十九年（1893）輯宋人潘閬等24家，元人劉秉忠等7家，人各一卷，凡31種，匯刻而成《四印齋匯刻宋元三十一家詞》。上海古籍出版社1989年將清光緒中王氏家塾刻本《四印齋所刻詞》並附《四印齋匯刻宋元三十一家詞》，又新附《四印齋刻夢窗甲乙丙丁稿四卷》、《四印齋刻樵歌三卷》、《四印齋校草窗詞二卷補二卷》，匯為一輯，題為《四印齋所刻詞》，影印版行於世。《四印齋所刻詞》的刻成，實為詞壇之一大盛事，實足為王鵬運一生至為重要的詞學貢獻：「王氏所用的版本既有金、元舊槧，各家抄本、輯本，也有流傳不廣的明清刻本。除搜羅宏富、版本優良外，校勘精審是其優勝之處。所刻數十種中，除少數以影刻方式保存原貌外，大多經過認真細緻的校勘。據《夢窗甲乙丙丁稿》諸跋落款時間，知其校勘《夢窗詞》五年始畢其役，真龍榆生《清季四大詞人》所謂『至死而後定，其矜慎

〔註23〕凌惕安：《清代貴州名賢像傳》，臺北：明文書局，1985年，第496頁。
〔註24〕唐圭璋：《詞話叢編》，第4575頁。

有如此者』。」〔註25〕其用力之大，成就之高，贏得古今同贊。

同王鵬運的《四印齋所刻詞》一樣，江標輯刻的《宋元名家詞》亦是晚清詞壇砥砫之上一彙刊宋元人詞集的重要詞集叢刻。江標（1860～1899），字建霞，號萱圃、師邡，又自署笟詻。元和（今江蘇吳縣）人。江標生當滿清末世，力贊維新，雖於新學多所提倡，但是對傳統之學仍多所秉持和繼承。冒廣生謂：「元和江建霞京卿，跌宕文史，縱橫一世，書畫金石，色色當行。……建霞所刊《紅蕉詞》一卷，蓋未通籍以前，客嶺南所作。錄其《菩薩蠻》十闋，眞《花間》之遺音也。」〔註26〕其《宋元名家詞》即爲其光緒二十一年（1895）在湖南學政任上所輯刻之詞集叢編。是書意在續毛晉《宋名家詞》，補王鵬運《四印齋所刻詞》，其詞序中有清楚的表白：「此彭文勤知聖道齋鈔宋元人詞，皆出自汲古閣未刊本。余在京師，從況夔生中書轉鈔得之，共二十二家。後附四家，則從況鈔別本得之，不知何所出也。彭鈔舊附一子目，尚錄三十七家，同有寫本，而況生遲不與借，余亦匆匆出京矣。到湘後，聞思賢書局刻書甚精，乃出此帙以示張雨珊先生，遂去臨桂王氏四印齋已刻者不重出，共得十五家，名之曰《宋元名家詞》。意在搜集諸本，欲爲毛氏之續，不必專守彭氏一鈔也。」〔註27〕從江標《宋元名家詞》所收錄詞集看，收錄宋代詞人葛郯、朱熹、楊澤民、文天祥等 10 家，元代詞人薩都剌、趙孟頫等5 家，凡 15 家 17 卷，近人陳匪石謂：「宋元名家詞，江標刻。僅十五家，中多孤本，無校語。」〔註28〕儘管無校語，但從其所選刊詞集版本來看，多爲「孤本」，亦且「爲毛氏之續」，其文獻價值極大，因而被夏承燾先生目爲「五大叢刻」之一。

王鵬運、江標而外，吳重憙在對宋元詞集文獻的整理上亦多所貢獻。吳重憙（1838～1918），海豐（今山東無棣）人。字仲怡（一作飴）、仲懌，號蓼舸，晚稱石蓮老人。吳氏頗有家學淵源，且家藏甚富，有海豐吳氏「小四庫全書」之譽。倫明《辛亥以來藏書紀事詩》中《吳式芬》一詩下注曰：「海豐吳子苾觀察式芬，及其子仲飴侍郎重憙，累代積書，刊有《捃古錄金文》、《九金人集》行世。住南城達智橋，去余寓不百步。侍郎歿於辛亥後，遺書漸散，至去歲九十月間，出尤匜，日見打鼓販趨其門。最後，山

〔註25〕劉石：《談〈四印齋所刻詞〉》，《光明日報》，2003 年 12 月 3 日。
〔註26〕唐圭璋：《詞話叢編》，第 4699 頁。
〔註27〕金啓華等編：《唐宋詞集序跋彙編》，第 446 頁。
〔註28〕唐圭璋：《詞話叢編》，第 4971 頁。

澗口書販李子珍，以千二百金全有之，載數十車。」〔註29〕其所輯刻之《石蓮庵刻山左人詞》凡 17 種，其中宋人詞集即有 10 種，繆荃蓀爲之作序，言語之中對吳重熹刊刻《山左人詞》頗多推許之意：「昔朱竹垞輯《詞綜》，王德甫輯《續詞綜》，所見山左詞人專集約三十餘種，今僅得十七家。然北宋之柳，南宋之辛，閨秀之李，國朝之二王，皆詞中大家，沾漑後學，獲益非淺。」〔註30〕從康熙十七年（1678）《詞綜》的編撰，到光緒二十七年（1901），僅 200 餘年的時間，山左詞人的專集就從三十餘種變爲十七種，詞集散佚之甚由此可見一斑。由此亦可見出吳重熹匯刻山左人詞集的文獻價值所在。

二、晚清詞集叢刻中對時人詞集的匯刻

　　除卻匯刻前代詞集外，晚清七十年對於時人詞集的匯刻數量亦不在少數。嚴迪昌先生說：「道光以後清詞數量越趨浩繁，誠似恒河流沙，難以確估。……但是，平心而論，眞堪稱大家者固寥寥，無愧名家之稱的也已不多了。」〔註31〕儘管在晚清的詞壇上以詞名家，甚而堪稱大家者甚爲寥寥，但是晚清七十年，清人刻清詞的詞集叢刻甚盛，「迨光緒中葉以降，……迄於鼎革，著述之盛，不讓於唐。……其屬彙集者尤富，於清人詞則有趙國華之《明湖四客詞》，唐樹義之《楚四家詞》，王先謙之《湖南六家詞鈔》，繆荃蓀之《雲自在龕匯刻詞》，吳重熹之《石蓮庵山左人詞》，徐乃昌之《小檀欒室閨秀百家詞》。」〔註32〕。這些匯刻「今人」之作者，或薈萃鄉邦郡邑詞人之詞，刊爲一集，如王先謙的《六家詞鈔》等，保存鄉邦詞集文獻；或匯刻風格相近的一些詞人之作或者某一詞派詞人的作品，如張曜孫編選之《同聲集》、彭鑾輯刻之《薇省同聲集》等，同聲相應、同氣相求，爲詞派張幟；或以氏族類集，以家庭爲單位合刻而成的詞集，如徐琪所刻之《徐氏一家詞》所錄爲徐鴻謨、鄭蘭孫夫婦及徐琪一家三人四種詞集，錢塘金氏所刊《評花仙館合詞》爲金繩武與汪淑娟夫婦二人詞之合集，如此等等，種類頗繁。

〔註29〕倫明：《辛亥以來藏書紀事詩》，雷夢水校補，上海：上海古籍出版社，1990 年，第 21 頁。
〔註30〕繆荃蓀：《藝風堂文續集》，《續修四庫全書》，上海：上海古籍出版社，2002 年，第 236 頁。
〔註31〕嚴迪昌：《清詞史》，第 468 頁。
〔註32〕王易：《詞曲史》，第 387 頁。

在現存 20 餘種晚清詞集叢刻中，王先謙於光緒十六年（1890）所輯刻之《六家詞鈔》（又稱《詩餘偶鈔》）是一部匯刻湘籍詞人的重要叢刻。王先謙（1842～1917）字益吾，長沙人。因宅名葵園，人稱葵園先生。王先謙輯刻《六家詞鈔》所收錄之詞人孫鼎臣、周壽昌、李洽、王闓運、張祖同、杜貴墀等六人，俱為晚清湖南籍詞人。其首要意圖是保存鄉邦文獻。王氏在其所輯刻之《六家詞鈔》序中這樣說：「先謙少耆吟詠，顧弗習倚聲。偶涉筆，非所好也。……都六家為一集刊之，聞見所未及，則俟它日採補焉，昔新安孫默輯王漁洋以次十五家詞，自三家、六家遞增，閱十四年而後成。先謙此刻猶默意也。」〔註 33〕以王序所言，王先謙本人於詞卻不甚喜好，然於詞集之叢編刊刻卻甚為熱心，且於序中明言有繼承清初孫默刊刻《十五家詞》（又稱《國朝名家詩餘》）之意。孫默所輯刊之《十五家詞》詞集文獻保存之功，治詞者多所稱許，嚴迪昌先生說：「《國朝名家詩餘》是清代第一部『今』詞總集的匯刻。它的優點是保存了清初名家完整的詞集，特別是某些詞人的前期作品，可供研究者清楚辨析他們前後此風的演變。後出的聶先、曾王孫合編的《百名家詞鈔》不僅起手要遲十多年，而且是人各鈔 30 首左右，只是詞選的彙編，所以，史的價值較之前者要遜色得多。」〔註 34〕孫默輯刻《十五家詞》保存詞集文獻之功盡見於時人鄧漢儀為《十五家詞》所作的序：「此十六家之詞，皆其浮家泛宅，殫慮疲思而後得之者。」〔註 35〕

除了保存鄉邦文獻的目的外，王先謙輯刻王闓運等六名湖南籍詞人之作的另一個用意即是為湘派詞人的崛起創造聲勢，有為湘派詞人群體張幟之目的。「有清一代，詞學昌隆，流派間出，爭妍競奇，蔚成壯觀」，〔註 36〕而詞派之形成與發展中，詞集叢刻為詞派張幟所起之作用實可謂大矣。有清一代數十種詞集叢刻，與詞派發生關聯者，並不在少數。重要者若清代前期孫默所輯刻之《十五家詞》之於廣陵詞派，龔翔麟所輯刻之《浙西六家詞》之於浙西詞派等等，其於詞派之發展和詞史之影響，至今仍為治詞學者所津津樂道。不少詞集叢刻與詞學流派之關係尤其如此。王闓運說：「湘人質實，宜不能詞，故先輩遂無詞家。近代乃有楊蓬海，與雨珊並驅，闓運不能驂靳。王

〔註 33〕王先謙輯：《六家詞鈔》，長沙：嶽麓書社，1984 年，第 2～3 頁。
〔註 34〕嚴迪昌：《清詞史》，第 83 頁。
〔註 35〕中華書局編：《四部備要》，北京：中華書局，1989 年，第 98 冊，第 713 頁。
〔註 36〕朱彝尊：《曝書亭詞》，第 2 頁。

益吾自負宗工，乃選六家詞，五湘而一浙，欲以張楚軍。」〔註37〕從《六家詞鈔》所輯詞人看，確可謂輯錄了近代詞史上湘籍詞人的佼佼者，如彭靖先生所謂：「吾湘詞，近代始盛。前以周壽昌為代表，由南溯北，欲取蘇辛姜張而兼之。其詞，賦而兼有比興。蓋亦所謂『詩所不能達，乃為詞，以喻其旨』。後以張祖同為代表，乃欲宗師清眞，兼採南北宋諸家之長。卓然自立，楚幟為張。惜未能遠紹船山，激蕩騷心，以喚醒國魂為職志；同時，別裁偽體，轉益多師，立闢新境，放奇光異彩於其時。湘綺一空依傍，其於清代諸大家，亦如程頌萬所說：『無泛涉焉』！奮其餘力，導夫先路；雖非專詣，功不可泯！」〔註38〕

　　晚清詞壇上以風格相近的數種詞集匯刻而成的詞集叢編，較為著名的詞集叢刻如彭鑾所編選的《薇省同聲集》，即葉恭綽所謂「以聲氣結集者」。是集收錄晚清詞人端木埰、許玉瑑、王鵬運以及況周頤等四人詞集，為四人官京師時的唱和之作，因四人俱曾官內閣，故曰「薇省同聲集」。譚獻說：「臨桂夔笙舍人周儀，暫客杭州，聞聲過從。銳意為倚聲之學，與同官端木子疇、王幼遐、許子瑑唱和，刻《薇省同聲集》，優入南渡諸家之室。」〔註39〕有關《薇省同聲集》刊刻之原委，端木埰的自序頗能道得其詳：「甲申以後，與彭瑟軒太守多同日值，今比部許君鶴巢閣讀王君幼霞亦皆擅倚聲，庚和益多。幼霞尤痂者拙詞，見即懷之。戊子，瑟軒出守南寧，諄屬同人無棄此樂，寄書多附以近作且寄清俸，屬裒刻，幼霞方有刊宋詞之役，遂取所弆悉梓之。……光緒庚寅冬江寧端木埰自誌。」王鵬運的跋文也說：「光緒庚寅秋日，彭瑟軒前輩郵寄《薇省同聲集》，屬付梓人。並以年丈子疇先生詞，甄採無多，屬加搜輯，因取篋中所藏，悉為編入。先生不欲以文人自見，矧在倚聲，而此集又其倚聲之百一，讀者意味醴泉一勺，可也。」〔註40〕

三、晚清詞集叢刻的詞史意義與貢獻

　　晚清時期數十種詞集叢刻的刊刻，在詞史上影響甚巨，其於詞學、詞史

〔註37〕王闓運：《湘綺樓詩文集》，馬積高主編，長沙：嶽麓書社，1996 年，第 390 ～391 頁。

〔註38〕王先謙輯：《六家詞鈔》，第 12 頁。

〔註39〕鄭逸梅、陳左高主編：《中國近代文學大系‧書信日記集二》，上海：上海書店出版社，1993 年，第 55 頁。

〔註40〕陳乃乾輯：《清名家詞》，上海：上海書店，1982 年，第 462 頁。

之意義與貢獻，可約略歸納如斯。

一是校刻前代古籍，引領詞集校刻整理之風。前引王鵬運、江標等人所輯刻之宋元詞集，孤本、善本盡集其中，保存詞集文獻厥功甚偉。王鵬運等人的詞學貢獻亦盡顯於其所輯刻之叢書當中。王鵬運廣搜舊槧，爲詞集傳播保存了難能可貴的舊版本。王鵬運輯刻之《四印齋所刻詞》二書廣加搜求，所據有版本多有價值，陳匪石謂：「惟雙白詞非善本，其餘大概善本或孤本。且有影刊宋、元槧者，校讎亦精。附宋、元三十一家詞，亦皆孤本。」〔註41〕其中的不少金元舊槧如《蕭閒老人明秀集注》等雖爲殘本，然版本極爲珍貴，後世唐圭璋《全金元詞》所輯錄蔡松年詞實多賴於斯。再如，《稼軒詞》所取之元本，亦極具文獻學價值，《蕙風詞話》卷四謂：「四印齋所刻《稼軒詞》，覆大德廣信本。《木蘭花慢・席上送張仲固帥興元》云：『追亡事，今不見，但山川滿目淚沾衣。』用《史記・淮陰侯傳》『臣追亡者』語。它本『追』並作『興』，直是臆改。此舊刻所以可貴也。」〔註42〕

不僅如此，王鵬運校刻詞集，開詞集校勘風氣之先，意義尤其重大。《小三吾亭詞話》卷一謂：「幼遐所刻四印齋詞，校勘精審，汲古弗逮。」〔註43〕龍榆生更是說：「自鵬運以大詞人從事於此，而後詞家有校勘之學，而後詞集有可讀之本。至彊村先生，益務恢宏，以成詞學史上最偉大之《彊村叢書》。『鶩翁造其端，彊村竟其事』。偉哉盛業！匪鵬運孰能開風氣之先歟？」〔註44〕王鵬運等人在詞集校勘史上眞正起到了篳路藍縷、導夫先路的作用。在其影響下，民國時期的詞集整理、校刻風氣日漸濃鬱，亦產生一批於後世詞學研究影響甚巨的詞籍整理成果，就中以朱祖謀所輯之《彊村叢書》，吳昌綬輯、陶湘續輯之《景刊宋金元明本詞四十種》，趙尊嶽所輯刻之《惜陰堂匯刻明詞》，劉毓盤所輯之《唐五代宋遼金元名家詞集六十種輯》，趙萬里所輯《校輯宋金元人詞》，陳乃乾所輯之《清名家詞》等成就最高，影響最著。尤其是朱祖謀所輯之《彊村叢書》，搜羅宋金元詞集 170 餘種，總卷數爲 260 卷，輯錄之富，史無前例，但其所接受之影響則來自於王鵬運。〔註45〕

〔註41〕唐圭璋：《詞話叢編》，第 4971 頁。
〔註42〕唐圭璋：《詞話叢編》，第 4502 頁。
〔註43〕唐圭璋：《詞話叢編》，第 4676 頁。
〔註44〕龍榆生：《龍榆生詞學論文集》，上海古籍出版社，1997 年，第 448 頁。
〔註45〕吳熊和先生謂：「朱孝臧早年專力爲詩，四十以後始學詞。他作詞與校刊詞籍，都受到過王鵬運的啓發與鼓勵。」(吳熊和：《〈彊村叢書〉與詞籍校勘》，《吳

二是保存詞集文獻，載錄詞人交遊，呈現詞壇狀貌。誠如前引吳熊和先生所言：「詞集的命運，散刻則易佚，匯刻則易存，因此詞集匯刻，就保存文獻而言，歷來受到重視。」叢刻的保存文獻之功歷來為方家所稱道。具體到晚清的詞集叢刻，其在文獻的保存方面又呈現出新的特徵，晚清時期大量的對時人詞集的匯刻，是晚期時期詞集叢刻的一大亮點，其中非常豐富地保存了其時詞壇的創作成果，對晚清詞作的保存意義尤其重要，其中不僅保存了大量的詞壇巨擘如晚清四大家王鵬運、況周頤等人的詞的創作，同時亦有不少二三流的詞壇作手，其中或以鄉邦郡邑為紐帶，將詞集匯刻一起，如王先謙所輯刻之《六家詞鈔》、葉衍蘭所輯刻之《粵東三家詞鈔》等；或以師友唱和為契機，同聲相應，匯二三同好之作，勒為一集，付諸手民，如翁之潤所輯之《題襟集》、孫澍所輯之《同人詞選》、王鵠所輯《同聲集》（按，《中國叢書綜錄》作張曜孫輯）、彭鑾所輯之《薇省同聲集》等；或以親族為繫聯，將父子、手足彼此唱酬之作，匯而為集，如徐琪所輯刻之《徐氏一家詞》、張兆蘭所編刻之《張氏詞鈔》、黎庶昌所輯刻之《黎氏三家詩詞》以及曹毓英所輯刻之《花萼聯詠集》等，其中所彙集之諸家詞集，不少作者生平仕履多已不可具聞，然其詞集卻保存至今，詞集叢刻保存文獻之功於斯可見，而且，在匯刻的詞集中，所錄諸家之間彼此唱酬交遊的作品亦佔有著一定的比例，其展現的詞壇創作原貌的豐富性亦不言而喻。僅以《花萼聯詠集》一集為例，或可睹其一斑。是集為清人曹毓英所輯，同治二年（1863）刻本。曹毓英（生卒年不詳），字紫荃，吳縣人，同治中舉人。是編合其兄曹毓秀《桐華館詞》、己作《鋤梅館詞》及其姊曹景芝《壽研山房詞》於一編，人各一卷。曹毓英為《壽研山房詞》所為序謂：「茲將《壽研山房詩餘》自丙春至癸夏，得精選若干首，並以余兄弟吟稿同鐫梨棗，題曰《花萼聯詠集》。」〔註46〕又，此集前潘鍾瑞所作序稱：「在昔竇氏連珠不及閨閣，宋家五美，未言弟昆，萃一門為風雅，諧六律之雌雄，自古為難，於詞尤罕。即如清江同聲，圭塘合唱，宛君、曼君競爽，小紈、小鸞齊行，求其合併，曾不一覯，乃今於曹氏遇之。」〔註47〕至若是集之產生與定名等，曹毓秀為《鋤梅館詞》所作詞序有所交代：「猶憶在蘇時，花萼樓前，一燈相對，每與吾弟及三姊景芝對榻聯吟，圖題

熊和詞學論集》，杭州大學出版社，1999 年，第 146 頁。）
〔註46〕曹毓英：《壽研山房詞》序，《花萼聯詠集》，同治二年（1863）刻本。
〔註47〕潘鍾瑞：《花萼聯詠集》序，《花萼聯詠集》。

分詠，詞成，各為品評，以定甲乙。弟詞清新綿麗，余與三姊輒心好之。洎
乎蘇城陷後，余兄弟犇走流離，所存詞稿不過十之一二。更兼遭家不造，母
歿父衰，負米生涯，饑驅千里，兄南弟北，郵寄詩詞，藉以通音問慰寂寥，
無暇計工拙也。欲求昔日花葶樓頭之樂，烏可復得耶？」〔註48〕又，曹毓英
《壽研山房詞》序謂：「三姊景芝……每春秋歸寧，結花葶吟社，與余暨仲兄
實甫拈題分賦，脫稿互定甲乙，惟姊較勝。」〔註49〕則曹毓英等人在吳縣居
時有花葶樓，且有花葶吟社之結，詞集《花葶聯詠集》蓋由此而來。集中所
載錄曹氏姊弟三人詞集，彼此唱和之什時顯集中，曹氏三人唱酬之風采，蓋
可想見。

　　三是展現詞運消長與觀念興替，引領詞壇風尚。詞集叢刻所寓含的內容
不僅僅是叢刻本身，其與詞學思潮的消長、詞體觀念的遞變，以及詞壇創作
風尚的更替、詞壇流派與風格的形成、詞學接受史等都有著十分緊密的聯繫。
據此而言，晚清時期詞集叢編的匯刻歷史，同時也是一部反映詞運消長和詞
學觀念興替的歷史，其於詞壇創作風尚的接受、影響和引領，亦不無顯現，
這種顯現，一方面體現在詞集編刻的過程中，詞作的去取與詞人的選擇，大
可睹見編刻者之詞學觀念與傾向，另一方面也發生在詞集叢編刊刻以後對於
詞壇創作趣尚的引領。晚清時期國運多舛，詞學觀念中重比興寄託的傾向甚
為顯著，故而此時詞集叢書之編刻多有黍離之感，如《淮海秋笳集》，「詞為
甘泉李冰署所輯，共十二家，都為哀怨之音。蓋因兵燹仳離，有感而作也。
冰署自序有云『雍門之操，非媚賞於聲俗，車子之奏，期躓佞於溫胡，苦調
文心，是所望於觚俞之聽也』云云。我也目斷湖山，魂驚鼉鼓，偶披此卷，
輒愴予懷。以名作如林，分選志賞。蓋掬新亭之淚，步石帚之塵，不僅以搓
酥摘粉為工也」。〔註50〕

　　至若詞集編刻對詞壇風尚的影響，以前所論之《薇省同聲集》最為突出。
是集所載錄四人者俱為晚清詞壇之重鎮，因而《薇省同聲集》刊刻之後，詞
壇影響頗大，在詞派詞風的推揚上發揮了重要作用。慧遠《記蘇州鷗隱詞社》
記曰：「清光緒時詞壇人物甚盛。京師自端木子疇、許鶴巢、王半塘、況夔笙
等有《薇省同聲集》之後，一時興起者眾。而以半塘為領袖，如朱古微、張

〔註48〕曹毓秀：《鋤梅館詞》序，《花葶聯詠集》。
〔註49〕曹毓英：《壽研山房詞》序，《花葶聯詠集》。
〔註50〕王之春：《椒生隨筆》，長沙：嶽麓書社，1983 年，第 25 頁。

次珊、宋芸子、劉伯崇等皆社中堅。」〔註51〕由此足見《薇省同聲集》在晚清詞壇上的影響。這種影響還是四人相同詞風取向的結果。四人之詞都以南宋爲宗，多有寄託，是常州詞派餘風之所在，因此在晚清頗多同好。蒙庵《雙白龕詞話》也說：「瑟軒（彭鑾）取子疇《碧瀏詞》、鶴巢《獨弦詞》、半塘《袖墨詞》益以吾師蕙風先生《新鶯詞》，序而刻之，爲《薇省同聲集》。當時詞風，爲之不（按，當爲丕）變，譚復堂所謂『四人，人各有格，而衿抱同棲於大雅』者也。」〔註52〕

　　總起而言，晚清時期的詞集叢刻不僅數量眾多，亦且品類豐富，其於宋元時期詞集的校刻及時人詞集的輯刊推動了晚清時期詞學的發展，於詞史亦多所貢獻，是清代詞學昌隆在晚清時期的重要體現之一。

〔註51〕張伯駒編著：《春遊瑣談》，鄭州：中州古籍出版社，1984 年，第 72 頁。
〔註52〕張璋等編纂：《歷代詞話續編》，鄭州：大象出版社，2005 年，第 1353 頁。

參考書目

1. 《唐宋名賢百家詞集》，吳訥編，天津市古籍書店，1992 年版。
2. 《詞壇合璧》，朱之蕃刻，明萬曆刻本。
3. 《宋六十名家詞》，毛晉編，明汲古閣刻本。
4. 《詞苑英華》，毛晉編，明汲古閣刻本。
5. 《幽蘭草》，宋徵輿輯，明崇禎刻本。
6. 《倡和詩餘》，吳偉業選輯，順治七年刻本。
7. 《國朝名家詩餘》，孫默編，清康熙間留松閣刻本。
8. 《浙西六家詞》，龔翔麟輯，康熙十八年（1679）刻本。
9. 《名家詞鈔》，清人轟先、曾王孫編刻，清康熙間刻本。
10. 《詞學叢書》，清秦恩復編，江陰秦氏享帚精舍嘉慶道光間刊本，光緒六年重修本。
11. 《楚四家詞》，唐樹義輯，道光乙未（1835）刻本。
12. 《花萼聯詠集》，曹毓英輯，同治二年刻本。
13. 《明湖四客詞鈔》，清趙國華輯，同治十三年趙氏濟南刻本。
14. 《榆園叢刻》，清許增輯，同治光緒間刻本。
15. 《侯鯖詞》，吳唐林纂，光緒十一年杭州刻本。
16. 《四印齋所刻詞》，清王鵬運輯，光緒刻本。
17. 《薇省同聲集》，清彭鑾輯，光緒十六年刻本。
18. 《黎氏三家詩詞》，清黎庶昌及，光緒間刻本。
19. 《蒙香室叢書》，清馮煦輯，光緒辛卯刊本。
20. 《小檀欒室匯刻閨秀詞》，近人徐乃昌輯，光緒間刻本。
21. 《粵東三家詞鈔》，清葉衍蘭輯，光緒二十二年刻本。

22. 《題襟集》，清翁之潤輯，光緒二十四年宣南刻本。

23. 《二家詞鈔》，樊增祥輯刻，光緒二十八年刻本。

24. 《徐氏一家詞》，徐琪輯，光緒三十四年刻本。

25. 《滄江樂府》，清錢溯耆刻，民國五年（1916）聽邠館刻本。

26. 《海寧三家詞》，近人陳乃乾輯，民國刊本。

27. 《景刊宋金元明本詞》，近人吳昌綬輯、陶湘續輯，民國刊本。

28. 《三家詞錄》，趙少芬輯，民國十年刻本。

29. 《青箱書屋兩世詞稿》，王守義輯，民國十二年排印本。

30. 《又滿樓所刻詞》，趙詒琛輯刻，民國十四年（1925）又滿樓叢書本。

31. 《三程詞鈔》，近人程頌萬輯，民國十八年鹿川閣《十發居士全集》刊本。

32. 《唐五代廿一家詞輯》，近人王國維編校，民國二十一年（1932）六藝書局印本。

33. 《北宋三家詞》，易孺校輯，民智書局民國二十二年「民智藝文雜俎第一種」刊本。

34. 《四種詞》，民國胡延等校，民國三十一年四川成都存古書局重印四川官印刷局本。

35. 《壽香社詞鈔》，近人林心恪校刻，民國三十一年刊本。

36. 《雍園詞鈔》，近人楊公庶輯，民國三十五年鉛印本。

37. 《清十一家詞鈔》，近人王煜輯，民國三十六年正中書局鉛印本。

38. 《清季四家詞》，近人薛志澤輯，成都薛崇禮堂，1949 年校鐫本。

39. 《宋詞研究》，胡雲翼著，上海中華書局，1926 年初版；巴蜀書社，1989 年重版。

40. 《唐宋詞人年譜》，夏承燾著，中華書局，1961 年修訂再版。

41. 《唐宋詞論叢》，夏承燾著，上海古典文學出版社，1956 年版。

42. 《宋詞四考》，唐圭璋著，江蘇文藝出版社，1959 年初版；江蘇古籍出版社，1986 年再版。

43. 《全宋詞》，唐圭璋編，中華書局，1965 年版。

44. 《全金元詞》，唐圭璋編，中華書局，1979 年版。

45. 《宋詞散論》，詹安泰著，廣東人民出版社，1980 年版。

46. 《詞曲概論》，龍榆生著，上海古籍出版社，1980 年版。

47. 《迦陵論詞叢稿》，葉嘉瑩著，上海古籍出版社，1980 年版。

48. 《詞學》，夏承燾、唐圭璋、施蟄存、馬興榮主編，1981 年創刊於上海。

49. 《全宋詞補輯》，孔凡禮輯，北京中華書局，1981 年版。

50. 《宋詞紀事》，唐圭璋編著，上海古籍出版社，1982 年版。

51. 《詞學研究論文集》（1949～1979），華東師範大學中文系古典文學研究室編，上海古籍出版社，1982 年版。

52. 《唐宋詞學論集》，唐圭璋、潘君昭著，齊魯書社，1985 年版。

53. 《唐宋詞通論》，吳熊和著，浙江古籍出版社，1985 年版。

54. 《詞與音樂關係研究》，施議對著，中國社會科學院，1985 年版。

55. 《唐宋詞風格論》，楊海明著，上海社會科學出版社，1986 年版。

56. 《詞話叢編》（修訂本，八十五種），唐圭璋輯，中華書局，1986 年版。

57. 《詞學論叢》，唐圭璋著，上海古籍出版社，1986 年版。

58. 《詞學論稿》，華東師大中文系古典文學研究室編。華東師大出版社，1986 年版。

59. 《全唐五代詞》，張璋、黃畲著，上海古籍出版社，1986 年版。

60. 《詞學全書》，清查繼超輯、吳熊和點校，書目文獻出版社，1986 年版。

61. 《靈谿詞說》，繆鉞、葉嘉瑩著，上海古籍出版社，1987 年版。

62. 《詞學概論》，宛敏灝著，上海古籍出版社，1987 年版。

63. 《唐宋詞史》，楊海明著，江蘇古籍出版社，1987 年版

64. 《唐五代北宋詞研究》（日）村上哲見著，楊鐵嬰譯，陝西人民出版社，1987 年版。

65. 《中國詩歌藝術研究》，袁行霈著，北京大學出版社，1987 年版。

66. 《詞學研究論文集》（1919～1949），華東師大中文系古典文學研究室編，上海古籍出版社，1988 年版。

67. 《唐宋詞論搞》，楊海明著，浙江古籍出版社，1988 年版。

68. 《詞學十講》，龍榆生著，福建人民出版社，1988 年版。

69. 《詞史》，黃拔荊著，福建人民出版社，1989 年版。

70. 《宋詞研究之路》，劉揚忠師著，天津教育出版社，1989 年版。

71. 《詞學綜論》，馬興榮著，齊魯書社，1989 年版。

72. 《唐宋詞十七講》，葉嘉瑩著，嶽麓書社，1989 年版。

73. 《宋詞研究》，胡雲翼著，巴蜀書社，1989 年版。

74. 《中國詞學的現代觀》，葉嘉瑩著，嶽麓書社，1990 年版。

75. 《詞學雜俎》，羅忼烈著，巴蜀書社，1990 年 6 月版。

76. 《唐宋詞集序跋彙編》，金啓華等編，江蘇教育出版社，1990 年版。

77. 《清詞史》，嚴迪昌著，江蘇古籍出版社，1990 年版。

78. 《辛棄疾詞探微》，劉揚忠師著，齊魯書社，1990 年版。

79. 《中國詞史》，許宗元著，黃山書社，1990 年版。

80. 《李清照研究論文集》，孫崇恩、傅淑芳主編，齊魯書社，1991 年版。

81. 《詞話叢編索引》，李復波編，中華書局，1991 年版。

82. 《宋南渡詞人群體研究》，王兆鵬著，臺北文津出版社，1992 年版。

83. 《全宋詞作者詞調索引》，高喜田、寇琪編，北京中華書局，1992 年版。

84. 《宋詞概論》，謝桃坊著，四川文藝出版社，1992 年版。

85. 《群體的選擇——唐宋人選詞與詞選通論》，蕭鵬著，臺北文津出版社，1993 年版。

86. 《中國詞學史》，謝桃坊著，巴蜀書社，1993 年版。

87. 《詞學研究書目》，（1912～1992）黃文吉主編，臺北文津出版社，1993 年版。

88. 《全唐五代詞》，曾昭岷等編，中華書局，1999 年版。

89. 《宋代文學研究》，張燕瑾、呂薇芬主編，張毅編撰，北京出版社，2001 年版。

90. 《全清詞·順康卷》，中華書局，2002 年版。

91. 《詞曲研究》，王小盾、楊棟主編，湖北教育出版社，2004 年第 1 版。

92. 《全明詞》，饒宗頤初纂，張璋總纂，中華書局，2004 年版。

93. 《全明詞補編》，周明初、葉曄補編，浙江大學出版社，2007 年版。

94. 《全清詞·順康卷補編》，張宏生主編，南京大學出版社，2008 年版。

附錄一：《詞學季刊》與新舊詞學的轉型

　　1933 年 4 月，在著名文獻學家葉恭綽等人贊襄之下，由龍沐勛先生主編的《詞學季刊》創刊發行，〔註1〕然「出至第三卷第四號，排版未竣而倭禍作，開明印刷所毀於火，遂致斷絕」[1]。儘管歷時僅三年餘，版行僅 11 期，其影響卻不容小覷，不但「每期發行千冊，頗有流傳域外者」[1]，亦且對現代詞學之生成產生了至爲深遠的影響。茲以《詞學季刊》的欄目、內容、作者隊伍等編輯特徵爲觀照點，管窺其於詞學研究轉型期的重要貢獻。

一

　　新舊詞學研究體系的轉型與現代詞學研究體系的生成完成於 20 世紀的前半期，其間《詞學季刊》之刊行堪稱詞學研究轉型期標誌性的關捩。「從發展進程來看，1932 年以前，詞學研究的年產量相當低下，年均不足 15 項。1933～1936 年第一次出現快速增長之勢，每年成果量平均達到近 150 項。之後，又急劇跌落，以至於 1938 年只有 13 項。1941 年前後，一度小幅走高，1945年以後又轉入低谷。1945～1955 年，成果總量只有 462 項，年均 42 項。直到 1956 年，才有所回升，此後即平緩發展。」而「1933～1936 年詞學研究成果量第一次快速增長，得益於詞壇領袖龍榆生和他主編的《詞學季刊》的倡導」

〔註 1〕 龍沐勛（1902～1966），字榆生，晚年以字行，號忍寒公、擇公等，江西萬載人。解放前歷任上海暨南大學、廣州中山大學等校教職，解放後任上海市博物館編纂、研究員、資料室主任等職。平生於詞學研究殊有建樹，著有《東坡樂府箋》等，主編有《詞學季刊》等。

[2]。數字或許可以從一個方面說明問題，而更能夠顯示出特徵的則需著眼於欄目的設定和內容的擇取等。

作爲詞學研究轉型期的一種專門性的詞學研究刊物，《詞學季刊》在欄目的設定上明顯體現出了對於傳統的繼承。傳統的詞學批評形式，自宋以來，「大體有四類，詞話僅是其中之一。另外三類，一是詞集序跋」，「二是詞集評點」，「三是論詞絕句」[3]。《詞學季刊》自創刊伊始，欄目即相對固定，主要的有「論述」、「專著」、「遺著」、「輯佚」、「詞話」、「詞錄」（包括「近人詞錄」和「近代女子詞錄」）、「詞林文苑」與「通訊」等。其中「詞話」和「詞林文苑」以及「遺著」、「補白」等欄目中的相當多的內容即屬傳統詞學的範疇。自第一卷第二號起，《詞學季刊》10 期「詞話」欄目共載錄汪瑔的《旅譚》、汪兆鏞的《懷窗雜記》、夏敬觀的《忍古樓詞話》、潘飛聲的《粵詞雅》、張爾田的《近代詞人逸事》等 5 種，其中夏敬觀的《忍古樓詞話》爲作者的論詞專著，在《詞學季刊》分期連載達 10 次。除了「詞話」這一專門欄目刊載傳統詞學批評內容之外，「雜俎」欄目所刊載的易大廠的《韋齋雜說》，「補白」欄目中龍沐勳所輯錄或撰著的《彊村老人詞評三則》、《沈夢叟先生手批詞話三種》、《忍寒廬零拾》、《詞林新語》，畢幾庵的《芳菲菲堂詞話》，「遺著」欄目所刊載的況周頤的《詞學講義》、陳銳的《詞比》、失名的《詞通》、錢斐仲的《雨華盦詞話》，「輯佚」欄目中的《大鶴山人詞話》等亦可闌入詞話之範疇。詞話總量爲 25 種（條），在刊物所刊載文章總數中所佔比重較大。

對於詞集序跋的刊載，亦是《詞學季刊》10 餘期中的重點所在。詞集序跋主要刊發在「詞林文苑」欄目中。據統計，11 期的「詞林文苑」總共刊發了 47 篇詞集序跋，平均每期近 5 篇，如創刊號即刊發了 7 篇，其中既有老一代學人如夏孫桐的《朱彊村先生行狀》、張爾田的《彊村遺書序》、葉恭綽的《欸紅樓詞跋》、吳梅的《詞源疏證序一》，也有新一代學人如龍沐勳的《新刊足本雲謠集雜曲子跋》和《彊村語業跋》。

儘管《詞學季刊》拿出了相當的篇幅用於刊載傳統的詞學批評文字，但《詞學季刊》最爲突出的亮點所在當然不是在於其對傳統詞話和詞集序跋的刊發，而是在於其對詞學研究系統理論文章的重點推介。傳統詞話的詞學批評方式極其獨特，零章短製，吉光片羽，彌足珍貴，然而不足之處在於缺少宏闊的理論構架和宏觀的系統的把握。《詞學季刊》自創刊伊始即努力尋求在系統理論上的突破。如果說胡雲翼 1926 年出版的專著《宋詞研究》「第一次

以現代的眼光、新的文學觀點概略描述宋詞的發展演變過程，分析宋詞的特點和利病得失，頗具探索之功」[4]，那麼以《詞學季刊》爲媒介的一系列頗具系統特徵的理論文章的產生則昭示著新的詞學研究格局的形成。就中以龍沐勛、夏承燾、唐圭璋、盧前等爲代表的一批詞學新生力量付之以前所未有的熱情，撰著理論文章，爲新詞學的奠基做出了極大的努力。

《詞學季刊》對於新詞學的開拓從其欄目的設置亦可以略見一斑，在《詞學季刊》創刊號的編輯凡例中，該刊將所刊載之內容規劃爲九項：論述、專著、遺著、輯佚、詞錄……而首當其衝的第一、二個欄目便定位於「論述」與「專著」，即「專載關於詞學之新著論文」與「專載關於詞學之新著專著」[5]，凸顯出一個「新」字。3年多的時間裏，《詞學季刊》共刊發了龍沐勛的《詞體之演進》、《選詞標準論》、《詞律質疑》、《研究詞學之商榷》、《兩宋詞風轉變論》、《今日學詞應取之途徑》、《東坡樂府綜論》、《清真詞敘論》、《漱玉詞敘論》、《南唐二主詞敘論》、《論平仄四聲》、《論賀方回詞質胡適之先生》，王易的《學詞目論》、盧前的《詞曲文辨》、《令詞引論》，詹安泰的《論寄託》等理論性的詞學論文達十數篇，對詞學研究進行形而上的認真思考與總結，尤其是主編龍沐勛先生躬任主筆，筆路藍縷，功莫大焉。而大量的在「論述」和「專著」中出現的以考證見長的詞人評傳、詞人年譜、詞籍提要等，其規模與體系，亦可謂前無古人，主要的有夏承燾的《張子野年譜》、《賀方回年譜》、《白石歌曲旁譜辨校法》、《姜石帚非姜白石辨》、《韋端己年譜（附溫飛卿）》、《晏同叔年譜》、《馮正中年譜》、《南唐二主年譜》、《令詞出於酒令考》，唐圭璋的《兩宋詞人時代先後考》、《宋詞互見考》、《蔣鹿潭評傳》，李文郁的《大晟府考略》，查猛濟的《劉子庚先生的詞學》，楊鐵夫的《石帚非白石之考證》，莊一拂的《檇李閨閣詞人徵略》，趙尊嶽的《蕙風詞史》與其系列詞籍提要，繆鉞的《遺山樂府編年小箋》等，總量在數十篇。其中尤以夏承燾先生的系列年譜考證影響最著，其於新詞學奠基之功，誠可謂大矣。

二

《詞學季刊》的特色不僅體現在欄目設定之新，也體現在內容上的新變和體繫上的新建，現代詞學體系的形成並不是與朝代的更易相一致的，而總是要相對滯後於政治的變革，「以詞體文學爲專門對象的『詞史』的出現是相對滯後的。……第一部專門的詞史著作——胡雲翼那本僅僅可稱爲簡略的斷

代史的小書《宋詞研究》，是 1926 年才出版的；略具通代詞史規模的劉毓盤《詞史》，直到 1931 年才由著者的弟子曹聚仁據其晚年定本予以付梓印行。」[6]因而，以現代詞學體系的生成爲觀照點，可以發現，在滿清覆亡的近 20 年之後，才眞正意義上看到了現代詞學體系建構的初具規模，這個時間即是在 20 世紀 30 年代。在此之前，「詞學研究的對象含混不清，新舊觀念並陳，『詞學』與『學詞』沒有分清界限。『學詞』是進行詞體文學的創作，『詞學』是對詞體文學進行學術研究。20 世紀以前的詞學批評，主要是立足於學詞，即針對詞的創作而提出相應的理論主張和具體做法，爲『學詞』指示門徑。20 世紀以來的『詞學』，則主要是著眼於詞體文學的學術研究。但在 20 世紀的頭 30 年，作爲現代學術研究的『詞學』觀念還沒有完全確立，『學詞』與『詞學』互相混淆。」[7]這在《詞學季刊》中亦有明顯的體現。

以《詞學季刊》爲陣地，龍沐勳先生在理論探討和辦刊實踐上都在努力探索新詞學的研究體系。其在《詞學季刊》第一卷第四號所刊發之《研究詞學之商榷》一文即頗有一些爲新詞學張幟的意味。文中首次對現代意義的「詞學」概念給予了規定，並將其與傳統的「塡詞」進行了區分：「取唐宋以來之燕樂雜曲，依其節拍而實之以文字，謂之『塡詞』。推求各曲調表情之緩急悲歡，與詞體之淵源流變，乃至各作者利病得失之所由，謂之『詞學』。前者在詞之歌法未亡之前，凡習聞其聲者，皆不妨即席塡詞，便付絃管藉以娛賓遣興。即在歌詞之法已亡之後，亦可依各家圖譜，因其『句度長短之數，聲韻平上之差』，藉長短不葺之新詩體，以自抒性靈抱負。文人學士之才情富豔者，皆優爲之。後者則在歌詞盛行、管絃流播之際，恒爲學者所忽略，不聞著有專書。迨世異時移，遺聲闃寂，鈎稽考索，乃爲文學史家之所有事。歸納眾製，以尋求其一定之規律，與其盛衰轉變之情，非好學深思，殆不足以舉千年之墜緒，如網在綱，有條不紊，以昭示來學也。」[8]並將詞學研究具體歸納爲八個方面：「圖譜之學」、「詞樂之學」、「詞韻之學」、「詞史之學」、「校勘之學」、「聲調之學」、「批評之學」、「目錄之學」。依此而言，龍沐勳先生的這篇文章頗有一種爲新詞學研究立法的特徵，其「總結與構想，已經有了一定程度的近代文藝學的意味」，「算是把舊學與新學、『基礎』與『上層』都兼顧到了」[9]。

在龍沐勳先生所羅列的詞學研究八「學」中，龍先生尤其強調後三種，即「聲調之學」、「批評之學」與「目錄之學」。以「批評之學」而論，儘管從

宋代以迄清末民初，古今詞話之多，「幾如『雲蒸霞蔚』，然或述詞人逸事，或率加品藻、未嘗專以批評爲職志」[8]，由此作者提出：「今欲於諸家詞話之外，別立『批評之學』，必須抱定客觀態度，詳考作家之身世關係與一時風尙之所趨，以推求其作風轉變之由，其利病得失之所在。不容偏執『我見』，以掩千人之眞面目，而迷誤來者」[8]。其實，自《詞學季刊》創刊伊始，該刊即在努力踐行著這一理念，大量增加新詞學的內容，尤其是「批評之學」與「目錄之學」的內容。前所論列者如龍沐勳的《詞體之演進》、《選詞標準論》、《研究詞學之商榷》、《兩宋詞風轉變論》、《今日學詞應取之途徑》、《東坡樂府綜論》等諸多論文即是典型的「批評之學」的詞學研究成果；至若「目錄之學」，「所以示學者以從入之途，於事爲至要」[8]，《詞學季刊》從創刊號即連續載錄的趙尊嶽爲《詞的》、《草堂嗣響》、《記紅集》、《同情集詞選》、《詞軌》和《惜陰堂彙刊明詞》等所作的詞集提要，總數近 120 種，數量之大，亦非前此時期所可同日而語。趙尊嶽而外，《詞學季刊》所刊發的唐圭璋的《全宋詞編輯凡例》與《全宋詞初編目錄》等亦當闌入「目錄之學」的範疇。

三

　　新舊的交替與銜接，是 20 世紀 30 年代詞學研究的主要時代特徵，《詞學季刊》亦然。這種新舊的承接從欄目的設定、所載錄作品的內容等方面能夠明顯見出，而從作者隊伍的構成中亦能得以證明。胡明先生將其時的詞學研究隊伍歸納爲「兩隊人馬各做各的」，即以胡適、王國維等人爲代表的「體制外派」和以夏敬觀、劉毓盤等人爲代表的「體制內派」，「三十年代的中國詞壇正活躍著一個聲勢巨大的詞學『體制內派』，也即是《詞綜》、《詞律》以來一直綿延到『四印齋』、『雙照樓』、『彊村』門下的正宗傳統派的詞學隊伍。這一派人馬注重詞的本體理論，詞的內部深層結構，整理與研究工作多集中於詞籍、詞譜、詞調、詞韻、詞史，也即是龍榆生提出過的詞學八項中的三項：目錄之學、聲調之學與詞史之學。他們的代表人物有夏敬觀、劉毓盤、梁啓勳、吳梅、王易、汪東、顧隨、任訥、陳匪石、劉永濟、蔡楨、俞平伯、夏承燾、唐圭璋、龍榆生、詹安泰、趙萬里等——集一時詞學體制內精英，陣營壯闊，大將如雲。他們的著作如《詞調溯源》、《詞學通論》、《詞學》、《詞史》、《詞曲史》、《詞學研究法》、《詞源疏證》、《校輯宋金元人詞》等等均是詞的體制內研究的重要成果。唐圭璋的《全宋詞》、《詞話叢編》的編輯印行更是這一隊人馬中三十年代最輝煌的碩果，於千年詞業功德無量，而龍

榆生創辦並維持了三年五個月的《詞學季刊》也是那段時期詞學體制內派的一件大事，影響深遠。」[10]的確，胡明先生所臚列之夏敬觀等十餘位「體制內派」的代表人物即有 9 位是《詞學季刊》的長期作者，以此足見《詞學季刊》之影響。

如果把《詞學季刊》所刊載文章之作者隊伍作一分類，《詞學季刊》的作者隊伍構成中明顯體現出繼往開來的顯著特徵，能夠看出明顯的兩大群體，一是舊式的詞學家，他們都是在民國建立之前已經成長起來的舊式學人，在詞學的探討中仍然持有著舊式的詞話等方式，這一批作者，或是已經故去，《詞學季刊》闢出專門的欄目——「遺著」對他們的作品予以刊載，如著名的晚清四大家之一況周頤，《詞學季刊》創刊號即刊出其遺著《詞學講義》，除此而外，陳銳、沈曾植、梁啓超、陳思、奕繪、彭貞隱、徐棨、勞紡、馮煦、周作鎔、錢斐仲、鄭文焯、白毫子、呂惠如、釋澹歸等人，或是詞作，或是論詞詞話，或是詞籍文獻的箋校等，在《詞學季刊》欄目中先後刊出。而舊式學人中，尚還健在的一批學人，如夏孫桐、張爾田、易大廠、夏敬觀、程善之、葉恭綽、吳梅、陳匪石等人，他們或是在《詞學季刊》上刊發詞話，或是與後學書信來往（多有刊發在《詞學季刊》「通訊」欄目之中者），切磋詞藝，短文隨箚，雖未云長，然時有新見，功力十足，誠可為後學導夫先路，指引方向。尤須一書的是《詞學季刊》自創刊伊始設立的「通訊」欄目，刊發的大都是吳梅、張爾田等詞學前輩與龍沐勳等人的往來書箚，總數在 40 通以上，俱為切磋詞藝之往來信函，非等閒書信可比，亦可作學術短文觀。如創刊號所刊發之吳梅的《與龍榆生論急慢曲書》、張爾田的《與龍榆生論彊村遺文書》、《與龍榆生論彊村遺事書》、程善之的《與臞禪論詞書》、陳匪石的《與圭璋書》等，真知灼見，時有發明。

當然，承擔《詞學季刊》主導任務的，無疑是出生和成長於 1900 年前後的一批新式詞學家，就中，以龍沐勳、夏承燾和唐圭璋等人為代表，作為新一代學人，他們無疑是《詞學季刊》的中堅與脊樑，他們多年當而立，如《詞學季刊》創刊之時，龍沐勳 31 歲，唐圭璋 32 歲，夏承燾 33 歲，常為《詞學季刊》撰寫詞籍提要的，在「目錄之學」上頗有所得的趙尊岳，其時亦只有38 歲。正是這批新式詞學的拓荒者撐起了新詞學研究的一片天空，篳路藍縷，厥功甚偉。以 1933～1936 年詞學研究最為活躍的十大作者及其成果統計看，龍沐勳、夏承燾、唐圭璋位列前三甲。[2]尤其是龍沐勳，在 3 年多的《詞學季

刊》中發表的成果多達 29 篇，平均每期近 3 篇。

當然，在《詞學季刊》的創設上，尚還有一些突出的特徵，如「詞錄」欄目的設立，不但爲近代詞人提供一個創作發表的陣地，同時更爲引人注目的是其中「近代女子詞錄」單列一欄，體現出明顯的男女平等的時代氣息。而「詞壇消息」的推出，爲新時代詞學研究提供了一個信息交流的平臺，如創刊號所刊發之「北平詞壇近訊」一條云：「《遁庵樂府》作者張孟劬爾田先生，近仍在北平燕京大學，擔任文史講座云。」[5]「海外詞壇近訊」一條云：「旌德呂聖因碧城女士，久居瑞士，從事英譯佛典。去年養屙柏林，恒藉倚聲以寫去國優生之感，其最近作品，將寄本刊陸續發表云。」[5]互通訊息，彼此交流，於詞學研究之發展與推廣，其功甚巨。由此觀之，正是《詞學季刊》這一陣地爲新詞學研究者提供了足夠的展示空間，從而爲詞學研究新時代的到來作了充分的準備。

參考文獻

1. 龍榆生：〈題記〉〔J〕，《詞學季刊》（第三卷第四號）。

2. 王兆鵬、劉學：〈20 世紀詞學研究成果量的階段性變化及其原因〉〔J〕，《學術研究》，2010 年第 6 期。

3. 吳熊和：《吳熊和詞學論集》〔M〕，杭州大學出版社，1999 年，第 132～133 頁。

4. 王兆鵬：〈20 世紀宋詞研究的進展〉〔J〕，《湖北大學成人教育學院學報》，1999 年第 2 期。

5. 龍沐勳：〈詞學季刊〉〔J〕，1933 年（創刊號）。

6. 劉揚忠師：〈本世紀前半期詞學觀念的變革和詞史的編撰〉〔J〕，《江海學刊》，1998 年第 3 期。

7. 王兆鵬：〈20 世紀前半期詞學研究的歷程〉〔J〕，《文學遺產》，2001 年第 5 期。

8. 龍沐勳：〈研究詞學之商榷〉〔J〕，《詞學季刊》，1934 年（第一卷第四號）。

9. 劉揚忠師：《宋詞研究之路》〔M〕，天津教育出版社，1989 年，第 16～17 頁。

10. 胡明：〈一百年來的詞學研究：詮釋與思考〉〔J〕，文學遺產，1998 年第 2 期。

附錄二：清代中期論詞絕句的詞學批評特徵平議

　　以絕句的形式評論詞人或詞作的論詞絕句肇始於元明之世，然今天所見的元明二代的論詞絕句作者只有五六家，數量亦莫過六七首，如元代元淮的《讀李易安文》，明人瞿祐的《易安樂府》等。時至清代前期，曹溶的《題周青士詞卷四首》、《武林徐生以〈衣錦山樂府〉見質戲題四首》等幾組絕句的出現，表明此時論詞絕句較前此二代有了發展，可是在數量和規模上依然不可謂多。論詞作者只有曹溶等六七人，而除卻曹溶的八首論詞絕句組詩和王時翔的《酬姚魯思太史枉題中州所製〈青綃樂府〉四絕句次原韻》之外，其他如李澄中的《易安居士畫像題辭》、葉舒崇的《評朱彝尊詞》等各僅一首。因而此時的論詞絕句相對而言依然十分單薄，所論對象中，前代詞人只有李清照一人；而論及當代詞人的絕句，多因交遊而產生，如前所列舉之曹溶組詩八首和王時翔的四絕句。葉舒崇的《評朱彝尊詞》一首亦是如此，《詞苑萃編》卷八引徐釚語：「錫鬯天才踔厲，詩文膾炙海內，填詞與柳七、黃九爭勝。葉元禮嘗作駢體文序之，綴以絕句云：『鴛鴦湖口推朱十，代北汶西詞客哀。弄墨偶然工小令，人間腸斷賀方回。』」[1](1941)論詞絕句的產生多有一種副產品的意味。

一

　　雍乾以始的清代中期，論詞絕句成勃發之勢，不但在數量和規模上遠遠超過前此時代，亦且在內容、批評特徵等方面多有超軼前賢之處。以目今所見之清代中期論詞絕句，作者達近 30 人，總數逾 280 首。不但整體規模遠遠

超過了前代，而且在單個論詞絕句作者的存詩總量上亦不同於以往。近 30 位論詞絕句作者中，存絕句 10 首以上的超過 10 人，其中李其永、鄭方坤、汪筠、朱依眞、孫爾準等人均超過了 20 首，江昱、沈初亦俱有 18 首。

從命名類型看，清代中期的論詞絕句約可分爲兩類，一類是「書（題、讀）《××》（後）」或「《××》題辭」等爲標題形式的命名方式，厲鶚的《書柘湖張龍威長短句後》二首，厲鶚謂：「龍威有和予《續樂府補題》五闋，其《天香》賦薛鏡云：『粉潔休磨，塵輕不染，識取夜來名字。』深有感於余懷也。題二絕句其後云：『蹤跡江湖燕尾船。一回相見一流連。新詞合付兜娘唱，可惜紅牙久寂然。』『樂笑翁今不可回。補題五闋屬清才。薛家鏡子塵昏後，凄絕何人喚夜來。』」[1](2142)再如吳蔚光《小湖田樂府》所附常熟人孫原湘之妻席佩蘭的《〈小湖田樂府〉題辭六首》、趙同鈺的《〈小湖田樂府〉題辭三首》，以及趙同鈺妻屈秉筠的《〈小湖田樂府〉題辭三首》等，亦當爲被論詞人吳蔚光與同里賢俊孫原湘、趙同鈺等人相與交遊唱酬之時產生的詩作。其他如馮浩的《題汪孟鋗〈理冰詞〉》四首、汪筠的《讀〈詞綜〉書後二十首》與《校〈明詞綜〉三首》、汪仲鈖的《題陸南香白蕉詞後》四首、陳石麟的《書張臯文壎詞後》二首、石韞玉《讀蔣心餘彭湘涵郭頻伽詞草各繫一詩》三首、程恩澤的《題周稚圭前輩〈金梁夢月詞〉》八首等。

第二種類型則爲在標題中直接標示「論詞」，或者「評詞」等有相近意思的字樣。這種以「論詞」、「評詞」等直接入題的命名方式自清代中期厲鶚始，厲鶚有《論詞絕句》十二首，厲鶚以來，繼踵其後、以「論詞」、「評詞」等字樣直接標題者甚夥，重要者如江昱《論詞十八首》、鄭方坤《論詞絕句》三十六首、章愷《論詞絕句》八首、沈初《編舊詞存稿，作論詞絕句》十八首、朱依眞《論詞絕句》二十八首、吳蔚光《詞人絕句》九首、尤維熊《評詞》八首、《續評詞》四首、孫爾準《論詞絕句》二十二首等。較之於第一類命名方式，此類論詞絕句在規模上大勝，內容亦豐富了許多。如厲鶚之《論詞絕句》十二首，歷論了自晚唐五代《花間集》以迄清代前期朱彝尊等，所涉及凡詞籍文獻五種：《花間集》、《樂府補題》、《中州樂府》、《鳳林書院詞》、《詞律》，詞作者九人：李白、張先、柳永（按，張柳合論於一首）、晏幾道、賀鑄、姜夔、張炎、朱彝尊、嚴繩孫。其中所論既有關涉詞籍文獻的考辨，如其十二自注中對萬樹《詞律》等相關問題的表述：「近時宜興萬紅友《詞律》嚴去、上二聲之辯，本宋沈伯時《樂府指迷》。予曾見紹興二年刊

《菉斐軒詞林要韻》一冊，分東紅邦陽等十九韻，亦有上去入三聲作平聲者。」[2](88) 又有對詞人詞作高下、品格的評述與比較，如所論張先、柳永、晏幾道諸詞人，更有對詞之體派的論述，如其九謂：「不讀鳳林書院體，豈知詞派有江西」，[2](88) 其中對於詞中江西派的提出，實爲厲鶚之首創。由此觀之，厲鶚在十二首絕句中所論之內容甚爲豐富。厲鶚之外，上列諸家中除吳蔚光、尤維熊二家專論其同時詞人外，其他六家均爲自晚唐五代以起的諸朝詞的綜論。此類絕句的批評空間甚爲巨大，既可評詞，又可論人，同時又能辨析詞籍史料；既可專論一朝或一人之詞，又可歷論諸朝諸代諸家，而絕少批評範圍的限制。

從題名特徵看，第一類以「書（題、讀）《××》（後）」或「《××》題辭」等爲標題的論詞絕句，頗類乎一種讀後感式的評論，然較之以往，少卻了一些應酬的成分，而增加了一些自覺批評的意味，更具有詞學批評的特徵，以汪仲鈖的《題陸南香白蕉詞後》四首其一爲例：「詞派相沿異實同，傳心兩字是清空。擅場如此今安有，一瓣香呈樂笑翁。」[3] 詩中論述了陸培（1686～1752，字翼風，號南香，一字南薌）《白蕉詞》推尊張炎等南宋詞人，詞風以清空爲主的特點，這種評論已經頗類乎後來重要的詞評家陳廷焯的詞話：「陸南薌《白蕉詞》四卷，全祖南宋，自是雅音。但無宋人之深厚，不耐久諷也。」[4](384) 所論內容從豐富性的角度而言，比之於陳廷焯的詞話亦未可謂少，只是在表達方式上有所不同而已。

如果說以「書（題、讀）《××》（後）」等爲標題的論詞絕句更多是針對一人一詞（集）進行專門的評述的話，那麼自厲鶚之始的以「論詞」或「評詞」爲標題的論詞絕句則延宕了絕句的批評空間，使得論詞絕句眞正成爲詞學批評的一個重要形式，從而躋身於詞學批評的行列之中，其自覺的批評特徵又尤其明顯。這種在詩題中直接標示「論詞」或「評詞」的字樣，絕不僅僅是字詞的變化，而是有著一種質的變化，這是以絕句的方式論詞的一種直接表述，從意義上來看，在絕句的標題中直接標示「論詞」或「評詞」字樣，它的象徵意義不可小覷，這標誌著以絕句來評論詞人詞作這樣一種方式正式爲學人們所認可，由此也意味著論詞絕句在詞學批評中地位的正式確立與定型。其所顯現的是，詞學批評更少了一種隨意性，而多了一種主動性、自覺性，以絕句的形式批評詞人詞作的主動、自覺意識凸顯出來。其流風所向，影響甚眾，不但爲後來的許多詞評家如江昱、鄭方坤、沈初、朱依眞等人起

到了一種導夫先路的作用，亦且流播海外，爲日本學者所推重和模倣。日人神田喜一郎《日本塡詞史話》載：「明治二十年（1887）三月，（高野）竹隱去了伊勢，對槐南斂戈休戰後，因偶染微恙，閉門休養，無奈中模擬屬樊榭的《論詞絕句》，以《小病讀詞，得十六首》爲題，創作了論詞絕句，與前一年槐南的塡詞論進行了堂堂的對抗。但那十六首，在明治二十年四月發行的《新新文詩》第二十三集中，僅採錄了五首，至今也未能見到其全部，甚是遺憾。」[5](319)

二

浙西詞派是清代中前期影響甚爲巨大的一個詞學流派，自曹溶之後，以歷朱彝尊等人，「數十年來，浙西塡詞者，家白石而戶玉田」[1](1928)。「乾嘉之際，作詞者約分浙西、常州二派。浙西派始於屬鶚，常州派始於武進張惠言。鶚詞宗彝尊，而數用新事，世多未見，故重其富，後生傚之，每以捃摭爲工，後遂浸淫，而及於大江南北。」[6](4223)以詞學批評而言，此時亦多爲浙西詞風所牢籠，朱彝尊等人「一以雅正爲鵠」「爲詞專宗玉田」的傾向[7](4962)，於此期的論詞絕句之中亦甚爲顯見。較之前此以往的論詞絕句，清代中期的論詞絕句因作者隊伍的擴大和規模的大幅增加，在內容上亦豐富了許多。細味此期的論詞絕句，可以發現，儘管批評的範圍和空間擴大了，但是批評對象的選定則是有所分別的，有所偏嗜的。其批評的傾向性較爲突出，總起而言，推尊南宋，崇尚姜張，標舉雅正，是這一時期論詞絕句的主導傾向。

以歷論清朝以前諸代詞人詞作的論詞絕句而言，對於以南宋姜張爲代表的詞人詞作的推揚，十分顯見。章愷《論詞絕句》八首，所論五代二首：花間、馮延巳，北宋二首：柳永、蘇軾，南宋三首：姜夔、吳文英、張炎（吳張合論）、周密，清代一首：浙西詞派與朱彝尊。從批評的內容看，貶抑五代北宋，稱揚南宋的特點極爲明顯，謂馮延巳「一池春水關何事，枉向東風暗斷腸」（其二）[8]，謂柳永「柳岸風情盡自誇，繁聲無奈近淫哇」（其三）[8]，謂蘇軾「傳語教坊雷大使，銅琶鐵板太驚人」（其四）[8]，而於南宋姜張一派，則極盡讚譽，說姜夔「秀骨清魂畫亦難，千秋白石壓詞壇」（其五）[8]，說吳文英、張炎「七寶樓臺耀眼光，半空飛影入雲長。玉田妙境誰能會，萬里冰壺月正涼」（其六）[8]，謂周密則曰「錦鯨去後風流絕」（其七）[8]。江昱的《論詞絕句十八首》亦是偏嗜南宋，一以雅正爲標的，所論十八首絕句中，除首

尾二首爲總論外，北宋僅五首，南宋則爲十一首，十一首中，姜夔、史達祖、吳文英、王沂孫、周密、張炎、陳允平等人人各一首。十八首論詞絕句中雖然於蘇辛一派有所涉及，但於蘇軾卻說：「分明鐵板銅琶手，半闋楊花冠古今」[9](176~177)，極賞其頗具婀娜之姿的《水龍吟》詠楊花詞，雖論及稼軒及二劉：「辛家老子體非正，有時雅音還特存。卓哉二劉並才俊，大目底緣規孟賁。」[9](177) 謂稼軒詞並非正體，而其後勁劉過、劉克莊亦只可謂雄豪之士耳。鄭方坤《論詞絕句》其十七則對姜夔更是推尊備至，謂：「紅牙鐵板盡封疆，墨守輸攻各挽強。莫向此間分左祖，黃金留待鑄姜郎。」詩下自注曰：「東坡問幕士云：『我詞比柳七何如？』對曰：『柳郎中詞只好十七八女郎，執紅牙歌「楊柳岸曉風殘月」，學士詞須關西大漢，持鐵綽板，唱「大江東去」。』姜堯章所著《石帚詞》戛玉敲金，得未曾有。」[10](315) 汪筠《讀〈詞綜〉書後二十首》於諸家詞人中亦以白石爲上：「南渡江山未可憑，諸君哀怨盡情能。一從白石簫聲斷，誰倚瓊樓最上層。」[11](93)

同推尊南宋姜張等人相一致的是，就詞學風尚而論，一以雅正爲標尺，推崇詞格詞韻之高格，貶抑俳諧、淫哇之音，是這一時期論前代詞絕句詞學批評的主導傾向，在諸多論詞絕句中，可謂一篇之中三致意焉。厲鶚《論詞絕句》其八評《中州樂府》謂：「《中州樂府》鑒裁別，略仿蘇黃硬語爲。若向詞家論風雅，錦袍翻是讓吳兒。」[2](88) 在其現存的十數首論詞絕句中，對於詞格的推揚亦甚爲明顯，其《論詞絕句》之二謂：「張柳詞名枉前驅，格高韻勝屬西吳。可人風絮墮無影，低唱淺斟能道無。」[2](87) 在厲氏看來，人們枉將張先柳永並稱，其實張先詞格高韻勝，慣於「淺斟低唱」的柳永寫不出張先「墮輕絮無影」那樣可人的詞句。鄭方坤《論詞絕句》其十評黃庭堅詞絕句謂：「隨風柳絮劇顛狂，淺淡梅妝體自香。縱筆俳諧怪黃九，早將院本漏春光。」且於句下自注謂：「山谷情至之語，風雅掃地。又多闌入俚詞，殆爲北曲先聲矣。」[10](314) 江昱於風雅之提倡和淫哇之排斥於其絕句之中傾向性亦極爲明顯：「臨淄格度本南唐，風雅傳家小晏強」（《論詞絕句》其二）[9](176)、「別裁僞體親風雅，畢竟花庵遜草窗」（《論詞絕句》其十七）[9](177)。而其九論陸游詞則謂：「蓮花博士浣鉛華，風味蕭疏別一家。便使時時掉書袋，也勝康柳逐淫哇。」[9](177) 儘管方家論南宋陸游等人之詞有「時時掉書袋」之譏，如《歷代詞話》卷八引劉克莊語曰：「放翁、稼軒，一掃纖豔，不事斧鑿，高則高矣，但時時掉書袋，要是一癖。」[12](1236) 但在江昱看來，其與康伯可、

柳耆卿之鄙俗淫哇之聲相比，仍有高下至分。孫爾準謂：「鳳林書院紀新收，最愛書棚讀畫樓。猶識金元盛風雅，不知誰洗《草堂》羞。」（《論詞絕句》其三）[13](556)「若向蘭陵論風疋（「雅」之古字），解嘲賴有栩園詞。」（其十七）[13](556)沈初的《編舊詞存稿，作論詞絕句十八首》亦以詞品高下評定諸代之詞人，謂「山抹微雲秦學士，露花倒影柳屯田。就中氣韻差分別，始信文章品最先」（其六）[14](7)。

　　以專論本朝詞人的論詞絕句而言，以南宋姜張詞派及其詞風爲標尺，盛推浙西詞派的批評趣尙亦顯見於其時的論詞絕句之中。汪森之孫汪孟鋗的《題本朝詞》絕句僅有十首，對浙派詞人卻青眼有加，十首中論及的浙派詞人即有曹溶、朱彝尊、李良年、李符、汪森等數人。起首即論浙派巨擘朱彝尊：「落魄江湖載酒行，首低心下玉田生。《洞仙歌》冷平生夢，綺語尤難字字清。」[15]絕句謂朱彝尊以南宋詞人張炎爲規摩對象，然比之於張炎的清空騷雅，朱彝尊仍稍有不足。其於曹溶詞則謂：「吾州最數侍郎曹，伯仲蘇辛盡自豪。獨立秋風愁絕晚，浙江潮影一時高。」[15]雖於其伯仲蘇辛頗多稱讚，然於其對浙派之影響則更爲獎許。至若浙西六家，汪孟鋗謂：「百家宜較六家該，二李清新總別裁。擬向廬陵花蕚集，忖量猶欠長君才。」[15]對浙西詞派的重要成員李良年與李符兄弟同集、詞風清新亦持肯定態度。而對其祖父汪森及其《桐扣詞》，汪孟鋗作了如是評論：「宋元甄宗有餘師，潛採方壺共主持。漫浪人間尋野鶴，扣桐自味一家詞。」[15]同爲汪森之孫的汪仲鈖也以南宋爲高標，其《題陸南香白蕉詞後》評陸培詞謂：「詞派相沿異實同，傳心兩字是清空。擅場如此今安有，一瓣香呈樂笑翁。」[3]席佩蘭在爲吳蔚光《小湖田樂府》題辭中說：「不師柳七兼秦七，肯學草窗和夢窗。一片野雲飛不定，並無清影落秋江。」（其四）又說：「借花寄草託微波，風調原如白石多。三十六陂秋色裏，冷香飛出小紅歌。」（其三）[16]趙同鈺也說：「姜張風格本超然，寫遍蠻方十分箋。一洗人間箏笛耳，玉簫吹徹彩雲邊。」[16]屈秉筠亦在題辭中稱其詞謂：「紛紛紅豆記當筵，新譜湖田近玉田。」[16]一以姜夔、吳文英、周密、張炎等人爲參照對象，推尊姜張之意，甚爲明顯。吳蔚光的《詞人絕句》九首，所論其當代詞人對浙派詞人多所涉及，且以「雅」爲準則，如其三云：「浙西詞格勝於詩，歌吹琴言自得師。諫果甘回餘味好，薄寒腸斷落花時。」詩下自注謂：「家谷人《有正味齋集》中《佇月樓琴言》一卷、《竹西歌吹》一卷、《燕市詞》一卷，頗多妍雅，今但記『況近落花時節有些寒』

九字。」[17]頗爲推許浙西詞派，並對浙派後期重要詞人吳錫麒的詞作以「妍雅」許之。其八評鮑受和詞曰：「減字偷聲幾繫思，清新喜見鮑家詞。月明如水門深閉，可似小長蘆釣師。」[17]亟賞其「月明如水門深閉」七字，謂此句頗有浙派宗祖朱彝尊之風。石韞玉在《讀蔣心餘彭湘涵郭頻伽詞草各繫一詩三首》評郭𪋤詞時，也以南宋爲依歸，曰：「新聲宛轉譜紅牙，姜史傳薪又一家。但有井華堪汲處，無人不解唱頻伽。」[18](522)謂郭𪋤於南宋姜夔、史達祖一脈薪火相傳。

三

乾嘉時期，重考證的實學之風日益浸淫，學風所向，詞學批評領域亦多所濡染。以作者而論，此期論詞絕句的作者多博涉群書，淹通古今，融貫經史詞章，且於考據之學多有所得。以厲鶚爲例，厲氏博學多能，不但精擅詩詞，有《樊榭山房集》傳世，而且在文獻整理與史料考證上亦頗有所得，有《宋詩紀事》一百卷、《遼史拾遺》二十卷、《絕妙好詞箋》等，即便是小如《東城雜記》等隨筆所錄之文字，亦不苟且，「考里中舊聞遺事，輿記所不及者八十五條，釐爲上下二卷。大抵略於古而詳於今。然所載『九宮貴神壇紅亭』、『醋庫』諸條，考據頗爲典核。又紀高雲閣、蘭菊草堂、竹深亭，及金石中之慈雲寺宋刻《劍石銘》諸舊跡，俱《浙江通志》及武林各舊志所未詳。他如灌園生以下諸人，皆係以小傳，使後之修志乘者，有所徵引，其用力亦可謂勤矣。」[19](628)故四庫館臣贊之曰：「是書雖偏隅小記而敘述典雅，彬彬乎有古風焉。」[19](628)鄭方坤亦然，鄭氏不但「天分既高，記誦尤廣，故其詩下筆不休，有淩厲一切之意」[19](1675)，有《蔗尾詩集》十五卷、《文集》二卷，而且於考證之學亦有所得，其所著《經稗》六卷，「能薈粹眾說，部居州分，於考覈之功深爲有裨」[19](278)，所編之《全閩詩話》十二卷，「所採諸書，計四百三十八種。採摭繁富，未免細大不捐。而上下千餘年間，一方文獻，犁然有徵。舊事遺文，多資考證。固亦談藝之淵藪矣。」[19](1795)其他論詞絕句作者如江昱、沈初等人亦工於詩詞，出經入史，長於考據。

以具體的批評趨向而論，在受乾嘉學風的影響方面，主要體現在詞體探源和詞籍史料的辨析等方面。

詞體探源與詞籍史料的辨析是詞學批評的重要組成部分，論詞絕句以其篇幅短小而常常受到限制，但是此時乾嘉學人卻能突破這種限制，在有限的

體制空間內，以絕句的形式論述討論詞體的產生、發展、詞樂的變遷以及詞籍作者、版本的眞僞等，明顯地體現了乾嘉學人重視考據的時代風尙。

　　對於詞的產生源頭的探討是不少論詞絕句作者在評詞時首先需要考慮的問題。李其永的《讀歷朝詞雜興》三十首歷論了唐宋諸朝詞，其首篇即謂：「風流天寶老詞壇，羯鼓能摑勝管絃。不道淋鈴皆入調，蜀山秋雨李龜年。」[19]一般而言，詞之產生時代多謂爲隋唐之際，李其永論詞絕句組詩首篇即論盛唐明皇之時，明顯帶有爲詞的源頭定位的意味，且於詩中論及了《雨霖鈴》這一詞調，其所論《雨霖鈴》詞調之產生，雖由於絕句體制的限制，用語十分簡約，但卻與宋人王灼《碧雞漫志》中所辨之「雨淋鈴」一條頗有異曲同工之處。同李其永相似的是，鄭方坤的《論詞絕句》三十六首也討論了詞之起源問題，其二謂：「青蓮雅志存刪述，魏晉而來棄不收。卻向詞林作初祖，心傷暝色入高樓。」其詩下注曰：「李太白《憶秦娥》、《菩薩蠻》二調，爲千古塡詞之祖。」[10](313)承襲宋人黃昇《花庵詞選》所謂李白《憶秦娥》等二曲爲「百代詞曲之祖」的說法，這與厲鶚《論詞絕句》十二首首章所謂「美人香草本《離騷》，俎豆青蓮尙未遙」觀點相似[2](87)，只是厲鶚更將詞之比興寄託與《離騷》並論，言語之中頗有推尊詞體的意味。

　　在論詞絕句中，就詞之體徵的正本清源之論也可以看作是詞體探源的一種體現，汪筠《讀〈詞綜〉書後二十首》首章曰：「一曲黃河《菩薩蠻》，趙家眞本出《花間》。梧桐葉葉聲聲雨，忍對明燈付小鬟。」[11](93)謂《花間集》所載溫庭筠《菩薩蠻》諸實開宋詞之先路。與陳廷焯所謂「飛卿詞，風流秀曼，實爲五代、兩宋導其先路」之語意同[4](815)。沈初的《編舊詞存稿，作論詞絕句十八首》首篇則是將詞與南朝樂府聯繫起來立論，也頗有爲詞的產生探源的意味：「南朝樂府最清妍，建業傷心萬樹煙。誰料簡文宮體後，李王風致更翩翩。」[14](7)孫爾準的《論詞絕句》第一首更將詞壇風會之源流推至楚辭美人香草的比興寄託：「風會何須判古今，含商嚼徵有知音。美人香草源流在，猶是當時屈宋心。」[13](556)

　　對於詞籍史料的辨析也在此期的論詞絕句中多有體現，前舉厲鶚《論詞絕句》十二首中即有五首關涉到詞籍史料的辨析問題，潘際雲《題斷腸詞》亦能突破絕句體制狹小的這種限制，在有限的空間內對前代詞人詞作進行詞籍版本的辨僞考證：「幽棲一卷《斷腸詞》，家世文公擅淑姿。誰把盧陵眞本誤，柳梢月上約人時。」同時將這種考證延伸到其絕句的自注中：「朱淑眞，

海寧女子，自稱幽棲居士，著有《斷腸詞》一卷，前有《紀略》一篇，稱爲文公侄女。今按其詞止二十七闋。楊愼升菴《詞品》載其《生查子》一闋，有『月上柳梢頭，人約黃昏後』之語。毛晉遂指爲白璧微瑕。然此詞今載歐陽公《廬陵集》第一百三十一卷中，不知何以竄入淑眞集內，誣以桑濮之行。愼收入《詞品》，既不爲考，而晉刻《宋名家詞》六十一種，《六一詞》既在其內，乃於《六一詞》漏注『互見《斷腸詞》』，已亂其例，而於淑眞集更不一置辨，且實證爲白璧微瑕，益爲鹵莽之甚。今其集已收入《四庫》書而刊去此篇，庶不致厚誣古人矣。」[21]再如江昱《論詞十八首》其十七：「別裁僞體親風雅，畢竟花庵遜草窗。何日千金求舊本，一時秀句入新腔。」[9](177)詩下亦有注曰：「弁陽選詞今止七卷，且有訛闕，意非原本。」[9](177)詩中推揚周密的《絕妙好詞》，認爲周密所編之《絕妙好詞》勝過黃昇的《花庵詞選》，同時亦指出，周選在版本流傳中有訛誤問題，此亦屬詞籍史料比較辨析的內容。同江昱的這首絕句相似的是，鄭方坤的《論詞絕句》其二十七亦謂：「草堂冊子較花庵，錯雜薰蕕總不堪。別采蘋洲帳中秘，不妨高閣束雙函。」詩下注曰：「草堂詞最劣最傳，《花庵》雖較勝，然亦雅鄭更唱也。蘋洲周氏詞選，今藏書家有存者。」[10](315)絕句中亦在與《草堂詩餘》和《花庵詞選》的比較中對周密所編製《絕妙好詞》給予了高度的評價。

在對詞籍史料的辨析方面，鄭方坤的《論詞絕句》別具匠心。三十六首除了首尾二首有緒論與結語性質，不具體論述詞人外，其他三十四首分別選取了自唐李白、溫庭筠，歷宋元明三世，以迄清代徐釚、陳維崧等數十位詞人，詞論採取知人論世之法，多拈取所論詞人最具爭議的詞壇本事入絕句，並給予自己的評述，中間多不乏公允持平之論，且將所論之本事附於絕句下自注中，體現出了重本源考證的乾嘉實學特徵。如其九論蘇軾：「坡公餘技付歌脣，擺脫穠華筆有神。浪比教坊雷大使，那知渠是謫僊人。」詩下自注曰：「陳無己云：東坡詞如教坊雷大使，雖極工，要非本色。」[10](314)東坡詞本色與否歷代是詞論家辯論的焦點之一，此絕句中作者給予了自我的評判。再如其十論秦觀：「小樓連苑傷春意。高蓋妨花弔古懷。獨把瓣香奉淮海，壽陵餘子漫肩差。」詩下自注曰：「海虞毛氏合刻《秦張詩餘》，生乃與噲等伍，竊爲淮海抱不平矣。張名綖，萬曆間人。」[10](314)詩中對明人毛晉所合刻《秦張詩餘》甚不以爲意，認爲秦觀詞高自標置，張綖則不可同日而語也。

約而言之，清代中期的論詞絕句在其內容的豐富性與特徵的顯著性等方

面已絕非前此之際同類題材之作所可比擬，其自覺批評意識的凸顯以及所受
浙西詞派與乾嘉學風之影響，亦可證明論詞絕句這種詞學批評形式在清代中
期已臻於完善和定型。

參考文獻

1. 馮金伯輯：《詞苑萃編》〔A〕，唐圭璋：《詞話叢編》〔Z〕，北京：中華書
   局，1986 年。

2. 厲鶚：《樊榭山房集》〔M〕，《文淵閣四庫全書》（1328 冊）〔Z〕，臺北：
   商務印書館，1986 年。

3. 汪仲鈖：《桐石草堂詩集》〔M〕，清乾隆二十年（1755）刻本。

4. 陳廷焯著，屈興國校：《白雨齋詞話足本校注》〔M〕，濟南：齊魯書社，
   1983 年。

5. 神田喜一郎著，程郁綴、高野雪譯：《日本填詞史話》〔M〕，北京：北京
   大學出版社，2000 年。

6. 徐珂：《近詞叢話》〔A〕，唐圭璋：《詞話叢編》〔Z〕，北京：中華書局，
   1986 年。

7. 陳匪石：《聲執》〔A〕，唐圭璋：《詞話叢編》〔Z〕，北京：中華書局，1986
   年。

8. 章愷：《北亭集》〔M〕，清嘉慶五年（1800）刻本。

9. 江昱：《松泉詩集》〔M〕，《四庫全書存目叢書》（集部 280 冊）〔Z〕，濟
   南：齊魯書社，1997 年。

10. 鄭方坤：《蔗尾詩集》〔M〕，《四庫全書存目叢書補編》〔Z〕，濟南：齊魯
    書社，2001 年。

11. 汪筠：《謙谷集》〔M〕，《四庫未收書輯刊》（第 10 輯 21 冊）〔Z〕，北京：
    北京出版社，2000 年。

12. 王奕清：《歷代詞話》〔A〕，唐圭璋：《詞話叢編》〔Z〕，北京：中華書局，
    1986 年。

13. 孫爾準：《泰雲堂集》〔M〕，《續修四庫全書》（第 1495 冊）〔Z〕，上海：
    上海古籍出版社，2002 年。

14. 沈初：《蘭韻堂詩集》〔M〕，《四庫未收書輯刊》（第 10 輯 23 冊）〔Z〕，
    北京：北京出版社，2000 年。

15. 汪孟鋗：《厚石齋詩集》〔M〕，清乾隆刻本。

16. 吳蔚光：《小湖田樂府》〔M〕，清嘉慶二年（1797）素修堂刻本。

17. 吳蔚光：《素修堂詩集》〔M〕，清嘉慶十八年（1813）古金石齋刊本。

18. 石韞玉：《獨學廬三稿》〔M〕,《續修四庫全書》（第 1466 冊）〔Z〕,上海：
上海古籍出版社,2002 年。

19. 永瑢等：《四庫全書總目》〔M〕,北京：中華書局,1965 年。

20. 李其永：《賀九山房集》〔M〕,清乾隆四十一年（1776）刻本。

21. 潘際雲：《清芬堂集》〔M〕,清嘉慶二十年（1815）載石山房刻本。